Case Management

사례관리론

설진화

양성원

머 리 말

저자는 부족한 실력에도 불구하고 현장의 사회복지사들을 대상으로 사례관리에 대한 강의를 많이 해왔다. 강의를 해오면서, 현장 사회복지사들의 사례관리에 대한 엄청난 기대감과 열정에 감동하기도 하였고, 동시에 큰 기대감과는 달리 사례관리에 대한 이해도가 상대적으로 낮은 경우도 상당히 많다는 점에 놀라기도 하였다. 모 선배 교수님의 지적처럼 클라이언트와 함께 활동하는 모든 활동을 사례관리라고 알고 있는 경우도 있었고, 촉탁의의 고용 이외에는 지역사회 자원을 거의 이용하지 않는 대형 입소시설에서도 클라이언트를 위한 사례관리를 하고 있다고 믿고 있는 경우도 있었다.

이러한 저자의 강의 경험은 적어도 나의 강의를 듣는 학생들에게 만큼은 사례관리에 대한 기본적인 개념을 가르쳐 주어야겠다는 자극을 주었다. 이런 이유로 본 서를 저술하면서 특정한 이론이나 기법을 깊이 살펴보기보다는, 사례관리에 대한 기본적인 이해를 위해 사례관리의 기본적이고 일반적인 지식과 기술을 주요 내용으로 하였으며, 특히 다양한 이론과 모델을 접할 수 있도록 구성하였다.

또한 본 서에서는 다음과 같은 이유로 특정한 서류양식이나 사정, 평가 등에 사용되는 척도나 준거틀 그리고 사례에 대한 소개를 하지 않았다.

첫째, 사례관리뿐만 아니라 휴먼서비스의 실천에서 가장 중요한 것은 클라이언트에 대해서 개별화의 원리를 적용하는 것이라고 생각해 온 저자의 가치관 때문이다. 즉, 미리 정해진 형식의 서식이나 척도, 준거틀 등에 의해 클라이언트를 문제별로 혹은 욕구별로 유형화하고 범주화하는 것보다는 각 클라이언트의 개별성을 존중하여 보다 유연성 있게 접근하는 것이 더 효과적이고, 클라이언트를 존중하는 것이라 생각해 왔다. 따라서 반구조화된 서식의 사용과 클라이언트의 상황과 욕구에 맞는 척도의 사용, 자원의 활용 등 클라이언트를 중심으로 서비스를 제공하는 것이 최선이라 생각되어 본 서에서 다루지 않았다.

둘째, 사례관리는 사회복지실천의 모든 방법론을 통합하여 클라이언트의 욕구에 맞춘 휴먼서비스를 제공하는 통합적 개념이다. 따라서 사례관리 또는 사회복지실천 방법론의 다양한 문헌에서 사회복지실천의 현장에서 사용되는 서류양식, 척도 그리고 사례 등이 이미 많이 소개되어 있다. 그럼에도 불구하고 본 서에서 또다시 다룬다는 것은 무의미하다고 판단하여 다루지 않았다.

본 서는 특정 이론에 기반을 둔 사례관리 기법을 알고 싶어 하는 경우보다는 사례관리의 기본적인 개념을 파악하고자 하는 경우에 적합할 것이고, 1학기 강의에 알맞은 분량으로 구성되어 있어 학부의 강의 교재로도 무난할 것으로 판단된다. 그러나 저자의 아집과 역량 부족으로 사례관리의 지식과 기술을 보다 더 깊이 있게 다루지 못한 것과 다양한 서식과 척도, 준거틀 그리고 사례를 다루지 못한 것은 본 서의 한계임에는 틀림없다.

따라서 본 서의 한계를 극복하기 위해서 사회복지실천의 모든 방법론에 대한 지식과 기술을 좀 더 깊이 공부해 줄 것을 부탁드린다. 또한 본 서에서 다루지 못한 부분은, 저자가 좀 더 열심히 공부하여 충분한 역량을 갖추었다고 판단되면, 본 서의 내용에 좀 더 깊이를 더하여, 보다 더 알찬 내용을 담아낼 것을 약속드린다.

본 서의 미흡하고 부족한 부분들은 많은 분들의 관심과 지도로 보완될 수 있을 것으로 생각되어 본 서로 공부하는 모든 분들께 적극적인 지도 편달을 부탁드린다. 특히 본 서의 출판을 맡아 준 양성원 강철원 사장님과 관계자 분들께 감사드린다.

2016년 1월

저 자

차 례

C/H/A/P/T/E/R 1

사례관리의 이해

1. 사례관리의 필요성
2. 사례관리의 개념
3. 사례관리의 목적과 기능
4. 사례관리의 원칙
5. 사례관리의 장애요인과 성공요인

CHAPTER

01 사례관리의 이해

사례관리(case management)는 1980년대에 접어들면서 휴먼서비스(human services, 대인서비스) 분야에서 가장 빈번하게 사용되고 있는 사회복지실천의 한 방법으로서 복합적인 욕구로 인하여 여러 유형의 도움을 지속적으로 필요로 하는 클라이언트에게 지역사회 자원인 사회적 서비스를 포괄적이고 체계적으로 연계(linking)하여 제공하는 실천 방법이다.

본 서에서는 사회복지실천에 사례관리의 필요성, 사례관리의 개념, 사례관리의 목적과 기능, 사례관리의 원칙, 그리고 사례관리의 장애요인과 성공요인 등을 살펴보았다.

1. 사례관리의 필요성

1950년과 1960년대의 탈시설화의 영향으로 인하여 정신장애인의 지역사회보호를 목적으로 사례관리가 수행되었고, 현대적 의미의 사례관리는 1970년대에 들어서 시작되었으며, 사회복지실천의 한 방법으로 주목받기 시작한 것은 1980년대 초반이다(Rose & Moore, 1995).

또한 1976년 Morris는 미국사회복지사협회에서 사회복지실천의 관심이

치료(cure)에서 보호(care)로 변화되고 있으며, 사례관리는 클라이언트 보호를 위한 사회복지실천의 새로운 출발점이라고 제안한 바 있다. 이와 함께 지역정신보건 분야, 가족관련 분야 및 노인복지 분야에서 각각 사례관리의 필요성을 지적하였다.

1980년대 이후 미국, 영국, 캐나다, 일본 등 선진국의 사회복지서비스 영역에서는 사회적 지지망(social support network)이나 사례관리(case management)라고 하는 새로운 용어들이 유행어처럼 사용되었다. 그 후 1990년 사회사업백과사전(encyclopedia of social work)에서는 종래의 개별사회사업(casework) 항목이 사라지고, 그 대신 사례관리 항목이 새롭게 등장하여 미국 사회사업계의 변화를 상징적으로 보여주었다. 이러한 경향은 영국, 캐나다, 일본 등지에서도 나타나고 있으며, 우리나라의 경우 최근 노인복지, 장애인복지, 정신보건 분야 등에서 사례관리의 개념을 도입하여 클라이언트에게 필요한 도움을 통합적으로 제공하고자 노력하고 있다(오혜경, 1995).

이와 같이 재가복지 영역, 정신보건 영역, 직업재활 영역, 노인복지 서비스 영역, 발달장애 영역 등 여러 분야에 존재하는 다양하고 복합적인 욕구들을 가지고 있는 대상자들에게 효과적인 서비스를 전달하기 위해서 사례관리를 통하여 서비스를 조직하고 주택, 고용, 정신보건, 사회적 서비스, 건강보호와 같은 다양한 서비스를 개발하거나 발굴하여 조정, 유지, 관리 및 통제를 해야 할 필요성이 제기되는 것이다.

사례관리의 필요성을 정순둘(2005)은 1960년대의 서비스의 단편성, 1970년대의 탈시설화의 영향, 1980년대의 복합적인 욕구를 지닌 서비스 인구의 증가, 1990년대와 2000년대 초반의 사례관리 개념의 확장 등으로 설명하고 있다.

여기서는 Moxley(1989)가 주장한 사례관리의 필요성을 중심으로 살펴보았다(김만두 역, 2004; 권진숙 외, 2009; 조흥식 외, 2000).

1) 탈시설화의 영향

탈시설화란 사례관리의 필요성이 강조된 가장 중요한 배경으로서 클라이언트가 가족과 지역사회와는 분리되어 대규모의 수용시설이나 병원의 입원시설을 이용하던 시설보호의 방식에서 벗어나 다시 가족과 지역사회로 돌아오는 것을 말한다.

대규모 수용시설에서의 시설보호는 하나의 시설 내에서 필요한 모든 서비스들이 제공되도록 구조화되어 있다는 장점이 있는 반면 중앙집권적인 행정적 관료주의를 통해서 서비스가 이루어지며, 클라이언트의 가장 의미있는 환경체계인 가족, 지역사회와 격리되어 지역사회 환경과의 상호작용이 차단되는 결과를 초래하였고, 결과적으로 가족과 지역사회로의 복귀가 거의 불가능하게 되었으며, 국가가 막대한 비용부담을 떠안게 되는 문제를 야기하게 되었다.

미국은 1950년대 이후 정신장애인들을 병원이나 시설에서 보호하지 않고 지역사회 내에서 치료하고 관리하는 탈시설화 정책을 시행하여 지역사회의 보호와 관리가 시작되었다. 그러나 자기 스스로의 관리가 거의 불가능한 중증의 만성정신장애인들은 복잡하게 얽혀 있는 여러 종류의 서비스에 접근하는 것이 불가능하여 지역사회 내에서 보호하고 관리하는 데 실패하였다.

또한 탈시설화로 인하여 시설보호에서 지역사회보호로 전환되었지만, 다양한 클라이언트의 욕구에 대하여 각기 다른 여러 기관에서 원조가 이루어지기에 서비스가 단편화되고 분산된다는 점, 클라이언트의 욕구에 대응하는 다양한 사회자원의 이용체계가 확립되어 있지 않아 서비스를 받기가 어렵다는 점, 장기간의 시설보호로 인한 클라이언트들의 무기력과 동기

부족, 클라이언트의 욕구에 대한 지역사회 기관들의 무심함, 가족의 보호 부담으로 인한 보호 기피와 그로 인하여 지역사회보호기관의 부담이 증가된다는 점 등의 단점이 나타났다.

이러한 문제를 극복할 수 있는 보다 지속적이고 포괄적인 서비스 제공의 필요성과 각 기관들의 자원이나 수급 자격요건이 달라서 이를 통합적으로 관리하는 전문적인 서비스의 필요성이 대두되었다. 따라서 탈시설화에 의해서 가족과 지역사회로 돌아온 클라이언트들을 지속적으로 보호 관리할 수 있는 전문적인 실천모델인 사례관리가 대두되었다.

2) 서비스 전달의 지방분권화

사회복지서비스가 중앙집권적인 서비스에서 지방분권적인 서비스로 전환되기 시작한 것은 비교적 최근의 일이며, 이러한 사회복지서비스 전달의 지방분권화는 휴먼서비스가 중앙집권적 서비스에서 지방분권적으로 전환되기 시작한다는 것을 의미한다.

미국의 경우 1975년 사회보장법의 개정으로 제 20조에서 연방정부와 주정부, 지방자치단체 간의 책임분담이 새롭게 설정되었고, 1980년대에는 신보수주의를 표방하는 레이건 행정부가 등장하면서 휴먼서비스의 전달체계에는 획기적인 변화가 나타난다. 즉 휴먼서비스의 전달체계가 중앙정부에서 지방정부로 이전되는 획기적인 변화가 이루어지기 시작하였으며, 이러한 현상은 미국 외의 다른 복지선진국에서도 일반적으로 나타났다.

그러나 지방을 중심으로 전개된 서비스들은 서비스들 사이의 통합을 위한 장치와 서비스 기관 사이의 조정을 위한 장치를 거의 갖지 못한 채 이루어졌기 때문에 클라이언트와 가족들의 입장에서는 분산되고 단편화된 지역사회 수준의 서비스를 이용하기가 어렵게 되어, 엄청난 부담으로 작용하게 되었다.

따라서 사회복지서비스의 지방분권화에 따른 부정적인 측면을 보완하기 위해서, 각 기관들의 서비스를 조직화하고, 함께 노력하여 클라이언트의 욕구를 통합적으로 충족시킬 수 있는 서비스 전달체계, 즉 사례관리의 필요성이 요구되었다.

3) 복합적인 욕구를 가진 인구의 증가

1960년대와 1970년대에 인구가 눈에 띄게 급증하여 인구사회학적 변화가 나타났고, 이와 함께 지적장애, 정신질환, 신체장애, 노령인구, 심각한 의료적인 문제를 가진 사람, 심리적 어려움을 가진 사람, 사회경제적인 어려움으로 도움을 필요로 하는 사람 등 사회적 기능의 장애나 어려움을 가진 사람들이 급증하고 있다.

이러한 장애인, 노인인구의 증가는 소득, 주택, 사회화, 재활, 의료 중에서 최소한 2가지 이상의 서비스를 필요로 하는 복합적인 욕구를 가진 클라이언트의 증가를 의미한다. 이와 같이 복합적인 욕구를 가진 클라이언트는 자신들의 욕구를 충족시켜 줄 수 있는 전달 체계가 확립되지 못하면 지역사회 생활에서의 다양한 욕구를 충족시키는 것이 곤란하게 되며, 결과적으로 사회 전체의 통합에도 장애요인이 된다.

일반적으로 한 기관이나 단일 서비스 체계로는 복합적인 욕구를 가진 클라이언트에게 다양한 서비스를 제공하는 것은 불가능하다. 따라서 이들이 지역사회에서 살아가도록 하는 모든 서비스를 조직화하고 통합하여 상호 연계되는 서비스 전달체계 즉, 사례관리가 필요하게 되었다.

4) 기존 서비스의 단편성(조정과 통합의 요구)

미국의 경우 1960년대와 1970년대는 사회복지서비스 프로그램이 급속도로 증대되었던 시기였다. 이러한 확장의 결과로서 서비스의 전반적인 이용 가능성이 증대되었지만 전달체계는 오히려 훨씬 더 복잡하고 단편화되었으며, 서로 조정되지 않아 중복되기도 했다.

이 시기에 개발된 수많은 서비스 프로그램들은 고도의 전문화된 서비스를 제공하거나, 소수의 특정 표적 집단에게만 서비스를 제공하도록 고안되어졌다. 하지만 그 서비스가 제공되는 과정에서 요보호 클라이언트들은 필요한 서비스로부터 배제되었고 노인과 같은 복합적인 욕구를 가진 클라이언트들이 포괄적인 서비스를 한 곳에서 제공받기는 더욱 힘들어졌다.

대부분의 나라에서 사회복지서비스는 범주별로 분류되고 자격요건의 측면에서 서비스 공급주체가 다원화되어 있다. 즉, 서비스 공급주체는 지방정부, 민간조직 등으로 나누어지고, 서비스는 연령 집단별, 기능 집단별, 혹은 문제 영역별로 나누어진다.

이러한 각 체계 및 자원 간의 통합이 이루지지 못한 기존 서비스의 단편성은 휴먼서비스의 분류가 대부분 단편적으로 이루어져, 자원과 자격 요건 측면에서 서비스의 공급주체가 연계되고 조직화되어 있지 않음을 의미하고, 이는 클라이언트의 욕구가 충족되기 어렵고 문제해결은 형식화되거나 방치되기 쉬워진다. 또한 두 가지 이상의 욕구를 가진 클라이언트인 경우 서비스 공급기관 간의 상호 조정과 연계를 통한 통합적인 서비스 전달이 이루어지는 경우가 드물다. 따라서 서비스 공급자들이 서비스의 편파성과 범주적인 분류에서 벗어나 상호작용할 수 있는 서비스 전달체계인 사례관리가 필요하게 되었다.

5) 사회적 지지체계와 지지망의 중요성에 대한 인식의 증가

요보호 인구의 증가와 정부의 재정적 위기는 요보호 수용인구에 대한 책임을 민간부문으로 이양하면서 국가의 재정위기를 극복하고자 하였으며, 혼합적인 복지 혹은 복지다원주의가 등장하면서 공적 서비스를 비공식적 서비스로 대체하고자 하는 움직임이 일어나기 시작했다. 그 결과 복합적이고 만성적인 욕구를 가진 클라이언트들은 지역사회 내의 서비스 자원의 이용에 어려움을 겪게 되었고, 이러한 변화는 가족, 친족, 친구, 이웃 등의 비공식적인 사회적 지지체계와 사회적 지지망에 대한 중요성 및 관심이 증가하게 된 것이다.

그러나 사회적 지지체계와 지지망이 클라이언트의 건강이나 지역사회 생활 향상을 위해 중요한 영향을 미치지만, 공적인 서비스와의 통합이나 연계·조정이 이루어지지 않았을 경우에는 역기능적인 결과를 초래할 수도 있다는 점이 중요하다.

따라서 공적인 서비스가 제공하는 것과 비공식적인 사회적 지지체계와 사회적 지지망이 제공하는 서비스에는 양적·질적인 면에서 많은 차이가 존재한다는 것을 인식하면서도 공식적이고 전문적인 서비스와 비공식적인 사회적 지지체계와 사회적 지지망을 통합하고 조정하려는 사례관리가 필요하게 되었다.

6) 비용 억제의 필요성과 비용의 효과성 추구

1970년대 복지국가 위기논쟁을 불러일으킨 국가 재정 위기는 정부의 공공지출 규모에 대한 우려를 낳았으며 공공지출의 삭감을 통한 정부 역할의 축소를 가져왔다. 이에 각국은 국가의 지출 규모를 줄이기 위해 보건정책과 사회적 서비스정책의 방향을 전환해야 하는 시점에 놓이게 되었으며, 그 결과 지역사회보호가 공식적인 정책과제로 대두되었다.

이는 사회복지에 대한 국가부담의 일부를 민간부문으로 이양할 수 있는 공식적 근거를 마련해 주었고, 전문직에 대해서도 클라이언트의 욕구를 충족시켜 주기 위한 비공식적, 자연적, 인적 자원의 개발과 협조에 대한 정치적 압력이 가해졌다.

사회복지서비스에 있어서 비용효과에 대한 인식의 증가는 결핍된 자원 내에서 서비스의 효과를 최대화하려는 측면과 서비스 전달에 소요되는 비용을 억제함을 의미한다. 시대와 지역을 막론하고 자원의 부족과 그로 인해 제기되는 서비스의 효과성과 효율성은 중요한 쟁점으로 부각되어 왔다. 따라서 사회복지서비스의 효과성, 책임성에 기초하여 서비스의 중복을 모니터링하고, 서비스 계획을 관리하며, 서비스 전달의 효과성을 최대화할 수 있는 서비스 전달체계인 사례관리가 필요하게 되었다.

그러나 사례관리는 클라이언트를 위한 보호 서비스의 질을 향상시키는 것과 그 보호를 위한 비용을 통제하는 것의 두 가지 상반된 상호 갈등적인 목표를 동시에 갖고 있으며, 상반된 두 가지 목표를 동시에 수행 가능할 것인지에 대한 의문이 제기되고 있다(장인협 · 우국희, 2001).

2. 사례관리의 개념

사례관리라는 용어는 '사례'라는 용어와 '관리'라는 용어의 합성어이다. 사례는 한 개체를 의미하지만 사회복지분야에서는 특정한 문제나 욕구를 가진 클라이언트 또는 클라이언트 체계를 의미하며, 클라이언트에게 보호를 제공하는 데 초점을 두는 임상적 측면에서 유래되었다. 또한 관리는 조직 및 제도적 측면에서 유래되었으며, 지속적인 관심을 전제로 하는 경향이 있다.

따라서 제도적 범위 내에서의 실체적이고 임상적인 정의를 말하며, 업무수행에 대한 권위에 대한 정의와 자원의 통제가 매우 중요하고, 부족한 환경에서 보호를 제공하는 것과 자원의 보전에 참여하는 것이 중요함을 강조하고 있다(Sledge et al., 1995: 52).

또한 사례관리는 "새로운 패션의 옷을 입고 있는 유행이 지난 사회사업 방법론"이란 Moore(1990)의 표현처럼, 사회복지실천 분야에서 새롭게 나타난 방법론이 아니라 기존 사회복지실천 방법론에 있어서의 직접적인 개입과 간접적인 개입의 통합적인 개념이며, 동시에 기존의 사회복지실천 방법론들을 통합한 방법론의 개념으로서, 전통적인 방법론들은 주로 사회복지기관이나 시설의 프로그램과 서비스에 초점을 맞춘 반면에 사례관리는 클라이언트의 욕구에 초점을 두고 서비스를 개발하고 자원을 제공하는 적극적인 지역사회보호 중심의 방법론이다.

즉, 사례관리는 노인, 장애인, 아동 등 주로 만성적이고 복합적인 욕구를 가진 다양한 클라이언트들에게 지역사회가 효과적인 서비스를 제공하려는 전략이자 하나의 방편(Rothman, 1991)이며, 클라이언트와 욕구, 욕구체계 그리고 그들에게 필요한 지역사회 자원 및 이러한 자원을 제공하는 기관의 정책과 과정에 대한 이해가 필수적이다(Hepwoeth & Larsen, 1993).

그러나 사례관리의 개념에 대한 이해가 명확하지 못하여 사례관리를 담당하는 사회복지사, 정신의학자, 심리학자, 간호사 및 다른 전문가들에 의해 다양하게 정의되고 있으며, 보호관리(care management), 관리보호(managed care), 보호조정(care coordination), 사례조정(case coordination), 자원조정(resource coordination), 지속적인 보호조정(continuing care coordination), 지속적인 조정(continuing coordination), 서비스 조정(service coordination), 서비스 통합(service integration) 등의 다양한 용어로 혼용되고(Secord, 1987; 이근홍, 1998) 있다. 특히 영국, 일본 등에서는 클라이언트를 관리한다는 의미가 강한 사례관리라는 용어보다는 클라이언트에게 제공되는 다양한 서비스를 관리한다는 의미로 보호관리라는 용어를 사용하고 있다(박용억, 2005).

1) 사회복지의 전통적인 실천 방법과의 차이점

사례관리는 근대적 사회복지가 시작된 시점이라 할 수 있는 자선조직협회와 미국과 영국의 인보관 운동 등 초창기의 사회복지에서도 그 기원을 찾아볼 수 있으며, 사회복지학의 이론가이자 실천가인 Richmond, Hamilton, Perlman, Pincus와 Minahan, Siporin 등 여러 학자들의 저서와 활동뿐만 아니라 사회복지의 모든 영역에서 지역사회 자원의 중요성과 활용은 항상 강조되어 왔으며, 이는 사례관리가 전통적인 사회복지의 제 방법에서 진화되어 나왔다는 것을 의미한다. 따라서 사례관리는 사회복지의 전통적인 실천 방법인 개별사회사업, 집단사회사업, 지역사회복지 등의 몇 가지 측면을 통합하여 적용한 핵심적인 사회복지실천 방법 중의 하나라고 할 수 있다.

사례관리는 사회복지의 전통적인 실천 방법, 특히 그 중에서도 개별사회사업과는 유사한 점이 많으면서도 다음과 같은 상이한 특성을 가지고 있다(엄명용 외, 2000; 정순둘, 2005).

첫째, 사례관리는 기존의 서비스에 클라이언트를 맞추는 것이 아니라, 클라이언트의 욕구에 서비스를 맞춘다는 것이다(Pilling, 1992). 이는 클라이언트의 욕구에 맞춘 서비스를 제공하기 위하여 필요한 서비스를 개발하는 것까지 포함한다는 것을 의미한다.

둘째, 개별사회사업은 '특별한 관계'를 통하여 구체적인 목표를 달성하기 위해 구체적이고 제한적인 개입목표를 수립하고 개입을 시도하여 클라이언트 또는 주변 환경을 변화시키려는 서비스의 제공에 초점을 맞춘 반면, 사례관리는 클라이언트의 실제적인 문제 상황에 초점을 두고 체계적인 욕구사정을 거쳐서 클라이언트를 지지하거나 필요한 자원을 찾는 것을 강조하고, 서비스의 연속성 보장, 비용 효과성의 증대, 접근성과 책임성의 증진, 일차 집단의 보호능력 향상 및 사회적 기능의 향상에 초점을 맞추고 있다.

셋째, 사회복지의 전통적인 실천 방법에서는 심리사회적인 문제 또는 스스로 해결하기 곤란한 문제를 가진 클라이언트들을 대상으로 하지만, 사례관리에서는 복합적인 욕구를 가진 클라이언트, 즉 사회 기능상 복합적인 문제 또는 장기적인 보호가 필요한 클라이언트들을 대상으로 한다.

넷째, 사회복지의 전통적인 실천 방법에서의 개입의 범위는 클라이언트 자신과 그 가족이고, 상담과 치료에 초점을 맞추어 왔다. 그러나 사례관리에서는 모든 클라이언트 체계를 개입의 대상으로 보고, 상담과 치료는 물론 환경적 개입과 서비스 연계 등을 포함한다.

다섯째, 서비스의 목적이 개별사회사업에서는 문제해결을 통한 인격의 성장과 사회적 기능의 회복이었지만, 사례관리에서는 클라이언트에 대한 적극적인 지역사회보호를 강조한다.

여섯째, 사회복지의 전통적인 실천 방법인 개별사회사업, 집단사회사업에서의 경우 사회복지사가 근무하는 기관을 중심으로 서비스가 제공되었지만, 사례관리에서는 사회복지사가 근무하는 기관 외의 다양한 지역사회 기관과 사회환경에서 서비스를 제공한다.

사회복지의 전통적인 실천 방법 중에서 대표적인 방법인 개별사회사업과 사례관리를 비교하면, 〈표 1〉과 같다.

〈표 1〉 개별사회사업과 사례관리

구 분	개별사회사업	사례관리	비 고
목적	문제해결을 통한 인격의 성장과 사회적 기능의 회복	적극적 지역사회보호 제공	환경 속의 인간을 강조한다는 공통점이 있다.
철학	전문가 또는 기관 중심의 서비스 제공	클라이언트 욕구 중심의 서비스 제공	클라이언트 중심의 서비스 제공이라는 점은 같다.
대상	사회 적응상의 문제를 가진 클라이언트	복합적인 욕구를 가진 클라이언트	사례관리에서 복합적인 욕구가 더 강조된다.

구 분	개별사회사업	사례관리	비 고
기능	상담, 치료, 의뢰	상담, 조정, 환경적 개입, 옹호(대변), 서비스 연계	개입방법에는 큰 차이가 없다.
개입 범위	클라이언트와 그 가족	모든 클라이언트 체계	체계를 강조한다는 점에서는 같다.
서비스 제공 장소	사회복지 기관 및 시설	다양한 기관과 사회 환경	사례관리 서비스는 다양한 곳에서 이루어진다.
사회복지사의 역할	지지자, 상담자, 치료자	지지자, 상담자, 치료자, 연계자, 조정자	사례관리에서 연계자의 역할이 강조된다.

* 황성철, 2002; 정순둘, 2005.

2) 사례관리의 개념

사례관리에 대한 학자들의 다양한 견해를 살펴보았다.

(1) Rose & Moore(1995)와 Woodward(1992: 42)

다양한 용어들 중에서도 '보호관리'와 '관리보호'가 사례관리와 함께 가장 많이 사용되는 용어일 것이다. Rose & Moore는 보호관리를 사례관리보다 보호서비스에 더 많은 초점을 두는 개념으로서 클라이언트의 능동적인 역할보다는 사례관리자에 대한 의존성을 강조하며, 주로 노인 및 중증장애인에게 초점을 둔 통합적 서비스로 정의하고 있다. 또한 관리보호를 미국의 건강보호 영역에서 발달한 개념으로서 특정한 부류에 속하는 사람들을 대상으로 불필요하거나 고비용의 서비스를 줄이기 위한 목적으로 그들의 재정적인 원조와 서비스 제공에 초점을 두는 실천 방법으로 정의하고 있다.

반면에 사례관리는 장기요양보호의 영역에서 발전되어 나온 개념으로 정의하였다. 두 용어 모두 시설보호에서의 불필요한 비용을 줄이고, 시설보호보다 지역사회의 보호에 더 중점을 두는 개념이다. 또한 Woodward는 사례관리를 관리보호의 의료적 서비스를 넘어 사회적 서비스를 포함하는 확대된 개념으로 정의하였다.

(2) O'Connor(1988)

사회복지실천의 핵심기술들 중의 하나로서 사례관리를 정의하면서 사례관리, 사례계획(case planning), 사례관리체계(case management system) 등의 개념들을 구분지어 정의하였다. 즉, 사례관리는 사례계획의 수행과 관련된 직접적인 개입 및 실천 활동들을 의미하며, 사례계획은 클라이언트, 사례관리자, 서비스 제공자, 그리고 이들 간의 상호작용을 포함하는 포괄적인 개념이라 하였다.

반면 사례관리체계는 실천 활동뿐만 아니라 행정적인 구조와 지원, 기관 간의 관계망, 체계적인 조정, 공식적 · 비공식적 지역사회 자원과 자원의 동원 등을 모두 포함하는 개념으로 정의하고 있으며, 여기에는 기관의 직원, 지위, 기능, 역할, 초점, 기법 등이 포함된다. 그러므로 사례관리체계는 주로 수퍼바이저나 행정가가 담당하고, 사례관리는 일선사회복지사가 담당한다.

O'Connor는 사례관리를 클라이언트의 욕구에 맞는 서비스 제공을 위하여 간접적 개입 즉, 서비스의 중복이나 누락을 방지하고 지역사회 자원을 효과적으로 조직하고 조정하는 행정적 · 관리적 특성과 개별사회사업에서 진보된 실천적 방법으로 전문적 관계 속에서의 지속적인 보호와 상담 및 치료를 제공하는 직접적인 개입의 특성을 동시에 지닌 것으로 정의하였다.

(3) Rothman(1991; 1992)

사례관리를 장기보호를 필요로 하는 노인이나 장애인과 같은 클라이언트들에게 지속적이고 효과적인 서비스를 제공하기 위한 개입방법으로서 정신보건, 노인복지, 아동복지, 건강보호, 발달장애 등과 같은 클라이언트들을 대상으로 하는 휴먼서비스 영역의 실천 방법이며, 지역사회 내에 거주하는 만성 또는 중증의 욕구를 가진 클라이언트들에게 다양하고 지속적인 보호를 제공하는 서비스 전달방식이라 하였다.

Rothman은 사례관리를 지역사회 내에 거주하는 클라이언트를 대상으로 개별 상담, 치료, 조언, 옹호(대변) 등의 임상적 개입을 제공하는 미시적 실천 방법과 동시에 서비스와 지지를 필요로 하는 클라이언트들에게 다양하고 지속적인 보호를 제공하기 위하여 자원을 개발하고 지역사회 기관 및 비공식적 원조망과 연계시키는 두 가지 기능을 통합한 휴먼서비스의 실천 방법으로 정의하였다.

(4) Moxley(1989)

사례관리란 휴먼서비스 실천의 다양한 분야에서 복합적인 욕구를 가진 클라이언트를 대상으로 사례관리자(case manager)가 클라이언트들의 욕구 사정, 적절한 서비스 제공, 기회 또는 급여의 확인, 포괄적인 서비스 계획 수립, 서비스의 적절성과 효과성에 대한 모니터링 · 평가, 클라이언트의 서비스에 대한 접근과 이용을 위한 옹호 등으로 클라이언트의 욕구를 충족시킬 수 있도록 원조하는 것으로서 휴먼서비스의 기회 또는 급여의 조정을 증진시키는 클라이언트 수준의 전략으로, 서비스의 통합과 보호의 연속성을 위한 수단이라 하였다.

또한 사례관리를 단기적으로는 복잡한 조직적 분야에서 클라이언트의 다양하고 복합적인 욕구를 확인하고 충족시키는 수단이며, 장기적으로는 클라이언트가 성장, 발달 또는 새로운 경험에 대한 도전을 통하여 변화하고 새로이 발생하는 그들의 욕구에 대응할 수 있는 역동적인 전략으로 보았다.

따라서 사례관리란 사례관리자나 사례관리팀이 주체가 되어서, 다양하고 복합적인 욕구를 지닌 클라이언트를 대상으로 공식적 · 비공식적 지지망과 클라이언트의 사회생활 기능 향상과 복지를 최대화하기 위해 활동을 조직·조정·유지하는 것으로 정의할 수 있다.

사례관리를 통하여 첫째, 클라이언트의 능력과 생활기술을 증진시켜 휴먼서비스와 사회적 지지들을 이용하거나 접근할 수 있게 하며, 둘째, 클라이언트의 복지와 기능을 증진시키기 위해 관련 서비스 제공자와 사회적 지지망의 역량을 향상시키고, 셋째, 서비스의 전달을 달성하는 과정에서 서비스의 효과성을 증진시키는 것을 목적으로 한다.

(5) Moore(1990)

사례관리란 심리치료와 같은 임상적 기술과 지역사회조직가의 옹호기술이 요구되는 새로운 사회복지실천 분야로서 단편적인 서비스 전달체계를 통합하는 방법으로 클라이언트의 욕구를 충족시키기 위해 개별적으로 서비스를 기획하고 조정하는 것이며, 심리사회적 개입을 통하여 클라이언트와 일차 집단이 그들의 잠재력을 최대한 발휘할 수 있도록 가능하게 하는(enabling) 것과 임파워먼트(empowerment)를 통하여 그들이 더 큰 사회환경과 더욱 효과적으로 상호작용할 수 있도록 촉진하는(facilitating) 것에 초점을 둔다. 또한 사례관리에서는 클라이언트의 욕구에 기초하여 이러한 가능하게 하는 기능과 촉진 기능의 조화를 이루어 나가는 것이다.

따라서 사례관리란 클라이언트의 욕구를 충족시키기 위하여 비공식적 보호체계와 공식적 보호체계의 활동을 통합하는 것으로, 클라이언트와 일차 집단으로 하여금 그들의 잠재력을 최대한 발휘할 수 있도록 조장하고, 동시에 더 큰 사회환경 내에서 더욱 효과적으로 상호작용할 수 있도록 촉진하는 것이라 정의할 수 있다.

(6) 미국사회복지사협회(NASW, 1984)

NASW에서는 사례관리를 서비스 전달체계 속의 요인들을 조정하고 연계하여 개인의 욕구를 충족시킬 수 있는 포괄적인 프로그램이 확실하게 이루어지게 하는 하나의 메커니즘으로 정의하고 있다.

(7) Levin & Fleming(1984)

서비스체계 차원과 클라이언트 차원의 사례관리 기법을 동시에 언급하였다. 즉 정부나 사회복지기관과 같은 서비스체계 차원의 사례관리 기법은 체계 내의 클라이언트에 대한 서비스를 조장하는 전략으로 볼 수 있고, 클라이언트 차원의 사례관리 기법은 클라이언트에 대한 특정 서비스의 필요성과 그 필요한 서비스를 제공받을 수 있도록 하는 클라이언트 중심의 목적 지향적인 과정으로 정의하고 있다.

(8) 오혜경(1995)

사례관리란 노인, 장애인 등 복잡한 욕구를 가진 사람들 그리고 정신적 · 신체적 장애로 인하여 현대사회의 고도로 전문화되고 분화된 각종 서비스와 민간단체, 이웃 사람들의 지원을 스스로 활용할 수 없는 사람들을 대상으로 해서 욕구에 맞는 서비스를 제공받을 수 있도록 도와주며 또한 이들 주변의 모든 가능한 자원을 발견하고 스스로 활용할 수 있도록 하기 위한 일련의 원조 또는 서비스 네트웍에서 이루어지는 상호협동적인 활동으로 정의하였다.

(9) 정순둘(2005)

사례관리란 한 사람의 사례관리자가 복합적인 욕구를 가진 클라이언트에게 다양한 서비스 자원 또는 공급체계를 연계시켜 클라이언트가 사회생활상의 어려움을 극복할 수 있도록 돕는 사회복지실천의 한 방법으로 정의하고, 이들 위해 사례관리자는 일련의 과정을 통해 직접적인 서비스 제공 기능과 서비스 제공자들 간의 연계활동 기능을 수행하게 된다고 하였다.

(10) 권진숙 · 박지영(2009)

사례관리를 생태체계적 관점을 기반으로 만성적이고 복합적인 문제를 가진 개인 및 가족과 함께 일하면서 그들과 자원 제공자들의 기능을 향상시키고자 하는 것이며, 이를 통해 환경 속에서 자신에게 필요한 서비스와 자원을 스스로 획득하고 사회적 기능을 원활히 수행할 수 있도록 돕는 통합적인 접근방법으로 정의하였다.

따라서 사례관리란 다양하고 복합적인 욕구를 가진 클라이언트와 그 체계를 대상으로 그들의 욕구 충족과 사회적 기능을 향상시키기 위해서, 역량을 강화시키고 그들의 욕구 충족에 적합한 지역사회 서비스 및 자원을 찾아내거나 개발하여 연계·조정·관리·유지하는 서비스 전달체계로서 지속적이고 적극적인 지역사회보호를 궁극적인 목적으로 한다고 정의할 수 있다.

3) 사례관리의 특성

사례관리에 대한 다양한 표현과 개념 정의들을 살펴보면, 다음과 같은 몇 가지 특징이 있다.

첫째, 사례관리는 새로운 방법론이 아니라 임파워먼트 및 생태체계 이론의 관점에서 직접적 개입과 간접적 개입방법의 통합 또는 기존의 사회복지 방법론들을 통합한 통합적 접근이다.

둘째, 장기간의 서비스를 필요로 하는 다양하고 복합적인 욕구를 가진 클라이언트를 대상으로 하여, 문제해결과 치료보다는 욕구충족과 보호에, 시설보호보다는 지역사회보호에 초점을 둔다.

셋째, 사회복지 기관 및 시설의 프로그램이나 서비스가 아닌 클라이언트의 욕구에 우선 초점을 맞추고 있으며, 서비스의 효과성(effectiveness)과 효율성(efficiency)을 높이기 위해 지속적이고 포괄적인 서비스를 제공하고 서비스의 조정과 모니터링을 실시한다.

넷째, 클라이언트의 사회적 기능과 자립을 극대화하기 위해서 보호의 연속성과 책임성을 보장하고, 클라이언트와 사회환경과의 상호작용에 관심을 집중시키며 다양한 지원체계의 광범위한 서비스를 활용한다.

3. 사례관리의 목적과 기능

1) 사례관리의 목적

사례관리의 주요 목적을 간략하게 정리하면, 가족, 친족, 친구 등과 같은 비공식적 자원체계와 국가 및 공공기관과 같은 공식적 자원체계가 제공하는 다양한 자원을 통합하는 것이라 할 수 있다(Moore, 1987; Nelson, 1982).

(1) Weil(1985)

사례관리의 목적은 클라이언트의 다양하고 복합적인 욕구를 충족시킴으로써 사회적 기능과 자립을 극대화하는 데 있다. 따라서 이 목적을 달성하기 위해서는 클라이언트의 욕구를 충족시킬 수 있는 적합한 환경을 마련하여 주는 것을 원칙으로 한다.

또한 사례관리의 또 다른 목적은 서비스 전반에 걸쳐 오랜 시간 동안 적절한 보호와 관리가 지속될 수 있도록 하는 것이다. 따라서 사례관리의 목적과 임무는 복잡하기 때문에 이를 담당하는 사례관리자는 옹호자, 중개자, 진단자, 계획자, 지역사회 전문가, 평가자, 자문가, 치료자와 같은 다양한 실천가들의 기능을 수행할 수 있어야 한다.

(2) Intagliata(1982)

사례관리의 목적을 다음과 같이 구체적으로 제시하였다.

첫째, 어떤 일정한 장소나 기간 내에서 지속적으로 서비스를 제공하는 보호의 연속성을 보장하는 것이다.

둘째, 일정기간 동안 혹은 필요한 경우에는 개인의 일생을 통하여 개인의 욕구가 변화할 경우, 서비스가 개인의 욕구의 모든 영역에 제공되도록 보장하는 것이다.

셋째, 서비스 이용자의 적격성, 기준, 규정, 정책, 절차 등과 관련된 서비스 접근의 장애물을 극복함으로써 개인이 필요한 서비스에 쉽게 접근할 수 있도록 원조하는 것이다.

넷째, 서비스가 클라이언트의 욕구에 적합하게, 적시에, 적절한 방식으로, 중복되지 않게 제공될 수 있도록 보장하는 것이다.

(3) 엄명용 외(2000)

사례관리의 궁극적인 목적은 클라이언트가 직면한 장애를 극복하기 위해서 직·간접적 서비스를 충분히 제공하고, 클라이언트를 자원과 연계시킴으로써 클라이언트가 사례관리자의 도움 없이도 자원들과 연계를 유지할 수 있도록 하는 것이다. 즉, 사례관리의 목적은 보호의 연속성, 서비스 전달의 비용-효과성의 증대, 서비스에 대한 접근성과 책임성의 증진, 일차집단의 보호능력의 향상 그리고 클라이언트의 사회적 기능의 향상 등이다.

(4) 서울복지재단(2005)

사례관리를 서비스 전달 측면과 실천적 측면에서의 다양한 목적을 달성하기 위해 노력하는 사회사업적 접근방법으로 보고, 서비스 전달체계 측면에서의 목적을 다음과 같이 정리하였다.

첫째, 포괄적인 서비스를 보장한다. 특정 시점에서 클라이언트가 가지고 있는 욕구와 문제를 해결하기 위해 포괄적인 서비스를 조정하여 제공한다.

둘째, 서비스의 연속성을 보장한다. 시간의 경과에 따라 변화하는 클라이언트의 욕구를 충족시킬 수 있도록 즉각적이고 포괄적인 서비스를 지속적으로 제공해 주는 등 보호의 연속성을 보장한다.

셋째, 클라이언트의 접근 가능성에 대한 역량을 강화한다. 클라이언트가 다양한 서비스 체계와 협상하는 것을 원조해 줌으로써 서비스를 쉽게 활용할 수 있는 능력을 배양한다.

넷째, 서비스의 책임성을 제고한다. 서비스의 단편화로 인한 서비스 접근의 장애들을 극복하고 클라이언트에 대한 전반적인 책임을 짐으로써 책임성을 제고할 수 있다.

다섯째, 서비스의 적정성을 확보한다. 서비스가 클라이언트의 욕구에 적합하고, 적절한 방법으로 제공될 수 있도록 보장함으로써 서비스 계획의 효율성을 향상시킨다.

(5) Moore(1990)

사회복지실천에서의 사례관리 목6적을 다음과 같이 구체적으로 제시하였다.

첫째, 외부 환경에 적응할 수 있는 클라이언트의 잠재력을 최대화한다.

둘째, 클라이언트와 가족이 여러 서비스와 지원체계에 접근하여 이를 활용할 수 있는 방법을 습득하게 한다.

셋째, 가족, 이웃, 친구 등 비공식적 자원체계가 클라이언트를 보호할 수 있는 능력을 최대화시킨다.

넷째, 클라이언트와 가족의 욕구를 충족시키는 데 있어 공식적 도움체계의 능력을 최대화하는 역할들을 수행한다.

또한 이와 같은 사례관리의 목적을 충족시키기 위하여 사례관리자의 활동을 다음과 같이 제시하였다.

첫째, 클라이언트가 서비스와 자원들에 가능한 한 용이하게 접근하도록 클라이언트 자신의 생활기술을 최대한 증진시킨다.

둘째, 클라이언트의 복지와 기능화를 증진시키기 위해 사회적 망과 관련하여 사회복지서비스 제공자들의 능력을 개발한다.

셋째, 가능한 가장 효율적인 방법으로 서비스의 지원이 전달될 수 있도록 하고 동시에 서비스의 효과성을 증진시킨다.

넷째, 환경의 이용을 원활히 하기 위해 각 개인의 잠재 가능성을 개발하고 그 활용을 극대화시킨다.

다섯째, 가족들과 일차 집단들의 보호능력을 극대화시킨다.

여섯째, 일차적인 보호자원들과 공적보호체계들을 통합시킨다.

일곱째, 개인들과 일차적 집단들의 욕구를 충족시키기 위한 공적보호체계의 능력을 극대화시킨다.

2) 사례관리의 기능

사례관리의 기능은 사례관리 표적인구집단의 유형, 사례관리자를 고용하는 기관의 유형, 담당 사례관리 대상자의 규모, 환경의 구속 정도, 서비스 전달체계의 본질, 사례관리자의 역할과 지위, 프로그램의 특성, 서비스 제공 분야 등에 따라 다양하게 제시되지만, 일반적으로 사례발견, 사례등록, 사정, 목표 설정과 서비스 개입계획의 수립 및 개입 실행, 그리고 개입결과의 측정과 평가 등이 있다. 그 외에도 아웃리치 서비스, 사전저격심사, 인테이크, 자원 확인, 서비스의 실행, 재사정, 종결, 옹호, 상담, 치료, 분쟁조정, 능력조정, 보호와 연속성, 관계유지 등이 사례관리의 기능으로 제시되고 있다(엄명용 외, 2000).

Intagliata(1982)는 사례관리의 실천적 기능으로 다음의 3가지를 강조하였다. 첫째, 클라이언트의 포괄적인 욕구를 인식하는 것, 둘째, 클라이언트와 그의 욕구에 적절한 자원을 연계하는 것, 셋째, 효과적인 서비스가 제공될 수 있도록 서비스를 모니터링하는 것 등이다.

사례관리에 대한 미국사회복지사협회(1992)의 기준을 보면, 사정, 조정, 통합, 모니터링, 평가, 옹호 기능이 포함되어 있으며, Kane(1988)은 사례관리의 주요 기능으로 사례발견과 스크리닝, 포괄적이고 다차원적인 사정, 보호계획, 계획의 이행, 모니터링, 공식적인 재사정을 포함시켜 강조하고 있다. 또한 양정남 외(2009)의 경우, 사정, 계획, 연계, 조정, 옹호, 모니터링 등의 6가지를 중심으로 사례관리의 기능을 설명하고 있다.

Rothman이 제시한 사례관리의 기능은 가장 포괄적이며, 그 내용은 기관에의 접근, 인테이크, 사정, 목표설정, 개입계획 수립, 자원의 확인과 찾기, 기관과 서비스 자원과의 공식적인 연계, 사회적 네트웍과의 비공식적 연계, 모니터링, 재사정, 클라이언트 평가, 기관 간 조정, 상담, 치료, 클라이언트의 옹호 등 15가지이다(Rothman & Sager, 1998).

여기서는 엄명용 등(2000)이 제시한 사례관리의 기능을 살펴보았다.

① 클라이언트와 필요한 서비스의 연계 기능

클라이언트의 욕구를 충족시키기 위해서 필요한, 유용한 서비스와 권리를 클라이언트에게 위임하고 양도하는 것이다. 이러한 기능을 수행하기 위하여 사례관리자는 클라이언트에게 유용한 자원이 무엇인가를 인식시키고, 클라이언트와 서비스의 효과적인 연계를 위해서 클라이언트를 옹호해야 한다.

또한 사례관리자는 공식적 체계와 비공식적 체계를 동시에 활용해야 한다. 공식적 체계는 각 기관의 역할과 책임을 명시한 기관 상호 간의 협정,

가입기준, 클라이언트에 대한 기관의 협력을 명시한 다른 규정들이 있다. 비공식적 체계는 다른 프로그램을 진행하는 직원과의 업무협약 또는 이해가 있다.

② 비공식 보호체계와 클라이언트 간의 상호작용의 촉진 기능

비공식 지원체계를 통하여 클라이언트는 경제적·사회적 안정, 신체적·정신적 건강, 정서적 지지, 안내, 지역사회 생활의 향상 등에서 결정적인 도움을 받고 있으며, 다른 지원체계보다도 클라이언트에게 훨씬 더 실질적인 지원을 제공할 수 있다. 클라이언트를 돕는 비공식 지원체계는 가족, 친척, 친구, 이웃, 자원봉사자, 종교단체, 자조집단 등이 있다.

③ 사례관리 기관 상호 간의 조정 기능

기관 상호 간의 조정은 공식적인 정책이나 비공식적인 기관 상호 간의 협정을 통하여 기관들 사이의 연계를 촉진함으로써 사례관리의 효과성을 높이는 기능이다. 기관 상호 간의 조정에서 공식적인 정책은 국가의 정책적인 차원에서 이루어지며, 비공식적인 협정은 기관의 행정적인 차원에서 이루어지거나 사례관리자에 의해서 프로그램 차원에서 이루어지기도 한다.

기관 상호 간의 협정은 서비스의 유형, 클라이언트의 수, 재정적인 여건 등과 밀접하게 관련되어 있으며, 프로그램이 진행되기 전이나 진행 중에도 언제나 이루어질 수 있다.

④ 상담 기능

상담은 사례관리 과정에서 클라이언트에게 필요한 서비스에 접근할 수 있도록 유용한 정보를 제공하며, 클라이언트 자신의 욕구와 문제에 대한 이해를 증진시키고, 가족에게 클라이언트들에 대한 이해를 촉구하며, 서비스 제공기관의 접촉을 향상시키는 기능을 한다.

또한 상담은 클라이언트에게 정서적 지지를 제공하며, 고립감과 문제에 대한 압박감을 감소시키고, 클라이언트로 하여금 문제를 스스로 해결할 수 있도록 동기를 부여하는 기능을 한다.

⑤ 문제해결 기능

문제해결은 사례관리과정에서 클라이언트에게 발생할 수 있는 성격상의 문제, 위기상황 또는 실직, 부부갈등과 같은 일상생활상의 문제 등을 잘 극복할 수 있도록 도움을 제공한다. 사례관리자는 클라이언트의 문제해결을 위해서 클라이언트에게 격려, 지지, 안도감 등을 제공하여 자신의 문제를 스스로 해결하려는 동기를 부여하며, 문제해결에 필요한 기회와 자원에 접근할 수 있도록 돕는다. 또한 사례관리자는 클라이언트의 문제에 대한 지각능력 및 대처능력을 극대화할 수 있도록 돕는다.

⑥ 옹호 기능

옹호는 자원의 이용이나 획득에 있어서 불리한 조건에 있는 클라이언트가 서비스 또는 자원을 이용 또는 획득할 수 있도록 하고, 클라이언트에게 불리하게 작용하는 현재의 정책, 절차 또는 관례를 수정하고, 또는 필요한 자원 또는 서비스를 제공할 수 있도록 하는 새로운 입법 또는 정책을 조장하기 위해서 클라이언트와 함께 일하는 과정이다.

옹호는 클라이언트와 클라이언트 집단의 사회적 기능을 향상시키기 위해서 그들의 무기력과 무능력을 제거하는 것이며, 명확한 욕구를 가지고 있는 개인 또는 집단에게 힘과 자원을 적절하게 분배하려는 목적을 둔 활동을 포함한다. 때로는 클라이언트 개인이나 집단에게 서비스의 공정성을 보장하기 위해서 중재, 교섭, 논쟁, 협상, 환경 소성 등의 역할수행도 한다.

4. 사례관리의 원칙

사례관리의 목적을 달성하기 위한 원칙은, 클라이언트의 자율성 극대화, 서비스의 개별성, 서비스의 포괄성, 서비스의 지속성, 서비스의 접근성, 서비스의 책임성, 서비스의 연계성 등을 들 수 있다. 사례관리의 원칙에 대한 학자들의 다양한 견해들을 살펴보았다.

1) Moxley(1989)

- 사례관리자는 클라이언트의 수준에서 일한다.
- 사례관리자는 체계적인 관점을 유지하고 클라이언트가 자신의 개인적인 자원 즉, 비공식적 자원과 공식적 자원을 이용할 기회를 보장해준다.
- 사례관리자는 행정적 과정과 기술을 이용한다. 따라서 다음과 같은 행정가이면서 동시에 관리자의 역할 및 과업을 수행한다.
  - 사례 결정에 전문가 팀을 이끌어 가는 역할과 과업
  - 클라이언트를 위한 서비스 전달을 계획하는 역할과 과업
  - 사례관리의 전 과정에 있어서 클라이언트와 다른 전문가와 함께하는 역할과 과업
  - 클리이언트의 사회적 지지망, 휴먼서비스 전문가의 각 영역에 대한 과업과 책임의 완성을 모니터링 하는 역할과 과업
  - 노력의 효과성에 관한 서비스와 지원의 전달과 관련해서 각 개인에게 피드백(feed back)을 제공하는 역할과 과업
- 사례관리자는 다음과 같은 임상적 과정과 기술을 이용한다.
  - 클라이언트와의 관계는 보호되고 개별화되어야 한다.

· 개별 사정과 사정의 질을 평가하기 위해 인간관계에 필요한 기술을 사용한다.
· 클라이언트의 기술 발전을 위해 사정과 계획과정을 함께한다.

- 사례관리자는 다음과 같은 책임성의 근거를 가지고 일한다.
  · 노력의 책임성 - 사회적 자원망에서 정해진 자원가가 제대로 활동하고 있는지에 대한 책임
  · 효과성의 책임 - 사례관리의 전반적인 과정에서 일어나는 클라이언트의 변화에 대한 자원의 동원과 자원을 변경할 수 있는지에 대한 책임과 같은 효과성의 책임
- 사례관리자는 서비스 전달의 통합을 달성하기 위해 노력한다.
  · 하나의 통합된 서비스로 클라이언트의 다양한 욕구가 충족될 수 있을 정도로 조직적인가, 서비스와 지지가 중복되지는 않았는지 등을 살펴본다.
  · 공적 서비스가 클라이언트 자신의 보호 능력을 감소시키지 않도록 보장하면서 동시에 사회적 지지망의 능력도 감소시키지 않도록 보장해야 한다.

2) Cross et al.(1989)

- **클라이언트에게 사례관리자라는 유일한 접촉 창구를 제공한다.**

사례관리의 가장 근본적인 목적이 여러 기관으로부터 서비스를 받는 클라이언트에 대한 책임소재를 하나로 통합한다는 것이다. 사례관리자는 클라이언트가 접촉할 수 있는 유일한 창구로서 클라이언트와 상호작용하는 체계의 구성원에 대한 책임을 지고, 잘 구조화되고 연속성 있는 통합 서비스를 제공하게 된다.

- **클라이언트의 욕구에 의해, 클라이언트가 주도한다.**

사례관리의 목적은 클라이언트의 삶이 가능한 분열되지 않도록 하기 위해 최소한 제한적인 수준의 보호를 제공하는 것이다. 사례관리자가 전문적인 지식과 기술을 사용하지만, 필요한 자원들을 결정할 때, 클라이언트의 자기결정권과 주도권을 인정하여야 한다.

- **클라이언트에 대한 옹호를 포함한다.**

사례관리에서 기관, 가족, 법률체계, 입법부 등을 포함하는 다양한 체계와 서비스를 다룰 때에는 클라이언트의 이익을 최우선으로 옹호할 필요가 있으며, 클라이언트를 대신해서 협상해야 한다.

- **지역사회에 기반을 둔다.**

사례관리는 클라이언트가 시설보호의 한계를 넘어, 지역사회의 자원과 연계되도록 돕고, 가족, 친구, 자조집단 등과 같은 비공식적 자원과 공식적 자원의 통합과 연계를 목적으로 하고 있기 때문에 지역사회에 기반을 둔 접근을 한다.

- **실용주의적이다.**

사례관리자는 음식, 주거, 의류, 교통, 아이 돌봄과 같은 실체가 있는 욕구에 반응함으로서 클라이언트가 있는 곳에서 시작한다.

- **예측 가능해야 한다.**

사례관리자는 어떤 경우에는 직접적으로 개입해야 하고, 또 다른 경우에는 필요에 따라 다른 자원을 동원하여 개입하는 책임지는 활동을 해야 한다. 따라서 과정의 이해, 문제의 예측, 문제를 다루기 위해 이용가능한 선택의 이해, 그리고 적절한 활동을 취하는 능력이 요구된다.

- **유연해야 한다.**

예를 들어, 약물중독이라는 문제를 가진 클라이언트에 대한 사례관리는 약물중독의 문제뿐만 아니라, AIDS, 정신건강문제, 기관의 구조, 특별한 자원의 결핍과 유효성, 사례관리자에게 허용되는 자율성과 권한의 정도, 그리고 많은 것들이 원인이 되어 발생하는 변화에 유연하게 적응해야 한다.

- **문화적으로 민감해야 한다.**

클라이언트의 다양성, 인종, 성, 민족성, 장애, 성적 취향, 생애단계별 특성 등에 대한 사례관리자의 적절한 대응은 사례관리의 과정으로 볼 수 있다. 특히 다양성 존중하기, 문화적 자기 사정하기, 문화적 상호작용의 역동성 이해하기, 문화적 지식 통합하기, 주어진 환경에 존재하는 다양성에 실천을 적용시키기 등은 사례관리자의 문화적 역량과 관련 있다.

5. 사례관리의 장애요인과 성공요인

사례관리가 성공적으로 수행되기 위해서는 극복해야 할 몇 가지 장애요인과 성공요인을 다음과 같다(이윤로, 2005).

1) 장애요인

다음의 항목들은 사례관리자가 실수를 범하여 빠질 수 있는 함정들이다.

(1) 편견에 치우친 서비스 계획

사례관리자가 사신과 친밀한 기관의 서비스 또는 자신의 기관에서 제공하는 서비스만 연계하는 것은 바람직하지 않다. 사례관리자는 가능한 모든 기관에서 제공하는 서비스 및 혜택을 제시하고 클라이언트가 스스로 선택하게 하는 것이 중요하다. 사례관리자가 자신이 싫어하는 기관의 서비스나 접촉하기 어렵고 친숙하지 않은 서비스를 배제하는 것은 바람직하지 않다.

(2) 서비스의 편파성

서비스를 제공하는 데 있어서 자신이 좋아하는 사람이나 가까운 사람들에게는 더 많은 시간과 노력을 기울이고, 까다롭게 굴거나 대수롭지 않게 여기는 사람들에게는 반대로 행동하는 것을 서비스의 편파성이라 한다. 접촉의 빈도에 대한 의사결정이 사례관리자의 뜻대로 이루어지는 것이 아니라 클라이언트의 실제적인 욕구에 기초를 두어야 한다는 것이 중요하다. 훌륭한 사례관리자는 자신의 편의나 선호보다는 클라이언트의 욕구를 고려하면서 평등하게 대해야 한다.

(3) 기관 이기주의

기관 간의 영역 다툼 등의 문제로 인해 클라이언트에게 필요한 프로그램을 제공하지 못하는 상황에 이르게 되는 것을 기관 이기주의라 한다. 타 전문직이나 기관 간의 영역 분쟁은 서비스의 조정에 장애를 유발한다(Kane, 1988). 유능한 사례관리자는 클라이언트에게 최상의 서비스를 전달할 수 있도록 서비스 전달과 관련한 이러한 문제들을 잘 풀어 나가야 한다.

(4) 덤핑

클라이언트의 욕구를 더 적절하게 충족시킬 수 있는 다른 기관들과 연계해 보려는 시도조차 하지 않거나, 단순히 특정 클라이언트와 함께 일하고 싶지 않기 때문에 다른 기관으로 의뢰하는 비윤리적인 행위를 '덤핑'이라고 한다. 유능한 사례관리자는 클라이언트들이 다른 기관의 원조를 얻을 때까지 그들을 돌봐야 한다. 또한 다른 기관이 실질적인 도움과 책임을 줄 수 있는 자원을 가지고 있는데, 자신의 기관에만 붙잡아 두려는 비윤리적인 행위도 근절되어야 한다.

(5) 클라이언트와 가족의 참여를 유도하지 않음

사례관리자가 개인이나 가족의 참여를 유도하지 않고 문제를 해결하려 하거나 서비스를 제공하려는 것은 상황을 더 악화시킬 뿐이다. 서비스 계획이 상호 호혜적으로 협상되거나 개발되지 않는다면 효과적으로 문제해결이 이루어지지 않으며, 가족의 불만이 발생할 수 있다. 클라이언트 자신이나 가족이 참여하여 서비스 제공 상의 일부 역할을 맡아야 제공되는 서비스의 질이 향상되며 비용을 절감할 수 있다.

2) 성공요인

다음의 항목들은 보다 나은 사례관리 서비스 계획에 도움이 되는 지침들이다.

(1) 각 클라이언트의 욕구를 충족시키기 위해 지역사회 내에 현존하고 있는 서비스에 관한 최신 목록을 만든다.

(2) 서비스에 대한 접근을 보다 용이하게 하기 위해 타 기관의 직원들과의 관계를 잘 맺어 둔다.

(3) 각종 프로그램이나 서비스의 수급자격 요건을 잘 숙지하여 클라이언트의 욕구에 맞는 적절한 의뢰가 될 수 있도록 미리 준비해 둔다. 클라이언트가 보다 쉽게 도움을 받을 수 있도록 다른 기관의 프로그램 신청서도 구비해 두고, 작성 요령도 잘 알아 둔다.

(4) 현재 제공될 수 있는 서비스의 틀 속에서만 판단하기보다는 먼저 클라이언트의 충족되지 못한 욕구를 사정해 보는 습관을 기른다. 만약

활용 가능한 것이나 현재 알고 있는 것 그리고 기관이 제공할 수 있는 것에만 초점을 두어 서비스 계획을 수립한다면, 그 계획은 클라이언트의 진정한 욕구에 의해서가 아니라 지역사회가 보유하고 있는 자원의 한계 내에서 끌려 다니게 될 것이다(Rose, 1992). 현재 자원으로는 충족될 수 없어 반복적으로 제기되는 욕구는 문서화하여 새로운 서비스나 자원을 개발하거나 발견할 수 있는 능력을 가진 정책결정자 및 행정가들에게 제공하여야 한다.

C/H/A/P/T/E/R 2

사례관리의 구성요소

1. 사례관리자
2. 클라이언트
3. 사회자원
4. 사례관리의 과정

CHAPTER

02 사례관리의 구성요소

사례관리의 구성요소는 각 학자별로 조금씩 다른 견해를 나타낸다. 정순둘(2005)은 서비스의 대상이 되는 클라이언트, 사례관리 서비스를 제공하는 사례관리자(case manager), 현존하는 서비스 체계 등을 사례관리의 구성요소로 보았으며, 양정남 등(2009)은 도움을 필요로 하는 대상자인 클라이언트, 클라이언트의 욕구를 충족시키는 사회자원, 사회자원을 통합 · 연계 · 조정하는 사례관리자, 사례관리 기관 등을, 이종복 등(2007)은 사례관리 대상, 사례관리자, 사례관리 기관 또는 조직, 사회자원 및 사회관계망 등을 사례관리의 구성요소로 보았다. 또한 白澤政和(시라사와 마사카즈, 1992)는 사례관리를 필요로 하는 대상자, 대상자의 욕구를 충족시키는 자원, 사례관리 기관의 사례관리자 등을 사례관리의 기본 구성요소로 보았고, 입체적으로 파악되는 요소인 사례관리 과정을 부가하였다.

본 서에서는 白澤政和(1992)가 제시한 사례관리의 구성요소를 기본으로 하여 사례관리자, 클라이언트, 사회자원, 사례관리 과정 등을 중심으로 각 학자들이 제시한 견해들을 살펴보았다.

1. 사례관리자

사례관리는 복합적인 욕구를 가진 클라이언트와 사회자원들을 연계하는 실천 방법으로서 사례관리를 주관하는 사례관리자는 전문가여야 한다. 과거에는 가족이나 본인 스스로가 사례관리자의 역할을 수행하는 경우가 많았지만, 현대사회에서는 각종 사회자원이 다차원적으로 공급되고 있어 가족이나 본인이 사례관리자로서의 역량을 충분히 발휘하기에는 한계가 많으므로 사례관리자의 전문적인 역할이 요구된다. 또한 사례관리자는 주로 사회복지사들이지만, 간호사, 물리치료사, 작업치료사 등과 같은 휴먼서비스 영역의 전문가들도 사례관리자로서 활동하고 있다.

여기서는 사례관리자의 기능과 역할, 자격 기준과 교육 훈련, 자질 등을 살펴보았다.

1) 사례관리자의 기능과 역할

(1) 사례관리자의 기능

사례관리자는 사례관리의 가장 중요한 구성요소로서, 전문적 지식, 기술, 가치를 바탕으로 사례관리에서 클라이언트의 욕구 충족과 문제해결을 위해 서비스 체계를 연계하고 다른 서비스 제공자와의 협력을 통해 클라이언트를 보호하고 높은 수준의 사회적 · 경제적 · 신체적 통합을 달성하도록 하는 데 일차적인 책임을 지며, 다음과 같은 핵심적 기능을 진다(이근홍, 2006).

첫째, 클라이언트의 포괄적인 욕구를 인식하는 기능.

둘째, 클라이언트의 욕구를 충족시킬 수 있는 서비스에 클라이언트를 연계하는 기능.

셋째, 클라이언트에게 제공되는 서비스를 모니터링하고, 적절성과 효과성을 사정하며 피드백을 주는 기능.

이러한 사례관리자의 기능은 사례관리자에게 요구되는 수행과제와 밀접한 관련이 있다. Bertsche와 Horejsi(1980)는 사례관리자의 직무에 대한 포괄적인 목록을 〈표 2〉와 같이 제시하고 있으며, 그 내용을 살펴보면, 사례관리자는 원조, 사정, 계획, 중개, 조정, 모니터링, 평가, 지도감독, 행정, 옹호, 상담, 문제해결, 자원개발, 지역사회 조직 등의 임무를 수행한다고 볼 수 있다.

〈표 2〉 사례관리자의 직무

항목	직무내용
1	서비스 수급 자격요건을 사정하기 위한 클라이언트와 가족에 대한 초기면접을 한다.
2	클라이언트, 가족, 그리고 타 기관으로부터의 적절하고 유용한 자료를 수집과, 그 자료를 근거로 클라이언트와 가족에 대한 심리사회적 사정을 한다.
3	목표를 세우고 통합적인 서비스 계획을 세우기에 적합한 전문가, 프로그램 대표, 클라이언트, 가족, 의미 있는 사람들이 논의하고 결정을 내릴 수 있도록 모임을 만들고 지도한다.
4	계획에 앞서 모니터하고 목표의 방향과 조정 내용을 유지하면서, 행동체계 내에서는 정확한 정보가 흐를 수 있도록 관리한다.
5	서비스 전달과정에서 예기치 않게 발생하는 문제를 신속하게 확인하고 클라이언트를 대신하여 문제를 해결하고 클라이언트와 가족을 보호한다.
6	서비스 제공자와의 사이에서 발생하는 위기와 갈등상황에 있는 클라이언트와 가족에게 정보와 상담을 제공하여 도와준다.
7	클라이언트와 가족을 위해 지속적인 정서적 지지를 제공하여 그들이 스스로 문제에 잘 대처할 뿐만 아니라 보다 더 전문적이고 복합적인 서비스도 활용할 수 있도록 돕는다.
8	클라이언트의 예후에 관한 기록을 남겨 관련된 모든 사람들의 계획도 지켜질 수 있도록 한다.

항목	직무내용
9	클라이언트와 가족, 전문가, 프로그램 그리고 비공식적 자원 간의 연계자가 되어 모든 개입 계획을 포함하여 클라이언트가 선호하는 내용이 알려지고, 필요한 서비스가 확보되고 있다는 것을 알 수 있도록 돕는다.
10	프로그램들 사이의 연계자가 되어 자연스럽게 정보가 흐르고 하위체계 간의 갈등을 최소화하기 위한 서비스를 제공한다.
11	클라이언트를 위한 현재와 미래의 자원을 동원하기 위해 공식, 비공식 자원과 신뢰관계를 형성하고 유지한다.
12	클라이언트와 서비스 전달체계의 효과성에 영향을 미치는 정책을 개발하고 수정하는 지위에 올라가기 위해 조직 내에서 좋은 관료로, 효과적인 업무를 수행한다.
13	권위적 위치에 있는 사람들에 대한 존경과 지원을 확보하고 유지하며, 클라이언트를 대신하여 참여하는 다른 개인과 기관을 격려하고, 필요 시 그들을 활용할 수 있도록 한다.

* 권진숙, 2004: 33-35, 재인용

(2) 사례관리자의 역할

사례관리자는 다양한 서비스 공급주체에 의한 사회자원을 클라이언트가 활용하여 욕구를 충족해 갈 수 있도록 촉진하고, 조정하고, 연계시켜 나감으로써 클라이언트의 능력을 향상시키고 서비스 공급주체들의 능력 또한 발전시키는 것이 사례관리자의 역할(김만두 역, 2004)이라 할 수 있다.

여기서는 사례관리자의 역할에 대한 여러 학자들의 견해를 살펴보았다.

① **엄명용 외**(2000)

구체적인 사례관리자의 역할은 다음과 같이 제시하였다.

첫째, 사정자로서의 사례관리자는 클라이언트의 약점, 역기능, 질병, 결함, 증상 등과 같은 부정적인 요소보다는 강점, 능력, 성장과 발전의 가능성, 건전한 기능, 자원, 잠재력 등의 긍정적인 요소에 중점을 두고 그들의 욕구를 수집하고 분석하며, 종합한다.

둘째, 계획자로서의 사례관리자는 클라이언트의 욕구를 충족시키기 위한 사례계획, 치료, 서비스 통합, 기관의 협력 및 서비스 망을 설계한다.

셋째, 상담자로서의 사례관리자의 업무는 클라이언트에 대한 이해를 발전시키고 클라이언트가 스스로 지지망과 같은 자원을 개발하고 유지하는 방법을 알 필요가 있다는 사실을 가르치는 것이다.

넷째, 중개자로서의 사례관리자는 클라이언트가 필요로 하는 자원을 소정의 사회 기관으로부터 제공받지 못하거나, 지식이나 능력이 부족하여 다른 유용한 자원을 활용하지 못할 경우에 다른 유용한 자원과 클라이언트를 연결시키는 중개자의 역할을 수행한다.

다섯째, 조정자로서의 사례관리자는 클라이언트의 문제와 원조자들로부터 도움이 필요한 욕구를 사정하고, 원조를 수행하는 과정에서 클라이언트의 욕구와 자원과의 관계, 클라이언트와 원조자들 간의 관계에서 필요한 조정과 타협의 책임이 있다. 사례관리자는 계획을 수립하고 클라이언트가 이러한 원조자들과 효과적인 접촉을 할 수 있도록 돕는다. 필요하다면, 사례관리자는 갈등을 감소시키고 지지망의 효과성을 증진시키기 위해서 원조자들과 의사소통을 한다.

여섯째, 평가자로서의 사례관리자는 프로그램의 효과성, 효율성 및 비용-효과성을 검토하기 위하여 사례관리과정 전반에 관한 정보와 자료를 수집하고 분석하는 것이다. 평가에서 사례관리자는 개별 클라이언트, 담당사례, 서비스 계획, 서비스 전달체계, 서비스 활동 및 지원체계의 효과성을 분석한다.

일곱째, 옹호자로서의 사례관리자이다. 대체로 사례관리가 필요한 클라이언트들의 경우, 스스로 자신을 대변하고 옹호할 수 있는 능력이 부족한 경우가 많다. 또한 이들 클라이언트들에게 필요한 자원이 제대로 자원이 공급되지 않거나, 존재하지 않는 경우가 많다. 이때, 사례관리자는 클라이언트를 대변하여 그들의 욕구사항을 찾아내어 표면화하고, 가능한 한 자원이 적절히 공급되어 질 수 있도록 노력하는 등 클라이언트의 옹호자로서 활동한다.

② **이종복 외**(2007: 57-62)

사례관리자의 기능을 직접적 서비스 기능, 간접적 서비스 기능으로 구분하고, 기능별 사례관리자의 역할을 다음과 같이 제시하였다.

• 직접적 서비스 기능

사례관리자의 직접적 서비스 기능은 클라이언트가 자신의 욕구를 충족시킬 수 있는 능력을 강화하도록 원조하여 사례관리를 효과성을 증진시킬 수 있도록 하는 것으로, 클라이언트의 역량을 강화하는 방법들을 제공하는 역할을 한다.

초기의 사례관리자의 역할은 직접적인 서비스 제공자가 아닌, 다양한 서비스 프로그램들 간의 조정적인 역할을 하는 것으로 시작되었다. 그러나 사례관리자가 클라이언트를 직접적으로 만나지 않고는 이들을 사정하고, 서비스를 연계시키는 것이 한계가 있다는 것을 알게 되었고, 클라이언트의 욕구에 맞는 서비스를 끝까지 책임을 지고 제공하는 역할까지 확대되었다(김통원 외 역, 1998).

사례관리자의 직접적 서비스 기능에 대해 Moxley(1989)는 실행자의 역할, 교사 · 지도자의 역할, 안내자 · 협력자의 역할, 진행자의 역할, 정보제공자의 역할, 지지자의 역할 등을 제시하고 있으며, 각각의 역할은 사례관리자가 정한 방향과 클라이언트의 주체적 판단에 의해 변화된다고 하였다.

• 간접적 서비스 기능

Moxley(1989)는 사례관리자가 사용할 수 있는 간접적 서비스의 전략으로 중개, 연계, 조정, 권리옹호, 사회적 지지망 구축, 기술적 지원과 자문 등의 여섯 가지 방법을 제시하면서 클라이언트에 대한 서비스 지원계획을 바탕으로 이러한 전략이 활용될 수 있음을 강조하였다.

- **중개**란 클라이언트를 지역의 기관과 자원에 연결함으로써 서비스 지원계획을 실행하는 것이다. 사례관리자는 서비스 지원계획에서 정해진 서비스 공급이 가능한 기관과 지역사회자원을 선택 · 연결하는 중개를 할 때, 효과적으로 중개하기 위해서는 서비스의 이용가능성, 적절성, 수용성, 접근성, 서비스 수급자의 자격기준, 서비스의 질, 서비스 공급자의 역량, 서비스 공급자의 동기, 기관이 공급하는 서비스의 범위에 대한 지식 등 자원에 대한 상세한 정보 획득이 필요하다.
- **연계**란 클라이언트를 원조함에 있어서 장애요소를 제거하고 문제 해결을 위해 필요한 서비스와 연계시키기 위한 전략이며, 클라이언트의 중요한 정보와 함께 의뢰를 통해 이루어진다.
- **조정**은 클라이언트의 입장에서 서비스를 조정하는 것으로 그 목적은 클라이언트의 욕구를 충족시키기 위해 휴먼서비스 제공자와 사회적 지지망의 구성원에 의한 서비스가 조화롭게 실행되도록 하는 것이다. 사례관리자는 서비스 조정과정에서 정보교환과 모니터링, 능력개발, 적응촉진, 네트워킹의 기술을 사용하며, 조정자로서 사례관리자는 서비스 목표를 달성하기 위한 기구를 조직하고 유지함으로써 클라이언트를 위한 지지망 활동을 촉진한다.
- **권리옹호**는 사례관리자가 기관의 결정자보다는 약자의 입장에 있는 클라이언트의 욕구를 그 기관에 대해 대행하는 역할을 수행하는 것을 말한다. 권리옹호 전략의 목표는 클라이언트의 원조를 거부하는 기관과 대결하여 협상하고 클라이언트를 원조할 수 있는 동기를 가지게 하는 것이다.
- **사회적 지지망 구축**은 클라이언트를 지지하는 중요한 자원을 공급하는 서비스 지지망 내의 상호적 케어를 말한다. 가족, 친구, 이웃 등 비공식적 원조자로 구성되는 사회적 지지망을 구축하여 공식적인 휴

면서비스 공급체계에서 얻을 수 없거나 달성할 수 없는 자원을 공급할 수 있다.

- **기술적 지원과 자문**은 최후의 간접적 서비스 기능이다. 사례관리자는 클라이언트에 대한 서비스 공급을 개선하는 새로운 지식, 정보, 전망을 휴먼서비스 기관에 소개하는 등, 기술적 원조와 자문의 역할을 수행함으로써 기관이 클라이언트의 욕구에 대응하는 역량을 높일 수 있다.

③ **권진숙 · 박지영**(2009: 53)

사례관리자의 역할을 직접 서비스 역할과 간접 서비스 역할, 그리고 통합적 역할로 나누어 〈표 3〉과 같이 제시하였으며, 사례관리자는 각각의 구분된 역할 속에서 다양한 기능을 수행하게 된다고 하였다.

〈표 3〉 사례관리자의 역할

역 할 구 분		
직접 서비스 역할	간접 서비스 역할	통합적 역할
이행자 교육자 안내자 · 협조자 진행자 정보전문가 지원자	중계자 연계자 조정자 옹호자 협동자 협의자	상담가 · 교육자 조정자 옹호자

또한 Woodside와 McClam(2006)은 유능한 사례관리자가 되기 위해서는 다음을 준비해야 한다고 하였다(양정남 외, 2009: 109-114).

- **다양한 역할 소화하기**

사례관리자는 클라이언트를 옹호하는 역할, 중개하고 연계하는 역할, 조정하는 역할, 교육하고 정보를 제공하는 역할, 평가하는 역할, 감독하는 역할, 계획하는 역할, 직접 문제를 해결하는 역할 등 다양한 역할을 수행해야 한다.

- **시간을 효율적으로 조직화하고 사용하기**

사례관리자가 자신의 시간을 효율적으로 조직화하여 사용하지 못하여 문서작업과 같은 업무에 매달리게 된다면, 이는 결국 클라이언트의 고통으로 이어질 것이다. 따라서 클라이언트를 위해 사례관리자가 시간을 효율적으로 조직화하여 사용한다는 것은 자신의 시간 관리를 잘 하는 것과 업무를 효율적으로 수행한다는 것을 말한다.

- **의사소통능력을 강화하기**

경청하기, 질문하기, 요약하기, 정보 제공하기, 상담기술 등의 의사소통 기술은 원조관계를 형성하고, 욕구와 상황을 파악하고 사정하며, 클라이언트와 의견을 조율하고 설득하여 실행에 옮기도록 지지하고 격려하는 등의 과정 중에 필수도구이기 때문에 사례관리에서 더욱 중요하다.

- **사회복지 분야뿐만 아니라 다양한 방면의 지식 쌓기**

유능한 사례관리자가 되기 위해서는 사회복지업무와 관련된 일반적인 지식과 행정적 지식뿐만 아니라, 의학 용어, 처방, 약물의 부작용 등과 같은 좀 더 전문화된 지식도 필요하다.

- **윤리적 의사결정을 유지함으로써 함정에 빠지는 오류 방지하기**

사례관리자는 자기결정, 비밀보장, 상호존중 등과 같은 윤리적 이슈를 어떻게 처리해야 하는지 알고 있어야 하며, 스스로에게 질문하고, 각종 상황에 대한 전문적 반응을 할 수 있어야 한다.

- **클라이언트와의 관계를 항상 명심하기**

오랜 기간 동안 한 클라이언트를 담당하다 보면, 클라이언트의 일상생활의 세세한 부분까지 알게 되는 경우가 많고, 지나치게 친밀해지는 경우도 있어 역할 갈등을 겪게 된다. 의존적이고 수동적인 클라이언트는 지나친 보호본능을 부추길 수도 있고, 저항적이고 공격적인 클라이언트는 사례관리를 종결하게 만들 수도 있지만, 이 모든 것이 사례관리자와 클라이언트 사이의 전이와 역전이 같은 부정적인 심리적 역동임을 알아야 한다.

- **비판적이고 명확하게 생각하도록 노력하기**

  클라이언트의 상황은 매우 복잡하게 얽혀 있는 경우가 많기 때문에 사례관리자들은 세부적인 사항에만 관심을 두고 에너지를 쓰게 된다. 그러나 개인적이고 작은 부분뿐만 아니라 전체적인 것과 흐름을 파악하고 객관적이고 명확한 사고를 할 수 있도록 노력해야 한다.

- **유능한 사례관리자가 되고자 하는 열망을 드러내고 노력하기**

  유능한 사례관리자가 되기 위한 개인적인 자질인 유연성, 인내심, 자신감, 모험심과 흥미를 가지고 적극적인 열망을 드러내고 노력해야 한다.

2) 사례관리자의 자격기준과 교육훈련

사례관리자가 누가 되느냐가 중요한 문제이다. 그러나 앞에서 살펴본 것처럼, 사례관리의 등장배경이나, 효과적인 사례관리를 위해서라면 필연적으로 다학문적인 접근을 요구하며, 그 특성상 하나의 전문직이 사례관리를 독점할 수는 없다(Murer & Brick, 1997: 160). 따라서 사회복지학, 심리학, 간호학, 교육학, 보건학 등이 다양한 학분 영역에서 사례관리를 가르치고, 현장에서 실천되기도 한다.

실제로 미국의 경우 사례관리자의 3/4가 사회복지사이며 나머지 1/4는 간호사, 작업치료사, 물리치료사, 의사, 재활상담가 등이 담당하고 있으며, 캐나다의 British Columbia주(州)에서 활동 중인 사례관리자는 지역방문간호사가 압도적으로 많은 반면, 같은 캐나다에서도 Manitoba주(州)의 경우에는 사회복지사와 지역방문간호사가 한 팀을 이루어 사례관리를 실시하고 있다(白澤政和, 1992).

영국의 경우 보호관리자(care manager)는 클라이언트에게 상담, 조언 및 사회적 지지, 서비스의 연계와 조정을 수행하며, 사회복지사 또는 간호사 중에서 선발하여 재가복지 서비스의 보조인력에 대한 통제, 사례관리에 대한 예산관리 업무도 병행하여 수행하도록 하였다. 또한 욕구를 사정하고 서비스의 효과성을 모니터링하고 평가할 때 이해관계에 의한 갈등을 예방하기 위해서 서비스 제공이나 서비스 제공기관의 관리에 직접 관여하지 않도록 하고 있다(양정남 외, 2009).

일본의 경우는 1998년부터 국가자격시험을 통해 Care Manager를 양성하고 있으며(장인협 외, 2001), 보호관리자의 역할을 수행하는 전문직으로서는 간호사가 가장 많고, 그 다음이 개호복지사 및 사회복지사다. 그 외, 보건사, 이학요법사, 작업요법사, 의사, 영양사, 약제사 등이 있다(박용억, 2005).

우리나라에서는 사례관리자의 자격기준에 대하여 특별한 요구가 없지만, 미국의 경우 사례관리자가 되기 위해서는 다음과 같다.

미국에는 간호 영역에서 수여하는 자격제도와 사회복지 영역에서 수여하는 자격제도로 구분된다. 즉, 간호 영역에서는 CMC(Care Manager Certified, The National Academy of Certified Care manager: NACCM)가 있고, 사회복지 영역에서는 CCM(Certified Case Manager, The Commission for Case Manager Certification: CCMC)이 있는데, 지원자는 일정 교육과 실무가 요구되며 자격증을 받기 위해서는 각 협회에서 주관하는 시험에 합격하여야 한다(양정남 외, 2009).

NACCM의 경우 다음 세 가지 중 한 가지를 충족시켜야 한다.

- 2년(50시간/년)간 위원회의 수퍼비전을 받으면서 전임으로 사례관리 분야에서 근무한 경험이 있고, 간호, 사회복지, 사회사업, 상담, 심리, 노인학 등 관련된 분야에서 석사학위를 받은 경우.
- 2년(50시간/년)간 위원회의 수퍼비전을 받으면서 전임으로 사회복지, 정신보건, 상담이나 사례관리 분야에서 4년간 일한 경험이 있고, 간호, 사회복지, 사회사업, 상담, 심리, 노인학 등 사례관리와 관련된 분야에서 학사학위를 받은 경우.
- 2년(50시간/년)간 위원회의 수퍼비전을 받으면서 전임으로 사회사업, 정신보건, 상담이나 사례관리 분야에서 6년간 일한 경험이 있고, 고졸인 경우.

CCM의 경우에는 CCMC가 요구하는 면허증이나 자격증(준학사 이상의 학위소지자)을 가지고 있는 응시자가 다음의 실무경험 중, 한 가지를 충족시키면 응시할 자격을 준다.

- CCMC의 수퍼비전을 받으면서 12개월 동안 전임으로 근무한 경력이 있는 사람.
- 24개월 동안 전임으로 근무한 경력이 있는 사람(이 경우 반드시 수퍼비전을 요구하지는 않는다).
- 사례관리 서비스를 제공하는 사람들의 활동을 지도감독하는 수퍼바이저로 12개월 이상 근무한 경력이 있는 사람.

또한, 사례관리자와 지역사회의 타 전문가들의 전문적 성장을 위한 기회 제공을 목적으로 미국사례관리협회(The National Association of Case Management: NACM)가 1990년 창립되었다. 이 조직은 교육 모임과 심포지엄, 사례관리 과정과 관련된 자료의 보급 등을 통해 그 목적을 달성하기 위해 많은 노력을 하고 있다. 또한 시험을 통하여 사례관리를 수행할 수 있는 능력을 확인하기 위하여 미국사례관리자학교(NACCM)가 설립되었으며, 사례관리의 이슈와 사례관리 실천에 관한 전문적인 포럼을 제공하는 학술지(Journal of Case Management)를 연 4회 발간하고 있다. 또한 주정부의 다양한 사례관리 프로그램에 일할 준비를 하는 사람들에게 사례관리자격증을 주기도 한다. 이러한 프로그램은 사회복지, 간호 혹은 다른 보건, 휴먼서비스 전문직 영역의 학사 혹은 그 이상의 학위 소유자들에게 제공된다(권진숙 역, 2004).

사례관리자의 교육수준은 고도의 전문적 기술을 요구하므로 석사학위 이상의 소지자를 사례관리자로 보는 관점이 있는 반면, 아웃리치, 의뢰, 일상생활의 환경적 지지 그리고 사후 평가활동의 일부분을 고려하여 학사학위 정도의 준전문가에 의해 수행되는 것이 더 적절하다고 보는 관점 등 이견이 존재한다. 그러나 사례관리자의 대부분이 다양한 휴먼서비스 전문직의 학사학위를 소지하고 있고, 석사학위를 소지한 사람은 1/3 정도에 불과(Rubin, 1992)하여 타 전문가와의 연계, 협력 활동이 많은 다학문적인 접근이 그 특징인 사례관리의 실천 영역에서 사례관리자의 권위를 확보하는데 한계점으로 지적되기도 한다(권진숙 외, 2009).

또한 사례관리자를 위한 교육, 훈련은 크게 다음 세 가지 영역으로 나누어 볼 수 있다(장인협 외, 2001: 90).

첫째, 사례관리 활동의 중심 가치인 참여, 자기결정, 비밀보장, 정상화 등에 대한 교육.

둘째, 정신질환, 약물남용, 지적장애 등 정신보건 관련 문제의 원인, 정의, 결과, 제한점 등에 대한 지식, 의료적 조치 및 법적 권한, 지역사회 내 특정 서비스의 이용 가능성, 장기 보호 영역에 대한 기본 정보 교육 등.

셋째, 클라이언트와 관계 형성하는 기술, 실제적 문제 해결 기술, 위기 상황에 개입하는 기술, 효과적으로 클라이언트를 옹호하는 기술, 자원을 연계하는 기술 등 사례관리 과정과 관련된 기술 교육.

〈표 4〉는 미국사회복지사협회(1992)에서 제시하는 사례관리 표준지침을 나타낸 것이다. 다음의 총 10개 항목 중, 첫 번째 항목에서 사례관리자의 자격기준을 제시하고 있다.

〈표 4〉 미국사회복지사협회(1992)의 사례관리 표준 지침

이 슈	표준지침 내용
사례관리자	1. 사례관리자는 사회복지교육협의회의 인가를 받은 학부나 대학원에서 학위를 받은 자로서 사례관리를 수행하는 데 필요한 지식, 기술, 경험이 있어야 한다.
클라이언트	2. 사례관리자는 클라이언트의 욕구와 이익을 최우선으로 고려하여 자신의 기술과 역량으로 클라이언트를 돕는다.
	3. 사례관리자는 사례관리의 모든 과정에 클라이언트를 참여시켜야 한다.
	4. 사례관리자는 클라이언트의 사생활에 대한 권리와 클라이언트의 정보를 타인에게 제공할 때 비밀보장을 해야 한다.
	5. 사례관리자는 직접적인 서비스를 제공하기 위해 클라이언트와 가족에게 개입하고 전달할 때에는 클라이언트의 수준에서 이루어져야 한다.
전반적인 운영	6. 사례관리자는 현재 제공할 수 있는 사례관리의 수준과 필요한 서비스 접근성을 높이는 수준에서 개입하여야 한다.
	7. 사례관리자는 자원의 활용 가능성이나 서비스 비용 그리고 재정 한도를 잘 알고 있어야 하며, 사례관리의 모든 기능과 실천에 대한 책임을 져야 한다.
	8. 사례관리자는 사례관리가 실행되고 있는 서비스 전달체계는 물론 자신의 사례관리 서비스에 대한 적절성과 효과성을 검증하는 평가 및 질 관리 활동에 전문적인 책임감을 갖고 참여해야 한다.

이 슈	표준지침 내용
사례관리자	9. 사례관리자는 주어진 사례관리 업무를 효과적으로 계획, 제공, 평가할 수 있을 정도의 합리적이고 적정한 사례 수를 담당하여야 한다.
	10. 사례관리자는 동료 및 다른 기관들과 서로 존중하는 마음으로 대하고, 전문직 간, 전문가 내 그리고 기관 간 협력을 위하여 노력해야 한다.

* National Association of Social Workers, 1992.

3) 사례관리자의 자질

사례관리란 다양하고 복합적인 욕구를 가진 클라이언트에 대한 서비스 실천이기 때문에 사례관리자에게는 다양한 역할이 요구된다. 따라서 사례관리를 잘할 수 있는 기본적인 자질은 매우 중요하다. 사례관리자의 자질 및 가치 등은 다음과 같다(김통원 외 역, 1998).

(1) 사례관리자가 갖추어야 할 인격적인 자질

- 개성에 근거한 에너지가 있다.
- 최고를 추구하는 의욕이 있다.
- 자기 동기화 및 주도성이 있다.
- 열성이 있다.
- 긍정적이며 낙천적이다.
- 창의적이고 혁신적이다.
- 지속적이며 확고하다.
- 철저하나 강박적이지 않다.

(2) 사례관리자가 추구해야 할 가치

- 윤리적이고 도덕적이다.

- 정직하며 신뢰할 만하다.
- 비심판적이며 수용적이다.
- 공정하다.
- 헌신적이며 충성스럽다.
- 공손하다.

(3) 사례관리자의 대인관계기술

- 민감하며 이해심이 많다.
- 보살피려 하며 온정적이다.
- 온화하며 품위가 있다.
- 자기 인식과 고른 균형을 유지하고 있다.
- 유머 감각이 있고 재미있다.
- 말이 잘 통한다.
- 자신감이 있다.

(4) 사례관리자의 인지기술

- 창의적이고 수평적 사고를 한다.
- 분석적이며 문제해결 지향적이다.
- 조직적이고 체계적이다.
- 논리적이며 명료하다.
- 융통성이 있으나 일의 추진에는 단호하다.

(5) 사례관리자가 갖추어야 할 기본적인 지식

- 신체와 정신에 관한 지식
- 장애에 대한 지식
- 사정 방법에 관한 지식

- 지역사회 자원에 관한 지식
- 기관의 조직과 행정 절차에 관한 지식
- 집단 활동의 과정에 관한 지식
- 상담 기법에 관한 지식
- 특정 분야의 실천에 관한 지식

(6) 사례관리에 어울리지 않는 인격적 자질

- 계속적인 지도감독이 필요한 경우
- 적절한 에너지와 동기를 지속적으로 유지하기 어려운 경우
- 팀 활동을 싫어하는 경우
- 사람들을 싫어하는 경우
- 다양한 유형의 사람들과의 언어적인 의사소통에 문제가 있는 경우
- 다양한 유형의 사람들과 편안한 관계를 형성하기 어려운 경우
- 문서로 의사를 표현하는 기술에 무관심한 경우
- 주도력이 전혀 없는 경우
- 판단력이 부족한 경우
- 자신감이 결여된 경우
- 유머 감각이 없는 경우
- 남을 설득하는 데 문제가 있는 경우
- 어느 한쪽의 성(性)을 대하는 데 문제가 있는 경우
- 사소한 일에도 스트레스를 받는 경우
- 조직적이지 못하거나 체계적이지 못한 경우
- 문제를 해결하려는 도전의식이 없는 경우
- 부정적이거나 염세적인 경우
- 솔직하지 못하거나 관대하지 않은 경우
- 소진이 빨리 오는 경우

2. 클라이언트

사례관리에 있어서 대상자인 클라이언트는 대부분 다양하고 복합적인 욕구와 그에 따른 문제를 가지고 있어, 하나 이상의 사회자원을 필요로 하지만 자원의 소재와 이용방법에 대해 잘 모르거나, 스스로 해결할 수 없는 저소득층, 노인, 장애인, 아동, 청소년, 만성 질환자 등과 그 가족들이다.

또한 클라이언트 욕구의 주요 영역은 소득, 주택, 직업 활동, 신체적 건강, 정신적 건강, 사회적 · 대인관계, 여가 활동, 일상생활활동, 이동수단, 법률, 교육 등(Moxley, 1989)이며, 경제적, 보건 · 의료적, 사회적, 대인적 보호 욕구를 포괄하는 인간생활의 전 범위에 해당한다.

양정남 등(2009)은 사례관리 서비스를 필요로 하는 클라이언트를 노인, 장애인, 아동, 그리고 그 가족으로 분류하여 살펴보았고, 정순둘(2005)은 사례관리 서비스를 필요로 하는 클라이언트를 다음과 같이 영역별로 살펴보았다.

- 재가보호 영역

  재가보호를 받아야 할 장애인, 노인, 소년소녀가장 세대 등이 포함되며, 주로 지역사회복지관의 재가복지센터 등을 중심으로 사례관리 서비스가 제공된다.

- 정신보건 영역

  정신과적인 문제를 가지고 있는 클라이언트들의 재입원을 예방하고 지역사회에서 성공적으로 생활할 수 있도록 지역사회 정신건강센터, 사회복귀시설 등을 중심으로 사례관리 서비스가 제공된다.

- **직업재활 영역**

  정신과적인 문제를 가지고 있는 클라이언트, 장애를 가진 클라이언트 등 많은 클라이언트들이 직업재활의 대상이 되며, 직업재활의 특성상 한 기관만의 노력으로는 그 목적을 달성하기 어려우므로 사례관리가 특별히 요청되는 영역이다.

- **노인복지 영역**

  노인이 되면, 은퇴로 인한 경제적인 문제, 사회적 역할 상실에 따른 정신적 · 신체적 건강상의 문제 등 다양하고 복합적인 문제로 인하여 지속적인 사례관리 서비스가 필요하다. 노인의 경우 장기요양 서비스와 함께 사례관리가 특별히 요청되는 영역이다.

- **발달장애 영역**

  발달장애를 갖고 있는 클라이언트와 그 가족들은 다양하고 복합적인 욕구를 가지고 있으므로 사례관리의 대상이 된다.

- **기타**

  사례관리는 다양한 클라이언트와 그 가족을 대상으로 제공되는 사회복지실천 방법의 하나이다. 따라서 특정한 대상만을 위한 서비스가 아니며, 그 특성상 스스로 해결하기 어렵거나 불가능한 복합적인 욕구를 가진 모든 클라이언트가 사례관리의 대상이 될 수 있다.

또한 Steinberg와 Carter(1983), 白澤政和(1992)는 사례관리 서비스를 필요로 하는 클라이언트의 특성을 다음과 같이 제시하였다.

- 복합적인 신체적 · 정신적 손상을 가진 클라이언트
- 복수의 서비스를 필요로 하거나, 받고 있는 클라이언트

- 시설 입소가 검토되고 있는 클라이언트
- 서비스가 충분히 제공되고 있지 않는 클라이언트
- 현재 받고 있는 서비스가 부적절한 클라이언트
- 보호해 줄 가족구성원이 없거나, 여의치 못한 클라이언트
- 가족구성원만이 돌보고 있는 클라이언트
- 행정적인 서비스 이외의 이웃이나 자원봉사자와 같은 비공식적 자원의 지원이 필요한 클라이언트
- 행동이나 태도가 다른 사람이 참을 수 있는 한도를 넘긴 견디기 어려운 클라이언트
- 입·퇴원을 반복하고 있거나, 자신의 건강관리를 스스로 할 수 없는 클라이언트
- 자신의 문제점이나 욕구에 대한 판단력이 애매한 클라이언트
- 금전적인 관리가 불가능하거나, 행정적인 서비스를 이용하는 데 도움이 필요한 클라이언트
- 개인적인 대변자가 필요한 클라이언트

3. 사회자원

사례관리란 클라이언트 문제를 해결하기 위해 비공식적 체계와 공식적 체계를 조정하고 통합하여 필요한 서비스를 제공하기 위해 사회적 자원을 동원하는 것이다.

클라이언트의 욕구를 충족시키는 사회자원은 인적·물적 서비스를 제공하고 지원하는 다양한 차원의 공급주체를 말한다. 가족, 친척, 동료, 이웃, 자원봉사자 등의 비공식적인 부분과 행정가, 행정기관, 공공복지시설, 법인 등 공식적인 부분이 있다(白澤政和, 1992).

그 중에서도 사례관리 기관은 클라이언트의 욕구에 대한 서비스의 조정과 연계를 체계적으로 책임지는 대표적인 주체이다. 사례관리 기관은 클라이언트의 욕구를 사정하고, 필요한 서비스를 지속적으로 제공하기 위해 기관 간의 연계와 조정을 주도한다. 또한 사례관리자의 효과적인 역할 수행을 위해 서비스 체계의 안정성 보장과 새로운 서비스 제공자의 발견 등의 역할을 수행한다. 사례관리기관이 이러한 역할을 효과적으로 수행하기 위해서는 지역사회 수준에서 사례관리자의 권위와 책임을 명백하게 인정해야 한다(Intagliata, 1982).

여기서는 사회자원의 개념 및 동원의 필요성, 사회자원의 유형 등을 살펴보았다.

1) 사회자원의 개념 및 동원의 필요성

자원이란 인간이 사회생활을 유지・향상시키는 데 유용하게 쓰이는 각종 물자를 비롯하여 인간의 잠재적 가능성까지 포괄하는 포함하는 개념이며, 사회자원이란 인간의 사회적 욕구를 충족시키기 위해 동원되는 시설, 설비, 자금이나 물자 또는 개인이나 집단의 지식과 기능 등을 말한다(三浦文夫, 미우라 후미오, 1982).

사례관리는 다른 사회복지실천과 마찬가지로 적절한 사회자원의 동원이 필수적이며, 탈시설화 이후 현대사회의 다양하고 복합적인 클라이언트의 욕구를 충족시키고 사회적 기능을 향상시키기 위해서 지역사회의 다양한 사회자원을 확보하고, 질적 향상을 도모하면서 서비스 공급주체를 다원화하여 연계할 필요가 있으며, 새로운 사회자원을 개발할 수도 있어야 한다.

사회자원 동원의 필요성을 구체적으로 설명하면 다음과 같다(白澤政和,

1992; 이근홍, 2006).

첫째, 사회복지서비스가 시설보호 중심에서 지역사회보호 중심으로 변화함에 따라서 지역사회에 생활 기반을 둔 클라이언트를 적절히 지원하기 위해서 자원의 동원이 필요하게 되었다.

둘째, 클라이언트의 욕구 다양화와 참여의 증가는 사회자원이 일방적으로 분배되던 시대에서 클라이언트가 사회자원을 선택하는 시대가 되었고, 따라서 이러한 욕구에 대응해야 할 사회자원의 범주를 확대하고 질적인 향상을 기해야 한다. 또한 그 결과로써 서비스 공급주체의 다원화, 다양화가 이루어지고 있다.

셋째, 장기보호를 요하는 노인과 만성 장애인이 점차 증가하고 있어 그들을 지역사회 내에서 보호할 수 있도록 비공식적 지원체계와 공식적 지원체계를 적절히 연계시켜야 한다.

넷째, 개인 수준의 보호, 지역사회 수준의 지원, 국가 수준의 원조와 관련한 사회자원을 개발하고 동원하여 서비스망을 형성함으로써 지역사회 내에서 클라이언트를 적절히 보호해야 한다.

다섯째, 사회복지서비스가 클라이언트의 심리적 측면보다 환경조정 즉, 간접적 서비스로 전환되고 있어 클라이언트의 외적 사회자원을 개발하고 동원해야 한다.

2) 사회자원의 유형

사회자원은 여러 학자들의 다양한 이론적 관점에서 다양하게 분류되고 있다. Siporin(1987)은 사회자원의 본질, 원천 및 유용성에 따라 개인이나 집단의 내적 자원과 외적 자원, 공식적 자원과 비공식적 자원, 실재적 자원과 잠재적 자원, 통제 가능한 자원과 불가능한 자원 등 4가지 유형으로 분류하였다.

또한 Thomas(1975)는 지역사회 자원은 지역사회 주민에 대해 재정적·사회적·상호부조적 가치를 가지고 있다고 보며, 산업이나 학교와 같은 물질, 상점이나 극장과 같은 상업적 서비스, 교회나 복지기관과 그 직원과 같은 조직적 자원, 가족·친구·이웃 등의 비공식적 자원과 같은 내적 자원 등 4가지 유형으로 분류하였고, Foa(1971)는 금전, 애정, 정보, 지원, 서비스, 선의 등 6가지 유형으로 분류하고 있다(白澤政和, 1992).

여기서는 욕구 관점에서 본 사회자원, 공급주제에 의한 사회자원, 질적 차이에 따른 사회자원으로 분류하여 살펴보았다.

(1) 욕구 관점에서 본 사회자원

욕구 관점에서 본 사회자원의 유형 분류는 인간이 사회생활을 수행해 가는 데 필요한 사회적 욕구를 유형화 하고, 그에 따라 사회자원을 분류하는 것을 말한다.

먼저 Maslow(1954)는 인간의 기본적인 욕구를 단계별로 다섯 가지 수준으로 유형화하였다.

첫째, 생리적 욕구로서, 인간의 생존에 기본이 되는 물, 음식, 수면 등과 같은 의식주를 해결하기 위한 욕구이다.

둘째, 안전의 욕구로서, 평화롭고 안정된 사회 환경을 바라는 욕구이며 편안한 지역사회 환경, 이를 위한 시민단체, 공공기관 등의 사회적 자원이 필요하다.

셋째, 소속과 애정의 욕구로서, 타인들과의 건설적인 관계를 맺기 바라는 욕구이며 가족, 친구, 이웃 등 인적 자원이 필요하다.

넷째, 자존의 욕구로서 타인에게 존경받고 인정받고 싶어 하는 욕구이며 성취감 등 정서적 자원이 필요하다.

다섯째, 자기실현의 욕구로서 신체적 · 정신적 건강, 자기계발의 기회 등이 필요하다.

또한 岡村重夫(오카무라 시게오, 1968)는 사회복지가 대응해야 할 인간의 사회생활상의 기본적인 욕구를 첫째, 경제적 안정의 욕구, 둘째, 직업 기회의 확보, 셋째, 신체적 · 정신적 건강의 유지, 넷째, 사회적 협동을 구하는 욕구, 다섯째, 가족관계의 안정, 여섯째, 교육 기회의 확보, 일곱째, 문화 · 오락에 대한 참여의 욕구 등 7가지로 유형화하였다.

Khan(1973)은 사회복지정책 또는 휴먼서비스를 소득보장 서비스, 의료보건 서비스, 고용 서비스, 주택 서비스, 교육 서비스, 사회복지서비스 등 6가지로 분류하였고, 白澤政和는 사회복지서비스(personal social service)를 협의의 사회복지 개념으로 보고, 이를 바탕으로 6가지 사회자원이 대응해야 하는 인간의 사회생활상 욕구를 첫째, 경제적 안정을 바라는 욕구, 둘째, 신체적 · 정신적 건강을 바라는 욕구, 셋째, 취업기회의 욕구, 넷째, 주거 보장의 욕구, 다섯째, 교육 기회의 욕구, 여섯째, 가족이나 지역사회에서의 개별적인 생활을 유지해 가는 욕구 등으로 추론하였다.

지역사회에 기반을 둔 많은 사회자원 즉, 사회적 서비스들은 다음의 욕구 형태에 따라 분류되는 경향이 많다(장인협 외, 2001).

① 기본적 · 도구적 일상생활의 욕구로서 식사준비, 세탁, 장보기, 청소, 세수, 목욕, 옷 갈아입기, 이동하기, 대소변 보기, 행정적 업무 대행 등이 포함된다. 이러한 욕구를 충족시켜 주는 서비스로는 장기요양보험에 의한 요양보호사 파견, 개인수발 서비스, 가정봉사원 서비스, 이동목욕 서비스, 식사제공서비스 등 공식적 서비스가 있다.

② 신체적 · 정신적 건강보호의 욕구로서 맥박 · 호흡 · 체온 측정, 투약, 주사, 치료, 의료보호, 요양보호, 실금 관리, 정신치료, 의료 보장구

제공 등이 포함된다. 이러한 욕구를 충족시켜 주는 서비스로는 의사 진료 서비스, 정신보건 서비스, 가정간호 보조원 서비스, 방문간호 서비스, 물리치료 서비스, 작업치료 서비스, 언어치료 서비스 등이 있다.

③ 상담 및 정서적 지지, 사회적 접촉의 욕구로서 질병 · 장애에 대한 대처 능력 향상, 사회적 접촉, 위기관리의 욕구 등이 포함된다. 이러한 욕구를 충족시켜 주는 서비스로는 사회복지사, 상담전문가 혹은 건강 관련 전문가의 상담 서비스, 말벗 자원봉사자 등의 서비스, 결연사업, 전화 확인 서비스 등이 있다.

④ 정보 및 조언에 대한 욕구로서 이용 가능한 서비스와 혜택에 대한 정보 획득의 욕구를 말한다. 이러한 욕구를 충족시켜 주는 서비스로는 재가보호 서비스를 제공하는 전문가, 라디오 · TV와 같은 대중매체, 비영리 조직의 팸플릿 등으로부터 제공받는 정보 서비스 등이 있다.

⑤ 비공식적 보호자에 대한 지지 욕구로서 클라이언트 보호자의 신체적 · 심리적 · 경제적 욕구를 말한다. 이러한 욕구를 충족시켜 주는 서비스로는 주간보호 서비스, 단기보호 서비스, 보호자 지지집단, 상담 서비스, 재정적 지원 및 보상, 세제 혜택 등이 포함된다.

(2) 공급주체에 의한 사회자원

공급주체에 의한 사회자원의 분류는 비공식적 부문, 국가 부문, 사적 영리 부눈, 비영리 지원 부문 등으로 유형화(장인협 외, 2001)할 수 있고, 공식적 사회자원과 비공식적 사회자원으로 유형화(Pincus & Minahan, 1973; Siporin, 1987; 白澤政和, 1992)할 수도 있다.

공식적 사회자원의 영역에서는 욕구나 수급자격을 평가하는 명확한 기준, 공식적인 절차, 역할 간의 전문적인 분화와 조정, 클라이언트와 관련한 명확한 기대, 일관된 기준, 무엇이 성공 또는 진전인가에 대한 명확한 기준 등이 존재하고 전문성은 높고 유연성은 낮은 반면에, 비공식적 자원은 원조자나 집단의 상황이나 감정, 이웃, 문화적인 권리 · 의무체계에서 성립되는 것으로 계속적으로 바뀌는 상호 감정에 따라 바뀌어 가며, 상대적으로 유연성은 높지만 전문성은 낮은 것이 그 특징이다.

여기서는 사회자원을 공식적 사회자원과 비공식적 사회자원으로 분류하여 살펴보았다(양정남, 2009).

① 공식적 사회자원

공식적 조직을 통해 제공 되는 자원으로 국가기관, 공공법인, 민간 기관과 시설, 사회단체, 공식협의체 등이 있다.

첫째, 국가기관으로서 중앙정부와 지방자치단체, 사회복지전담공무원, 국 · 공립병원, 보건소, 지역사회 정신보건센터, 사회복지사업법에 의한 각종 제도 등이 포함된다.

둘째, 공공법인으로서 국가 및 지방자치단체가 운영하거나 민간 사회복지법인이 운영하는 사회복지 생활시설, 사회복지 이용시설, 사회복지 기관, 적십자 등이 포함된다.

셋째, 민간 기관과 시설에는 기업의 사회복지재단, 민간이 출자한 유료 사회복지 시설, 복지기업 등이 포함된다.

넷째, 사회단체에는 사회적 상호작용, 여가, 취미생활, 기능 교육 등을 실시하는 단체와 여성단체 등이 있다.

다섯째, 공식협의체로서 사회복지협의회, 사회복지관협회, 여성단체협의회, 장애인재활협회 등이 있다.

② 비공식적 사회자원

비공식적 사회지지는 가족, 친족, 친구, 이웃 등에 의해 제공되는 도움이나 보호를 말한다(Kelman et al., 1994). 비공식적 자원들은 아동의 양육, 노인의 보호, 장애인의 보호 등의 문제에 대한 가족의 개입과 같이 주로 정적인 것이다. 이러한 비공식적 자원의 이타적 행동, 협력, 상호부조 등은 사회복지에 있어서 중요한 역할을 하고 있으며, 인간의 행복을 추구하기 위해 매우 필수적인 것이라고 할 수 있다(Rothman & Sager, 1998).

(3) 질적인 차이에 의한 사회자원

사회자원의 질적인 차이에 따른 분류는 물적 자원과 인적 자원으로 나누어질 수 있다. 물적 자원에는 금전이나 물자, 시설이나 설비 및 제도 등이 포함되며, 인적 자원에는 지식이나 기능, 애정과 선의, 정보, 지위 등이 포함된다. 행정기관이 주체가 되어 공급하는 사회자원은 현금급여와 현물급여로 나누어지는데, 현금급여는 물적 자원에 해당되며, 현물급여는 물적 자원뿐만 아니라 상담, 보호, 가사 원조, 정서적 지원 등 인적 자원까지 포함한다(白澤政和, 1992).

4. 사례관리의 과정

여기서는 사례관리의 과정별 흐름을 중심으로 살펴보고, 보다 세부적인 것은 본 서의 제 5 장 1. 과정별 기법에서 살펴보기로 한다.

사례관리는 사회복지의 기초 지식, 가치 그리고 사회복지실천 방법론들의 다양하고 폭넓은 기법들을 공유하고 있는 전문적인 실천 방법으로서, 효과적인 일련의 사례관리 과정을 통해서 클라이언트의 문제해결 역량이 강화된다.

사례관리의 과정을 통하여 클라이언트에게 지속적으로 서비스 제공과 관련한 목표를 달성하는 것뿐만 아니라 서비스의 접근성, 책임성, 효과성과 같은 사례관리의 기능 수행과 관련한 목표 달성도 가능한 것이다. 따라서 사례관리의 과정은 서비스 체계의 목표에 의해서가 아니라 클라이언트의 목표에 따라 클라이언트가 필요로 하고 원하는 서비스를 제공받을 수 있도록 원조해 주는 방향으로 진행되어야 한다.

또한 사례관리 과정은 사례관리자가 사례관리와 개별사회사업실천의 기본적인 기술과 인간관계 양상을 파악하고 실천에 임하는 것을 전제로 하며, 사례관리를 좀 더 구체적이고 일관성 있고 효율적으로 수행하는 데 지침이 된다.

사례관리의 과정은 클라이언트의 특성 및 욕구, 기관의 기능 및 성격, 사례관리자의 역량 및 역할 그리고, 이론 및 실천 모델의 배경 등에 따라 다르게 나타날 수 있다. 여러 학자들이 제시한 사례관리의 과정을 〈표 5〉에서 살펴보았다.

〈표 5〉 학자별 사례관리 과정

학 자	사 례 관 리 과 정
Steinberg & Cater (1983)	사례 발굴 → 사정 → 목표설정과 서비스 계획 → 보호계획 실행 → 모니터링
Weil & Karls (1985)	클라이언트 확인과 접근 → 사정과 진단 → 서비스 계획과 발굴 → 서비스와 클라이언트 연계 → 서비스 실행과 조정 → 서비스 전달체계의 모니터링 → 옹호 → 평가
Ballow & Mink (1986)	계약 → 사정 → 계획 → 자원사정 및 접근 → 조정 → 해약
Moxley (1989)	사정 → 계획 → 개입 → 모니터링 → 평가
DHSSI (1991)	홍보·탐색·의뢰 → 사정의 수준 결정 → 욕구사정 → 케어계획 → 케어계획의 실행 → 모니터링 → 검토

학 자	사 례 관 리 과 정
White & Goldis (1992)	사례발견 → 사정 → 서비스 계획 → 계획수행 → 사후검토 → 재사정
白澤政和 (1992)	인테이크 → 사정 → 사례목표의 설정과 케어계획의 작성 → 케어계획의 실시 → 클라이언트 및 케어 제공 상황에 대한 모니터링 및 사후관리 → 재사정 → 종결
장인협 외 (2001)	인테이크 → 사정 → 케어계획 → 계획의 실행 → 모니터링 및 재평가 → 평가 및 종결
서울복지재단 (2005)	접수 → 사정 → 서비스 계획 → 개입 → 모니터링 및 재사정 → 평가 및 종결

* 최성연, 1997; 이근홍, 1998; 장인협 외, 2001; 김기태 외, 2002; 서혜석 외, 2008, 재구성

여기서는 Rothman(1991)의 사례관리 과정과 각 단계별 기능을 중심으로 살펴보았다(오혜경, 1995; 엄명용 외, 2000; 장인협 외, 2001; 이종복 외, 2007). Rothman은 사례관리의 과정을 사례관리 과정상의 흐름과 관련한 연속적인 기능과 과정상의 흐름과는 무관하게 상시적·지속적으로 이루어지는 비연속적인 기능을 묶어서 설명하였다. 연속적인 기능에 의한 사례관리의 과정은 기관접촉, 인테이크, 사정, 실천계획 및 목표설정, 개입계획의 수립과 자원개발, 클라이언트와 서비스 체계와의 연계, 모니터링과 재사정, 결과평가 및 종결 등의 6단계의 순으로 제시하였으며, 비연속적인 사례관리의 과정으로서 기관 간의 조정, 상담, 치료, 옹호 등을 제시하고 있다.

사례관리의 과정은 〈그림 1〉과 같이 서비스 제공이 이루어지나, 특정 클라이언트의 다양한 욕구와 목적, 필요성에 따라 변형되어 적용된다. 사례관리는 순환과정이며 시간적 추이에 따라 전 과정의 진행이 이루어지며, 새로운 상황은 기관과의 접촉 혹은 인테이크(intake) 과정으로 되돌아가도록 서비스의 재설정을 필요로 하게 된다. 또한 사례관리에 필요한 시간 분배도 사례에 따라 다를 뿐만 아니라, 클라이언트 욕구에 따라 제공되는 관

리내용의 우선순위에 대한 판단도 달라진다. 그리고 이와 같은 기능을 수행하기 위해 이에 관련된 행정적 업무의 뒷받침이 요구된다.

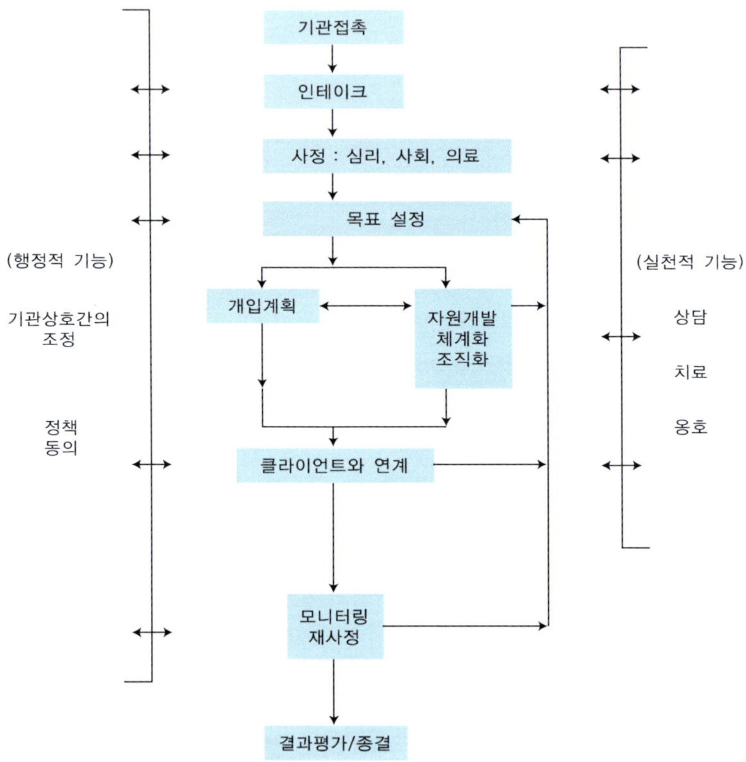

〈그림 1〉 사례관리과정(Rothman, 1991: 523)

〈그림 1〉에 제시된 각각의 기능들은 실천단계에 따른 사례관리 과정에 맞추어 실행된다. 그러나 각각의 기능들은 엄격히 분리되거나 각기 독자적인 것이 아니며 상호 중복적으로 이루어진다. 사례관리 기능이 위로부터 아래로 순차적으로 도표의 중심부에 서술되어 있고 왼쪽은 행정적인 기능, 오른쪽은 실천적인 기능을 나타내고 있다.

1) 기관과의 접촉

클라이언트는 타 기관, 가족, 지역사회의 조직, 교회, 경찰, 학교 등으로부터의 의뢰(referral)되거나, 스스로의 방문을 통해 기관과 접촉하게 된다. 클라이언트가 외부로부터 의뢰가 되면 기관에서는 받아들이게 된다.

의뢰는 필요한 서비스를 제공해 줄 수 있는 외부의 기관, 자원 또는 전문가에게 클라이언트를 직접 연계시켜 주는 것을 말한다. 이는 클라이언트의 욕구와 그들에게 유용한 서비스를 확인하고, 그러한 서비스에 클라이언트가 참여할 수 있는 기회를 제공하며, 클라이언트와 서비스의 연계가 잘 이루어지고 있는가를 확인하는 것까지 포함한다.

의뢰에서 클라이언트와 서비스의 연계는 신중하게 다루어져야 한다. 사례관리자는 클라이언트에게 의뢰가 반드시 필요하다는 인식을 심어 주어야 하고, 의심이나 오해 등과 같은 클라이언트가 가질 수 있는 부정적인 감정을 끌어냄으로써 클라이언트의 의뢰에 대한 준비를 철저히 확인하여야 한다.

대부분의 기관들이 기본적으로는 의뢰에 의해 클라이언트와 접촉하게 된다. 그러나 탈시설화 이후, 지역사회 내의 다양한 서비스 체계의 통합과 조정으로 보다 많은 클라이언트들에게 혜택이 돌아갈 수 있게 되자 잠재적인 클라이언트들이 서비스 체계 내에 들어올 수 있도록 지지하는 아웃리치(outreach)와 같은 또 다른 방법들이 강조되고 있다.

아웃리치는 자신의 욕구를 충족시킬 수 있는 서비스와 자원의 정보에 대한 접근이 어렵거나, 그러한 것들을 자발적으로 구하려는 동기가 부족한 잠재적 클라이언트로 하여금 서비스에 대한 접근성을 높이기 위해서 사회복지 기관들이 활용하는 방법으로서, 서비스가 필요한 클라이언트를 찾아내고, 서비스의 제공과 급여를 알려주며, 이용 가능한 서비스와 자원을 활용할 수 있도록 원조하는 방법이다(Toseland, 1981).

아웃리치는 사례관리자가 기관 밖으로 클라이언트를 찾아 나서는 것을 말한다. 즉, 클라이언트를 접촉하려는 기관의 노력들이 지역사회에 숨어 있는 클라이언트를 찾아서 기관의 서비스 체계로 들어오도록 독려하는 것이다. 이러한 접근방식은, 노인이나 장애인, 부랑인 등과 같이 서비스가 가장 필요로 하나, 스티그마(stigma)와 학대 및 노출로 인한 두려움, 무력감 등으로 스스로는 기관과 접촉하지 않고 있는 클라이언트를 찾아 나서는 경우에 적합하다.

사례관리자는 아웃리치를 통해 클라이언트에게 다가가려면, 지역사회의 인구사회학적인 정보와 욕구를 사전에 알고 있어야 하며, 가정방문, 관찰, 외부 정보 등을 통해 잠재적인 클라이언트에게 다가가야 한다.

아웃리치는 기관 상황에서는 현재 자발적인 클라이언트의 유입이 부족하거나 현재 서비스를 제공받는 클라이언트보다 좀 더 많은 클라이언트에게 제공할 충분한 자원이 있음을 말해 주는 것이기도 하다. 새로운 클라이언트의 유입을 위해서 사례관리자는 클라이언트를 찾아 나서 초기 접촉을 위한 시간 약속과 방문계획을 세우는 일이 필요하다.

2) 인테이크, 사정, 실천계획 및 목표설정

인테이크, 사정 그리고 실천계획 수립 및 목표설정 등의 세 가지 분리된 기능들은 서로 중복되거나 상호작용한다. 또한 이러한 활동은 동시에 일어나기도 하며, 때로는 독립적으로 기능하기도 한다. 사례관리자는 이 세 가지 과정 사이를 적절히 오가며 각각의 조절과 조정 역할을 한다. 또한 인테이크 과정을 아웃리치(outreach), 의뢰(referral), 스크리닝(screening, 선별과정) 과정을 모두 포함 하는 개념으로 해석하기도 한다(장인협 외, 2001).

(1) 인테이크(Intake)

인테이크 기능은 클라이언트의 문제와 상황을 밝혀내는 것이다. 이것은 사례관리 서비스가 필요한 집단과 개인을 설정해서 대상화하는 것을 말한다. 또한 사례관리자는 인테이크 단계에서 클라이언트가 적합한 기관에 배치가 이루어졌는지를 결정한다.

인테이크 단계에서 클라이언트로서의 자격 요건, 특성, 경제적 상황, 적극적인 참여 의지의 여부 등이 조사 · 평가된다. 클라이언트에게는 기관이 제공하는 서비스의 내용과 한계 등에 관한 정보가 제공된다. 이러한 일은 집단단위로 행해지는 오리엔테이션의 형태로 이루어지기도 한다. 기본적이고 일차적인 개입계획은 이때부터 시작된다.

인테이크 과정은 개인의 일반적인 심리 · 사회적인 정보를 모으고 신청서를 작성하고 일상적인 지시를 하는 등의 공식적인 과정이다. 인테이크 기능은 개입과정의 시작, 즉 계약(engagement)이라고도 불린다.

(2) 사정(Assessment)

사정은 서비스의 수준과 그 성격에 대한 결정이 내려지며, 서비스 전달의 양과 질에 대한 계획이 결정되는 중요한 과정이다. 또한 인테이크 과정이 사례의 발견과 스크리닝을 통하여 클라이언트의 욕구에 적합한 사례관리 서비스를 받도록 하는 것이라면, 사정은 스크리닝을 넘어서 클라이언트의 욕구와 자원을 전 범위에 걸쳐 다차원적으로 파악하고, 향후 이루어질 개입이 어느 정도 효과적일지를 결정짓는 데 중요한 역할을 한다.

사정과정에 있어서는 사례관리자는 클라이언트가 현재의 상황에서 가장 우선적으로 해결되기를 바라는 욕구가 무엇인가를 파악하기 위해 클라이언트와 함께 욕구사정을 하는데, 이때 클라이언트 자신이 진단하는 자신의 욕구에 대한 인식이 매우 중요하며, 사정은 사례관리의 초기 단계에서 끝나는 것이 아니라, 사례관리의 전반적인 과정에서 지속적으로 이루어지는 과정이라는 점이 중요하다.

또한 사정과정에서는 좀 더 철저하게 문제를 확인하기 위해 클라이언트의 심리 · 사회적, 신체적 기능수행 정도를 자세히 파악해야 한다. 클라이언트의 가족과 클라이언트가 이전에 이용하던 기관과 같은 외부 정보 제공자도 활용할 수 있다. 이는 표준화된 임상 면접기술을 비롯한 여러 가지의 사정도구들을 이용해 현재 클라이언트의 심리 · 사회적인 기능수준을 판단하는 것을 말하며, 기관 내의 여러 분야의 전문가들이 사정에 참여할 필요가 있다. 이를 위해서는, 적절한 사정기간이 필요하고 적합한 사정도구가 개발되어 사용되어야 한다.

사정은 자료조사나 수집과정을 통하여 클라이언트의 복합적인 욕구와 문제, 현재의 기능, 생활상태, 잠재능력, 그리고 클라이언트에게 제공 가능한 혜택과 서비스에 대한 사정뿐만 아니라 클라이언트에 대응하는 가족의 대처능력, 협조, 지원 능력, 노력의 정도 등에 관한 구체적인 사정이 요구된다. 특히 발전과 성장을 가져올 수 있는 클라이언트의 강점(strengths)을 파악하기 위하여 노력하는 동시에 제한점(limitation)도 함께 인식한다.

(3) 사례관리 서비스의 목표설정

사례관리 서비스의 목표는 사정에 기초하여 종합적인 서비스 계획을 펼치는 것을 말한다. 대부분의 사례관리는 클라이언트가 필요하다고 인식하는 영역이 무엇인가를 알아보고 전문적인 목표에 클라이언트의 개인목표를 포함시킨다.

서비스 목표는 대체로 단기와 중기 그리고 장기목표가 설정된다. 예를 들어 위기상황과 같은 경우에는 단기목표가 세워지기도 하고, 자아존중감의 향상, 구체적인 직업목표의 설정 그리고 주택마련 욕구 등과 같은 장기목표가 세워지는 경우도 있다. 실천계획이나 목표를 설정할 때에는 클라이언트의 역량과 현실적인 면을 고려하는 것이 중요하다. 현재의 상황을 유지하거나 문제를 감소시킬 수 있는 구체적인 프로그램 개발과 같은 것이 주요 목표일 수도 있다.

3) 개입계획의 수립과 자원개발

이 과정에서는 특정한 목표를 달성하기 위한 서비스의 개입을 계획하고, 그 후에 계획을 실행하기 위해 필요한 자원을 찾는 것이다. 이 과정에서 어려운 점은 서비스 자원이 부족하고 서비스 체계가 급속하게 변화한다는 것이다. 사례관리자는 원하는 목표에 이르기 위한 수단이 항상 존재하는 것은 아니므로 자원들 가운데서 우선적으로 사용 가능한 것이 무엇인가 찾아보고 거기에 맞추어 서비스를 계획해야 한다.

(1) 개입계획

개입계획은 사정 단계에서 확인된 클라이언트의 문제, 목표, 목표 달성에 필요한 서비스에 관해 클라이언트, 사례관리자, 그 외 참여자들 사이의 합의를 발달시켜 나가는 일련의 과정이라 할 수 있다. 그리고 사정과 개입계획의 차이는 사정이 해결되어야 할 문제와 개입의 목적을 확인하는 데 초점을 둔 것이라면, 계획은 클라이언트의 욕구를 충족시킬 수 있는 적절한 자원의 실제적인 선택에 초점을 둔다(Challis & Davies, 1989).

또한 개입계획은 상담과 치료를 포함하는 치료계획과 좀 더 실질적인 원조를 위해 외부기관과 클라이언트를 연계시키는 일 등을 포함하는 서비스 실천전략이다. 서비스 개입 계획에는 보통 단기목표와 장기목표를 성취하기 위한 방법 등이 모두 포함된다. 개입계획은 활용 가능한 자원의 확인과 연계 정도에 따라 수립되는 것이기 때문에 제한적일 수 있다.

사례관리자는 개입계획을 수립하면서 클라이언트와 다른 유형의 자원체계들, 그리고 이를 가로막는 장애물 등을 고려하고 이것에 대응하기 위한 방안을 수립하게 된다. 개입계획을 수립하는 과정에서 클라이언트는 가능한 폭넓게 참여하고 자신의 욕구를 정확히 밝힘으로써 좀 더 효율적인 개입계획 수립을 가능케 하며 궁극적으로는 사례관리의 목적을 달성할 수 있는 서비스 결과가 나오도록 해야 한다.

개입계획은 클라이언트 욕구를 적정화하고 필요한 서비스를 효과적으로 전달하며, 수행하는 과정에서 클라이언트의 자원망을 발전시키기 위해 다음과 같은 몇 가지 주요 구성요소를 함께 수반하고 있다.

- **계획 중, 실행해야 할 관련 욕구영역에 대한 특정화**

  클라이언트의 욕구의 구체화와 우선순위를 결정한다.

- **주요 목표의 명확화**

  클라이언트가 진술한 욕구에 기초하여 구체적으로 무엇을 어떻게 개선하고 변화시킬 것인가를 결정한다.

- **서비스와 지지적 목표들에 대한 분류 및 항목화**

  개입 혹은 서비스의 목표를 구체적인 항목으로, 명확하게 제시한다.

- **계획된 목표달성을 위해 고안된 특정 활동을 수행할 활동자의 선정**

  클라이언트의 지지망을 발전시키는 것에 초점을 두고, 누가 무엇을 할 것인가에 따라 사례관리의 실천과정에서 활동할 사람과 활동 내용을 선정한다.

- **각각의 목표달성을 위한 시간 분배**

  개입 혹은 서비스의 목표를 달성하기 위해서, 긴급성, 위계성을 기준으로 시간을 안배한다. 또한 계획의 실천을 통한 점검 내용을 제시해야 한다.

- 각각의 목표들이 달성되었을 시, 기대되는 변화에 관한 진술을 포함

  개입 혹은 서비스의 목표가 달성되었을 경우, 기대되는 변화의 내용을 구체적으로 기술함으로써 점검과 평가에 대한 근거를 마련한다.

(2) 자원의 확인과 개발

개입계획은 이용 가능한 서비스와 자원을 먼저 파악함으로써 구체화된다. 자원의 확인은 계획 수립의 필수적인 부분이기 때문에, 사례관리자는 클라이언트의 욕구를 충족시키는 데 있어서 어떤 서비스가 지역사회 내에 존재하는지를 사전에 알고 있을 필요가 있다.

자원의 확인과 개발은 유사한 서비스 자원과 정보자원에 대한 접근이 용이하도록 자료를 조직하는 것을 말한다. 대부분의 사례관리자는 여러 가지 수단을 동원하여 정보를 얻고 있으며, 때로는 필요한 정보를 클라이언트로부터 얻을 수도 있다. 일반적으로 자원의 확인과 개발에는 기관들과의 전화접촉, 기관 대표자 회의, 비공식적 망, 사무실 보관문서의 확인, 전화번호부 및 주소록 확인 등과 같은 방법이 있다.

사례관리자는 자원의 확인과 개발을 할 때, 기관의 기능, 접근 및 자격, 서비스 요금(수가), 이용 가능성, 서비스의 질과 신뢰성, 정서적 · 물리적 환경, 핵심인물 등을 고려해야 하며, 기관정책이나 프로그램 내용이 자주 바뀌기 때문에 이러한 정보들이 정확하지 않을 가능성이 있음을 충분히 인지해야 한다. 또한 특정 클라이언트를 위한 특별한 자원의 제공기회가 결여되었거나 공급이 부족할 때는 새로운 자원을 개발할 필요가 있다.

클라이언트에 대한 서비스 지원계획은 클라이언트, 클라이언트의 사회적 지지망, 구성원, 여러 영역의 다양한 전문가들이 함께 하는 팀웍(team work)을 통한 상호제휴 과정을 통해서 발전하는 것이다. 사례관리자는 팀웍 과정을 통한 서비스의 지원계획수립과 서비스 전달과정에서 팀의 통합을 위해 다양한 정보를 투입해야 할 경우, 정보의 양을 조정하는 조정자

역할이 요구된다.

4) 클라이언트와 서비스 체계와의 연계

개입계획에서 명시된 서비스와 자원을 확보하고 조정하는 것을 말한다. 지역사회 내에서 클라이언트가 필요로 하는 자원을 발굴하여 클라이언트가 이용할 수 있도록 연계시켜 주는 것이 핵심요소이며, 나아가 클라이언트의 욕구에 적합한 자원이 없거나 서비스 제공을 거부할 경우에는 클라이언트의 권리에 대해 옹호하거나, 서비스 체계의 경직성을 극복하려는 노력을 하는 것, 클라이언트가 불공정한 대우를 받지 않도록 강한 주장을 하는 것, 설득하는 것 등도 중요하다.

또한 사례관리자는 클라이언트를 의뢰하기에 앞서 우선적으로 클라이언트에게 필요한 서비스의 내용과 서비스 방법을 결정해야 하고, 그 다음에 클라이언트가 서비스를 받을 수 있도록 조건과 환경을 조성하고, 필요한 또 다른 서비스와 연계(linking)될 수 있도록 하는 등 지속적으로 그 서비스를 이용하는 데 있어 필요한 모든 노력을 다하여 클라이언트와 서비스 체계와의 연계가 순조롭게 진행되도록 돕는다(Kaplan, 1989).

사례관리자는 서로 다른 유형의 자원들과 지역사회기관 그리고 클라이언트를 연계함으로써 클라이언트에 대한 서비스와 지원계획을 적용할 수 있는 매개자의 역할을 수행하게 된다. 효과적인 연계는 지역사회 내의 휴먼서비스 전달체계에 관한 사례관리자의 지식 수준에 달려 있다. 이러한 사례관리자의 지식은 사례관리의 사정과정에서 생겨나는 자원 목록의 확보를 통해서 발전되고 확대된다.

그 외에도 사례관리자는 구체적이고 정서적인 지지를 해 줄 필요가 있다. 서비스 접촉을 완벽하게 활용하기 위한 연계는 누구와, 어떤 정도로 접촉할 것인가 하는 조직기술과 어떤 새로운 서비스가 개발되고 있는가, 어떤 제도와 정책을 적용할 수 있는가, 어떤 기금을 신청할 수 있는가 등과 같은 지역사회 지향적인 기술 즉, 지역사회의 공식적 혹은 비공식적 자원 그리고 인적·물적 자원의 발견 및 활용 기술을 필요로 한다.

효과적인 매개에 영향을 미치는 또 다른 요소는 다른 기관들과 사례관리자와의 연계라고 볼 수 있다. 다른 기관들과 그 기관에 속한 직원과의 개인적인 접촉을 통하여 사례관리자는 전문가 망(professional network)을 형성하면서 상호관계성을 수립하게 된다. 이러한 망은 상호매개적인 서비스로 이용될 수 있다. 전문가 망은 사례관리자가 특정 클라이언트를 대상으로 그들의 욕구에 부응하는 서비스를 가진 제공자들이 상호작용할 수 있도록 해주고, 제공된 서비스의 적절성을 파악하도록 도우며, 서비스와 서비스 간의 상호작용이 원활히 이루어질 수 있도록 한다. 또한 사례관리자는 연계를 통해 서비스와 지원 계획을 실현해 나갈 수 있는 상호교류 팀의 성원으로 다른 서비스 전문가를 포함시킬 수 있다. 이러한 매개적인 서비스와 같은 업무의 결과는 클라이언트에게 제공되는 서비스와 지지가 계획되는 가운데 실질적으로 시작되는 것이다.

즉, 사례관리자는 전문가 망을 형성하고 있는 상황에서 사례관리자는 다른 사례관리자와 함께 일하고 이들의 연합된 협조체계를 발전시키며, 다른 서비스들의 효과성, 서비스 제공 방법과 내용에 관한 내부 정보를 함께 나눔으로써 지역사회 전달체계에 대한 지식을 더욱 축적해 나갈 수 있다.

클라이언트와 자원체계 간의 연계 기능이 효율적으로 이루어지려면, 연계와 관련하여 클라이언트를 준비시키는 일도 중요하다. 사례관리자는 클라이언트에게 자원체계에 관한 상세한 정보를 우선적으로 제공하고 자원체계와의 연계 시 발생할 수 있는 어려운 점을 모니터링하는 등, 연계자로서의 역할을 수행하게 된다. 이때 자원체계와의 연계는 외부적인 것은 물론 내부적인 것일 수도 있으며 공식적·비공식적인 접근 모두 필요한 것이다.

사례관리자는 비공식적인 지지역할을 수행하기 위하여 필요한 오리엔테이션이나 훈련에 참여할 것인가의 여부 및 자문을 제공할 수 있는 시간과 일정 등에 관해 살펴보아야 한다. 또한 각각의 집단들은 서로 다른 자원체계를 가지고 있으므로 어떠한 공식적 혹은 비공식적인 접근이 강조되어야 하는가를 결정하는 데 있어서 사례관리자의 윤리적인 판단이 필요하다. 예를 들면, 어떤 집단은 가족 내에서 원조를 제공하기 원하는 대가족 구성원들로 되어 있다. 그러나 이러한 비공식적 서비스인 가족 자원의 활용을 선호하는 것은 바람직하지 않다. 그 이유는 지원에 있어 공적 서비스의 이용보다 가족자원의 활용이 중심이 되고 활성화되는 경우, 각 집단이 활용할 수 있는 공식적 서비스의 범위가 감소될 수도 있기 때문이다.

5) 모니터링과 재사정

클라이언트를 사정하고 개입계획을 세운 후, 사례관리자는 클라이언트의 상황과 제공되는 서비스의 질에 대한 지속적인 평가를 수행해야 하며, 이러한 과정을 통해 때로는 개입계획이 수정되기도 한다. 위기 상황에 있거나 복합적인 욕구를 가진 클라이언트일수록, 욕구가 빠르게 변화하고, 갑자기 위기상황이 더 악화될 수도 있기 때문에 사례관리자가 모니터링과 재사정에 투자하는 시간과 노력은 커진다.

모니터링이 서비스가 실제로 전달되는 동안 기존의 개입계획이 클라이언트에게 만족스러운지, 아니면 개입계획의 수정이 필요한지를 지속적으로 살펴보는 것이라면, 재사정은 기존의 개입계획이 제대로 수행되고 있는지를 평가하는 활동이다.

이들 두 기능은 부분적으로 중복된다. 모니터링과 재사정의 목적은 계획이 어느 정도 적절히 진행되고 있는지, 목표가 달성되고 있는지, 각각의 서비스나 지지의 내용이 적절한지, 계획의 변경을 요구하는 클라이언트의 새로운 욕구가 발생하였는지 등을 평가하는 데 있다.

(1) 모니터링(Monitoring)

모니터링은 현재의 서비스가 클라이언트에게 만족스러운 것인지, 아니면 변화가 필요한지를 파악하는 것으로, 클라이언트의 상황, 제공되는 서비스의 적시성, 적절성, 지속성, 서비스 제공자가 적절한 수행 기준을 준수하고 있는지 등을 지속적으로 점검하는 것이다. 일반적으로 모니터링은 가정방문, 전화, 편지, 설문지, 직원 간 · 기관 간의 협의와 관찰 등의 방법을 통해 클라이언트, 가족, 서비스 제공자 등과 정기적으로 이루어진다 (Holt, 2000: 65).

모니터링의 핵심은 기관과 비공식적 망과의 접촉이다. 모니터링은 사례관리자에 의해 행해지는 클라이언트를 위해 수립된 개입계획에서 정해진 서비스의 전달과정을 추적하는 방법으로서 활동적이고 유동적인 과정이라는 뜻을 지니고 있다. 또한 모니터링은 서비스 전달을 관리 · 감독하는 기능을 포함한다.

(2) 재사정

재사정은 클라이언트에게 제공되는 서비스의 적합성, 개입계획 변경의 필요성, 변화 방식 등을 결정하는 과정이다. 재사정은 다음과 같은 경우에 필요하다.

- 새로운 사례관리자에게 기존의 사례를 전달할 때.
- 계획된 서비스에 대한 취소나 클라이언트 스스로의 변화에 대한 인식을 지지할 필요성이 있을 때.

- 클라이언트나 그 가족들에게 예상치 못한 새로운 위기나 손상이 발생하였을 때.
- 클라이언트의 상황이 예상치 못한 상태에서 개선되었을 때.
- 대기 중인 새로운 클라이언트에게 기회를 주기 위해, 사례관리의 효과가 나타나 많이 호전되거나 개선된 클라이언트를 종결해야 할 때.

클라이언트에 대한 장기간의 보호를 목적으로 할 때에는 클라이언트의 관리 상황에 따라 반복적인 사정을 실시하는 것이 필수적이며, 이러한 재사정은 공식적 혹은 비공식적일 수 있으며, 정기적 혹은 항시적인 것일 수도 있으며, 때로는 비정기적으로 행해질 수도 있다. 그러나 일반적으로 사례관리에서의 재사정은 공식적이고 정기적으로 이루어지는 경우가 대부분이다.

또한 재사정은 클라이언트의 욕구에 기반되어야 한다. 즉, 재사정의 초점은 서비스가 아닌 클라이언트의 의견과 선호, 그러한 욕구를 다루는 서비스의 효과성 등 클라이언트의 욕구에 맞추어져야 한다. 이를 위해서는 클라이언트 자신이 재사정에 참여하는 일이 우선적으로 이루어져야 한다.

6) 결과평가 및 종결

결과평가(outcome evaluation)는 클라이언트에게 제공된 서비스, 클라이언트의 변화 상황, 개입계획, 서비스 활동 및 서비스 체계의 효과성을 종합적으로 판단하는 과정이며, 사례관리자의 전문적인 판단에 근거하여 클라이언트에게 서비스가 더 이상 필요하지 않을 때에는 사례관리의 과정을 종결하기도 한다. 즉, 서비스의 종결을 포함하기도 한다는 점에서 재사정과 다르다.

평가는 사례관리의 효과성, 효율성 등의 분석을 통하여 피드백을 제공하고 서비스 계획, 프로그램 및 서비스 체계의 수정 등에 중요한 수단이 되며, 평가 과정에 클라이언트를 적극적으로 참여하게 함으로써 임파워먼트의 방법으로 기능하기도 한다.

(1) 결과평가

사례관리의 맥락에서의 결과평가는 사례관리자에 의해 형성 · 조정되는 서비스 계획, 구성요소, 활동들이 과연 시간을 투자할 만한 가치가 있느냐 없느냐를 측정하기 위해 이용되는 과정이다. 평가를 하는 데 있어서 사례관리자는 클라이언트가 사례관리 과정에 참여한 결과가 긍정적이었는지 아니었는지 등의 결과에 관심을 가져야 되는 것이다.

이와 같이 평가는 클라이언트에 대한 득과 실을 알아보기 위해 사례관리자에 의해 활용되는 기능이며, 사례관리 평가의 내용은 다음과 같다.

- 개입계획 시 구성된 전문인력, 서비스 그리고 자원들이 목표로 삼은 사례관리의 목적을 달성하기에 적정한 것이었는가의 여부를 평가하는 투입에 대한 평가
- 클라이언트에 대한 서비스와 개입계획에서 정해진 활동과 과업이 적절한 방법으로 수행되고 있는가의 여부를 평가하는 과정에 대한 평가
- 클라이언트에 대한 서비스와 개입계획은 클라이언트의 욕구에 부응하는 것이있는가, 특히 클라이언트 지지망에 대한 계속적인 사정과 모니터링을 통해 드러난 욕구와 관련해서 볼 때 이 계획은 여전히 욕구에 부응할 수 있는 것이었는가의 여부를 평가하는 연관성 평가

(2) 종결

종결은 사례관리 과정을 통해 클라이언트에게 서비스가 필요없어진 경

우나, 목표가 달성된 경우 등의 여러 가지의 이유로, 더 이상 사례관리 과정을 진행할 수 없는 경우에 서비스의 제공을 중단하는 과정이다. 종결에 대한 결정은 사례관리자와 클라이언트 사이에 이루어지는데, 종길을 위해서는 종결에 대한 정서적 반응을 해결하는 것, 미래에 대한 계획을 세우는 것, 다른 전문가에게 영구적인 의뢰를 하는 것 등 종결에 대해 미리 준비가 되어 있어야 한다.

그러나 일반적으로는 사례관리의 특성상 지속적인 서비스 제공을 목표로 하는 경우가 많기 때문에 종결을 논하기가 어려운 경우가 많다. 즉, 사례관리의 대상인 클라이언트들은 단기적인 서비스를 필요로 하는 경우보다는 장기적이고 지속적인 서비스가 필요한 만성적인 경우가 많고, 상태가 점차 악화되어 가는 경우가 많기 때문에 일부 클라이언트의 경우 전 생에 걸쳐 지속적으로 서비스가 제공되어야 하는 경우도 있다.

사례관리는 다음과 같은 경우에 종결을 한다(Steinberg & Carter, 1983).

- 클라이언트 스스로가 사례를 종결시키는 경우
- 주요한 서비스 제공자가 종결을 권고하는 경우
- 사례관리의 목표가 달성된 경우
- 서비스 제공자 중 한 사람이 서비스의 책임을 전적으로 맡은 경우
- 시설에 입소하거나 사망한 경우
- 타 지역으로 이주한 경우
- 법원의 결정으로 인한 경우
- 기관의 정책으로 인한 경우
- 사례관리자의 서비스 계획을 클라이언트가 거부한 경우
- 클라이언트가 다른 방법으로 자원을 소비한 경우
- 사례관리자가 연계한 서비스를 클라이언트가 비생산적이라고 판단하

는 경우

- 클라이언트가 기관의 신뢰성과 책임성을 위협할 정도로 비협조적인 경우
- 클라이언트의 욕구가 충족되고 호전되어서 클라이언트 또는 가족 스스로 서비스의 확보와 조정 등을 수행할 수 있다고 사례관리자가 판단될 경우
- 정해진 서비스 우선순위에 따라 다른 위급한 클라이언트를 위하여 서비스를 제공받는 클라이언트의 서비스를 철회할 필요가 있는 경우

종결의 최종 과정은 클라이언트에 대한 모든 서류정리를 완료하는 것이며, 다른 서비스 제공자들에게도 이를 알리는 것이다(정순둘, 2005). 또한 종결은 클라이언트에게 자립의 기회를 제공하는 것이기도 하다. 그러나 종결을 하였다 하더라도 정기적으로 클라이언트를 방문하고, 상황을 모니터링하고, 사정하는 등 클라이언트가 다시 사례관리 서비스를 필요로 할 경우에는 사례관리자에게 접근할 수 있는 통로를 지속적으로 유지하는 것이 바람직하다.

C/H/A/P/T/E/R 3

사례관리의 이론적 배경

1. 강점 이론
2. 임파워먼트 이론
3. 생태체계 이론
4. 사회적 지지망 이론

CHAPTER

03 사례관리의 이론적 배경

사례관리는 전통적인 사회복지실천 방법론에서 진화되어 나온 통합적 접근 방법이기 때문에 사회복지실천의 모든 이론적 배경을 공유하고 있다고 보아야 할 것이다.

본 서에서는 사례관리의 실천에 있어서 핵심적인 이론이라고 볼 수 있는 강점 이론, 임파워먼트 이론, 생태체계 이론, 사회적 지지망 이론 등을 중심으로 살펴보았다.

1. 강점 이론

1) 강점 이론의 기본적 개념

강점(strengths) 이론은 총체적인 건강 개념에서 발달된 것으로, 인간이 본래 가지고 있는 장점의 중요성을 발견하면서 모든 인간은 광범위한 재능, 능력, 포용력, 기능, 자원, 열망 등을 가지고 있음을 전제로 한다. 또한 강점 이론은 클라이언트의 자기결정권, 그리고 병리보다는 강점을 강조하면서, 클라이언트의 내재된 힘을 지지할 때, 클라이언트 긍정적인 성장 가능성을 높일 수 있다고 보는 관점으로서 사회복지실천의 기본적 가치와 일치하며, 클라이언트의 강점은 임파워먼트를 위해 활용된다.

또한 강점의 정확한 이해를 위해서는 실질적인 강점의 내용들을 살펴보는 것이 가장 효과적일 것이다. 송성자 등(2006)이 제시한 강점의 예를 살펴보면 〈표 6〉과 같다.

〈표 6〉 강점의 실제적인 예

강점의 영역	강점의 실제적인 예
기 술	정원을 가꾸고 집수리하는 것을 좋아한다 / 사람을 좋아한다 / 동물을 잘 기른다 / 외국어를 할 수 있다 / 계획적이며 경제적으로 돈을 사용한다 / 컴퓨터를 다룰 수 있다 / 기계를 잘 고친다 / 계획적으로 일한다
재 능	악기를 연주할 수 있다 / 요리하는 것을 좋아한다 / 수영, 농구, 배구, 탁구 등의 운동을 할 수 있다 / 노래를 부르거나 그림을 그릴 수 있다
개인적 장점과 특성	집중력과 관찰력이 있다 / 친구를 잘 사귄다 / 긍정적으로 듣고 해석한다 / 멋을 잘 낸다 / 충동적 감정을 자제한다 / 유머 감각이 있고 분위기를 재미있게 할 수 있다
상호관계기술	위로하고 중재할 수 있는 능력이 있다 / 집단지도 능력이 있다 / 대인관계 능력과 적응력이 있다 / 다른 사람의 말을 존중하고 경청한다 / 위로하는 말을 잘 한다 / 상대방의 입장을 배려한다
대인·환경 자원	나를 사랑하고 염려하는 할머니와 할아버지가 있다 / 나를 사랑하는 부모가 있다 / 형제가 있다 / 친한 친구가 있다 / 가까운 이웃이 있다
문화적 지식	한국의 전통의식에 관심이 많다 / 예의범절이 좋다는 말을 듣는다 / 문화행사에 참여하는 것을 좋아한다

* 송성자 외, 2006 : 14.

사회복지실천에서 강점 이론의 실체와 성과를 체계화한 Saleebey(1992, 1997)는 강점의 실천적 기반이 되는 6가지 개념을 다음과 같이 제시하였다(백은령 외, 2006).

• **임파워먼트**

임파워먼트란 소외되고 침체되었던 사람들이 자신의 생활을 변화시키고 자신의 내부에 존재하고 있는 힘을 발견하게 하는 것이다. 이는 개인이나 지역사회가 지닌 강점을 발견하고 주장함으로써 나타나게 되며, 강점은 임파워먼트의 기초적인 요소이다.

• **사회구성원**

사회의 구성원들은 서로 영향을 주고받고 있으며, 이는 사회구성원의 공통된 인식에서 출발한다. 사회구성원들 중에서 도움이 필요한 사람은 사회로부터 소외되어 자신들의 권리나 이익을 주장하지 못하는 경우가 많다. 따라서 사회구성원들이 소외된 사람들의 권리나 이익을 보장해 주고자 노력한다면 클라이언트들은 자신들의 강점을 나타낼 수 있을 것이다.

• **회복력**

사람은 어려움에 직면하게 될 때에 많은 고통을 경험하게 된다. 회복력은 그러한 시련을 참고 견디는 능력을 말한다. 회복력은 도전에 대응하게 되며, 능력, 지식, 통찰 등의 장점을 끊임없이 성장하게 한다. 이러한 회복력은 강점 이론의 기초가 된다.

• **치유와 전체성**

치유는 총합적이고 자연적인 회복 능력을 말하며, 어려운 상황과 환경에 처해 있을 때, 질병 또는 와해의 위기에 직면하게 될 때, 이를 극복하거나 저항할 수 있는 정신을 요구한다. 강점 관점은 모든 사람들에게는 전체적이고 잠재적인 치유능력이 있다는 것을 전제로 한다.

• **대화와 협동**

모든 인간은 지속적으로 외부와 상호작용을 하면서 살아가고 있다.

주로 타인과의 상호작용은 대화나 협동적인 관계 활동에 의해서 이루어지게 되는데, 이러한 상호작용이 제대로 이루어지지 않는다면 자기 자신의 생각이나 내면적인 강점을 찾아내기가 어렵다.

- 의혹의 불식

클라이언트는 자신이 처한 상황에 따라 불안하고 의혹이 많을 수 있어, 진실을 말하지 않을 수 도 있다. 이러한 상황에서 사회복지사는 클라이언트가 가지고 있는 불안과 의혹을 불식시키고 클라이언트가 진실을 말하지 않고 있거나 왜곡하고 있다는 것을 알려주어야 한다. 클라이언트는 의혹을 해소하지 않고서는 그들의 강점을 나타낼 수 없기 때문에 강점 이론에서 중요한 요소이다.

또한 Saleebey(1999)는 정신분석학과 의료적 모델의 영향을 받아 클라이언트의 결함, 약점, 부적응, 실패 등을 강조하는 경향이 짙은 전통적인 사회복지실천 방법론에서의 병리적 관점과 강점 관점을 비교하여 〈표 7〉과 같이 제시하였다.

〈표 7〉 병리적 관점과 강점관점의 비교

구분	병리적 관점	강점관점
개인	개인을 진단에 따라 증상을 가진 사례(case)로 규정한다.	개인을 독특한 존재 즉, 강점을 가진 존재, 기질, 재능, 자원을 가진 유일한 존재로 규정한다.
초점	클라이언트의 문제에 초점을 둔다	해결 가능성에 초점을 둔다.
클라이언트의 진술	전문가에게 재해석되어 진단에 활용된다.	그 사람을 알고 올바르게 인식할 수 있는 중요한 방법으로 활용된다.
사회복지사의 태도	클라이언트에 대해 부정적, 회의적이다.	클라이언트에 대해 긍정적이며, 본성을 파악하려고 노력한다.
외상의 경험	정신병리를 예측할 수 있는 전조이다.	개인을 약하게 할 수도, 강하게 할 수도 있다.

구분	병리적 관점	강점관점
치료활동	전문가의 치료 계획에 따른다.	개인, 가족, 지역사회의 열망에 따른다.
전문가	사회복지사가 클라이언트 인생의 전문가이다.	개인, 가족, 지역사회가 인생의 전문가이다.
개인적 발전	가능성은 병리에 의해 제한된다.	가능성은 항상 열려 있다.
변화를 위한 자원	전문가의 지식과 기술	개인, 가족, 지역사회의 강점, 능력, 적응 기술
원조 목적	부정적 행동, 감정, 사고, 관계의 개인적이고 사회적인 결과와 증상의 영향을 간소하는 것이다.	클라이언트의 삶을 인정하고 가치를 개발하고 확인하도록 하는 것이다.

* Saleebey, 1999.

2) 강점 이론의 영역과 전제 가치

사회복지실천의 현장에서 사회복지사나 사례관리자가 기본적으로 갖추어야 할 이론적 관점 중의 하나가 강점 이론에 의한 강점 관점이다.

강점 이론을 체계화한 Saleebey(1992, 1997)는 강점의 영역을 일상생활에서 개인이 가지고 있는 기술, 재능, 자신에 대한 가치와 특성, 상호작용 기술, 대인 · 환경자원, 문화적 의식 · 예식에 관한 지식, 가족과 가족 간의 이야기, 역경을 통하여 얻은 지식, 영성과 믿음, 그리고 희망과 꿈 등을 포함한다고 주장하였다.

Saleebey(1992, 1997)가 제시한 강점의 영역을 살펴보면, 일상생활에서 무의식적이며 습관적으로 수행하고 있는 내용들이 대부분이어서 일반적으로 강점이라 생각하지도 않고, 가치를 부여하지도 않는 것들이다. 그러나 강점의 영역에 포함된 것들은 모든 사람들이 일상생활을 지속시키거나 발전시켜 나가기 위해서는 절대적으로 필요하며, 누구나 다 할 수 있고, 가지고 있는 것들이다. 중요한 것은 일상생활에서 누구나 다 경험할 수 있는 것들을 강점으로 인식하고 새로운 의미를 부여하는 것이다. 이것은 사회복지사가 지식과 기술에 의존하여 문제를 해결하거나 감소시키는 변화에 대한 패러다임이 아니라, 이미 클라이언트가 경험을 하였고, 갖고 있는 강점들을 자신의 성장과 변화를 촉진시키기 위하여 활용하는 것이다.

이러한 강점 이론은 다음과 같은 6가지의 가정을 전제가치로 삼아 클라이언트가 가지고 있는 약점과 한계보다는 클라이언트의 강점을 이해하려고 한다(Saleebey, 1992; 서혜석 외, 2008).

첫째, 클라이언트의 강점을 존중한다. 클라이언트가 가지고 있는 강점인 긍정적 성향과 능력, 재능과 자원, 욕구와 소망 등을 존중해야 한다.

둘째, 클라이언트는 많은 강점을 가지고 있다. 모든 사람들은 신체적 · 정서적 · 인지적 대인관계, 사회적 · 정신적 에너지, 자원, 능력 등을 가지고 있다.

셋째, 클라이언트의 동기는 강점을 인식할 때 강화된다. 모든 사람은 자신이 가지고 있는 능력, 지식, 기술 등을 발견하였을 때, 자발적이며 지속적으로 발전하고 성장하며, 자신이 인식한 강점을 의식하고 일상생활에서 확인할 수 있을 때 동기는 더욱 강화된다.

넷째, 사회복지사는 클라이언트의 협력자이다. 클라이언트가 자기 문제와 상황에 대한 전문가이기 때문에 그들의 지식을 무시하거나 경시한다면 협력관계의 형성과 유지는 어려워진다.

다섯째, 모든 사람은 피해자라는 생각에서 벗어나야 새로운 것에 도전할 수 있는 힘이 생긴다.

여섯째, 모든 환경은 자원이다. 아무리 열악한 환경이라도 자원과 가능성을 가지고 있으며, 그 자체로서도 자원이다.

3) 강점 이론의 특성

강점 이론은 클라이언트의 약점과 단점보다 강점과 능력을 본다. 이러한 강점 이론의 시각에서는 모든 개인, 집단, 가족 그리고 지역사회가 강점을 가지고 있으며, 모든 환경은 자원으로 가득 차 있다는 것을 기본 전제로 한다.

강점 이론의 다섯 가지 기본 전제는 다음과 같다(Saleebey, 1997; 백은령 외, 2006).

- 모든 개인, 집단, 가족, 지역사회는 강점을 가지고 있다.
- 모든 질병과 학대 등 고통이 수반되는 것은 도전과 기회의 원천이기도 하다.
- 클라이언트의 희망과 비전 및 가치는 성장과 변화를 가져오고, 성장과 변화는 무궁무진하다.
- 클라이언트에게 가장 좋은 서비스를 제공하기 위해서는 클라이언트와 협동적인 관계가 되어야 한다.
- 모든 환경에는 자원이 풍부하다. 환경이란 공식적, 비공식적 자원을 모두 포함하며, 어떠한 특정 영역과 종류를 구분하지 않는다.

또한 강점 이론의 관점에서는 사회복지사가 클라이언트 스스로 자신의 강점과 능력을 확인하고 개발하도록 도와주며, 자신의 자원과 환경을 이용하여 욕구를 적절하게 충족하도록 원조하는 역할을 수행한다.

이러한 점에서 강점 이론의 특성은 다음과 같다(Miley et al., 1995; 김융일 외, 2005).

첫째, 문제가 아닌 도전을 강조한다. 문제는 사회복지실천의 개입에서 클라이언트로 하여금 수치심, 비난, 죄책감, 낙인을 수반하며, 부정적인 전제를 야기했다. 그러나 사회복지사가 클라이언트의 문제를 도전, 전환점, 성장의 기회로 볼 때, 클라이언트들은 자신의 관점을 의미 있게 변화시킬 수 있다. 따라서 강점지향적인 사회복지사는 손상모델에서 도전모델로 이동하여야 한다.

둘째, 병리가 아닌 강점을 강조한다. 병리로 진단하는 것은 클라이언트의 강점을 덮어버리고, 병리에 초점을 두는 것은 강점을 드러낼 클라이언트와 사례관리자의 능력을 덮어버린다.

셋째, 과거가 아닌 미래를 강조한다. 의료적 모델에 초점을 둔 개입과정은 언제, 어떻게, 왜 클라이언트의 체계가 잘못되기 시작했는지 과거를 탐색한다. 그러나 강점을 지향하는 사회복지실천은 미래의 성장을 위해 이용할 수 있는 자원을 발견하기 위해 현재를 탐색한다.

4) 강점 이론 모델의 전개과정

강점 이론에 의한 모델의 전개과정은 다음과 같다.

(1) 원조관계를 확립한다.

클라이언트가 도움을 요청하는 접수를 함으로써 원조관계가 형성된다.

(2) 강점을 사정한다.

면접을 통해 클라이언트의 재능 · 열망 · 자신감 및 환경에서 주어지는 기회 등 강점을 사정한다. 이때에는 현재의 상태, 희망과 열정, 자원 등으로 나누어서 사정할 수 있다.

(3) 계획을 수립한다.

강점을 사정한 결과를 중심으로 개입계획을 수립한다. 이때 주로 클라이언트가 자신의 강점을 발견하고, 도전과 변화의 기회로 삼을 수 있는 기회를 제공하는 것을 목표로 한다.

(4) 자원을 연결하여 권리를 옹호해 준다.

클라이언트가 속해 있는 환경 속에서 유용한 자원을 개발 및 연결하여 클라이언트의 강점이 강화될 수 있도록 한다. 클라이언트의 강점은 지역사회의 협력적 분위기를 바탕으로 더욱 더 강화될 수 있으므로, 전문적인 단체나 기관의 도움을 받아 클라이언트의 권리가 옹호될 수 있도록 한다.

(5) 모니터링한다.

강점 이론에서 진행된 계획이 잘 이루어지고 있는지를 모니터링한다. 만일 제대로 이루어지지 않고 있다면, 사정과 분석을 다시 실시해야 하며, 클라이언트가 자신의 강점을 최대한 발휘하고 체감할 수 있도록 개입이 수정되어야 한다.

(6) 정상적인 상호관계로 이행한다.

사회복지사는 클라이언트와 원조관계로 시작하였지만, 개입이 시작되면서 상호 협력적인 관계로 발전하고 유지하게 된다. 개입이 진행되어 목표가 달성되고 나면, 전문적인 원조관계에서 정상적이고 일반적인 상호관계로 변화되어야 한다.

2. 임파워먼트 이론

역량강화, 권한부여 등으로 불리기도 하는 임파워먼트(empowerment) 이론은 사회복지실천의 모든 영역에서 사회복지사가 그들의 개입을 필요로 하는 클라이언트와 그들의 문제 상황을 어떻게 볼 것인지에 대한 개념적 의미와 함께 클라이언트와 어떤 관계를 형성하여 어떤 방식으로 문제해결 과정을 규정하고 수행해 나갈 것인가에 대한 지침이 되고 있다. 즉, 클라이언트에 대한 임파워먼트 이론은 사회복지실천의 분야에서 오랜 전통이라 할 수 있으며, 클라이언트의 강점을 강조하는 강점 이론을 보다 더 체계화하고 실체화한 것이라 볼 수 있다.

1) 임파워먼트 이론의 기본적 개념

(1) 임파워먼트 이론의 개념

임파워먼트 이론은 클라이언트로 하여금 자신의 삶에 대한 결정과 행동에 있어서 힘(power)을 가질 수 있도록 돕는 것을 말하며, 클라이언트 자신의 능력을 발휘하지 못하게 하는 사회적 · 개인적 장애물을 제거하고 자신의 기능과 능력을 기를 수 있도록 자신에게 주어진 권한을 찾아가게 하는 적극적인 활동이다. 즉, 임파워먼트 이론은 클라이언트에게 자신감, 가치감을 제공하고 환경에 대한 대처 능력과 통제력 등을 스스로 갖출 수 있도록 인식을 심어 주는 것이다.

임파워먼트 이론은 스티그마(stigma) 집단의 구성원이라는 사실에서 시작된 부정적인 평가와 이로 인해 발생한 무기력 상태를 줄이기 위해 클라이언트 또는 클라이언트 체계에 대응하여 사회복지사가 개입하는 일련의 활동 과정(Solomon, 1976)이라 할 수 있다. 즉, 강점이나 잠재력 등 클라이언트에게 내재된 힘에 가까이 다가가는 과정이라고 할 수 있다.

임파워먼트 이론에서의 힘이란, 첫째, 자신이 필요한 것을 획득할 수 있는 능력, 둘째, 다른 사람의 생각 · 감정 · 행동 · 신념에 영향을 미칠 수 있는 능력, 셋째, 가족, 조직, 지역사회 나아가 전체 사회 내에서의 자원 분배에 영향을 미칠 수 있는 능력을 말한다. 궁극적으로 임파워먼트 이론은 생태체계적 관점을 통합하고 강점 관점을 지향하고 있다(장인협 외, 2001). 클라이언트가 가지고 있는 힘을 행사하는 데 있어서 방해가 되는 사회적 · 개인적 장애요인들의 영향을 감소시키고, 힘의 사용에 대한 역량과 자신감을 증가시키며 힘을 환경으로부터 개인에게로 전환시킴으로써 가능하다(서진환 외, 2001). 또한 임파워먼트 이론은 법률과 집단의 가치 및 개인의 가치욕구 등에 따른 사회적 승인이 뒷받침되어야 하며, 사회적 승인의 기반이 약할수록 실천의 뒷받침이 약하다고 볼 수 있다(Cox & Parson, 1994).

따라서 사회복지사는 다음과 같은 임파워먼트의 구조에 따른 체계, 즉 개인, 대인관계 그리고 다양한 사회구조적 차원의 임파워먼트를 충분히 이해하고 있어야 한다(Miley et al., 1995).

- **개인적 차원의 임파워먼트**

  능력, 강점, 성취, 변화를 초래할 수 있는 능력에 대한 개인의 인식이나 감정을 의미하며, 자신의 삶에 대한 통제감이라 할 수 있다. 개인적 차원의 임파워먼트 그 자체가 자기 가치에 대한 생각이나 느낌의 수준, 자신을 둘러싼 외부 체계와 차별할 수 있는 수준, 보다 영적인 수준까지도 포함한다.

- **대인관계에서의 임파워먼트**

  타인에 대한 영향력을 의미한다. 즉 대인관계에서는 일방적으로 주거나 받기만 하는 것이 아니라 상호 교환하는 평형관계를 형성하는 것을 의미하며, 대인관계에서의 임파워먼트란, 타인과의 관계에서 효율적인 상호작용을 한다는 것이다.

- **사회구조적 차원의 임파워먼트**

구조적 변화를 통해 자원을 균등하게 재분배하고, 사회적 자원에 대한 접근을 용이하게 하고, 권력의 장벽을 제거하며, 새로운 기회구조를 창출하는 능력을 의미한다. 사람들은 자기 자신을 변화시킴으로써 힘을 얻고 새로운 기회를 창출할 수 있다. 사회적 수준에서의 자원 창출은 그 사회의 모든 개인에게 힘을 부여한다.

(2) 전통적인 사회복지실천 방법과의 차별성

임파워먼트의 특성은 지각된 자기효능, 사회적 지지, 문제해결능력, 의사결정에 관한 권한과 책임을 갖는 것 등이며, 임파워먼트 이론은 개인, 가족, 집단, 지역사회 등과 같은 클라이언트들에게 기존의 전통적인 실천 방법들과는 다른 방식으로 접근할 것을 요구한다.

또한 앞 장에서 살펴본 강점 이론과 임파워먼트 이론은 거의 유사한 개념으로서 차이점을 찾기가 쉽지 않다. 그러나 강점 이론은 클라이언트의 잠재능력, 재능, 자질을 강화하여 줌으로써 사회 적응을 보다 용이하게 하는 데 초점을 두는 반면, 임파워먼트 이론은 동기, 능력, 기회 등을 제공하여, 사회적 기능을 가능하게 하는 클라이언트의 힘을 끌어내어 스스로의 힘으로 문제 상황을 해결할 수 있게 하는 데 초점을 두는 것이 서로 다른 특성이다.

전통적인 사회복지실천 방법과 임파워먼트를 〈표 8〉과 같이 제시하였다.

〈표 8〉 전통적인 사회복지실천 방법과 임파워먼트의 비교

전통적인 사회복지실천 방법	임파워먼트
욕구, 결함, 증상, 병리 등 문제 중심의 시각을 가지고 있다.	소망, 열망, 재능, 기술, 지식 등 강점 중심의 시각을 가지고 있다.
부정적인 문제 인식을 가지고 있다.	적극적이고 긍정적인 문제인식, 즉 도전, 기회로 인식한다.
분석적이다	총체적이다
전문가적 관점 중심의 질문식 면담을 한다.	클라이언트 자신의 관점에서 정보수집, 목적 있는 대화를 한다.
과거와 현재에 초점을 둔다.	지금, 여기에 초점을 두고 미래지향적이다.
전문가 중심이다.	클라이언트와의 협력적 동반자 관계를 중시한다.
클라이언트를 수동적 수혜자로 인식하고, 전문가에 의해 통제 된다.	클라이언트를 적극적인 권리 행사자, 소비자, 서비스 이용자로 인식한다.
최종 목적은 문제 해결에 있다.	최종 목적은 클라이언트의 삶의 질 향상에 있다.

* 장인협 외, 2001: 113.

2) 임파워먼트 이론의 목표

사례관리는 클라이언트의 잠재력을 극대화함으로써 문제를 해결하고 환경체계를 활용할 수 있는 능력을 향상시키는 것이 주요 기능이다. 이러한 개인과 환경기능 간의 최적화를 위해 사례관리자는 다양한 체계에 효율적인 개입과 관리 역할을 수행하게 된다. 이러한 사례관리의 실천은 임파워먼트의 목표와도 다르지 않다.

Solomon(1976)은 임파워번트의 구체적인 목표를 다음과 같이 4가지 항목으로 제시하고 있다.

첫째, 사회복지사나 사례관리자는 클라이언트로 하여금 자신이 문제해

결의 주체임을 인식하도록 한다.

둘째, 사회복지사나 사례관리자의 지식과 기술은 클라이언트의 임파워먼트를 위해 노력하고 지원하며 활용될 수 있는 것임을 클라이언트가 알게 한다.

셋째, 사회복지사나 사례관리자는 문제해결에 있어서 클라이언트의 동료와 협력자 또는 파트너라는 것을 인정해야 한다.

넷째, 사회복지사나 사례관리자는 학교, 복지기관, 법원 등과 같은 사회제도의 억압적인 부분에 의한 부정적인 영향을 감소하기 위해 활동하는 사람이라고 인식할 수 있도록 해야 한다.

3) 임파워먼트 이론의 실천 원칙

임파워먼트 이론에서는 클라이언트와 사회복지사는 전통적인 개입방법에서와는 달리 상호 책임적인 관계이며, 클라이언트는 자신의 생활이나 경험에 관하여 누구보다 잘 아는 전문가이다. 또한 휴먼서비스나 정치 면에서 자기 주장을 할 수 있으며, 자신의 권한을 누릴 수 있고, 자기 파워를 가지고 있음을 인식해야 한다(Parsons, 1991; Simon, 1994).

따라서 클라이언트는 자신과 가족, 이웃, 친족, 친구, 사례관리자 등에게 자신의 문제를 해결하는 주체적인 존재이며, 문제를 해결하는 과정을 통해 자신의 역량을 발휘할 수 있는 잠재력을 가진 존재로 인식되어야 한다.

이러한 관점에서 임파워먼트 이론에서의 실천 원칙은 다음과 같다(Parsons, 1991).

- 원조관계는 협력 · 신뢰 · 파워의 공유에 기초한다.
- 집단행동을 활용한다.

- 클라이언트가 정의한 문제를 수용한다.
- 클라이언트의 강점을 확인하고 활용한다.
- 계급과 파워에 관한 이슈에 대해서 클라이언트의 의식을 고양시킨다.
- 변화의 전 과정에 클라이언트를 관여시킨다.
- 특정한 기술을 가르친다.
- 상호 지지나 자조의 네트웍이나 집단을 활용한다.
- 클라이언트가 가지고 있는 파워를 느끼게 한다.
- 클라이언트를 위해 자원을 동원하거나 그의 권리를 옹호해 준다.

4) 임파워먼트 이론의 실천과정

임파워먼트 이론의 실천은 클라이언트와의 라포(rapport) 수립, 실천가로서의 전문적 기술의 확립, 클라이언트의 강점에 대한 올바른 사정 · 평가, 클라이언트를 자신의 문제해결의 주체자로 인식하기 등과 같은 활동 과정을 중요시한다.

실천 현장에서의 구체적인 실천 과정을 다음과 같이 살펴보았다(장인협, 1999).

(1) 대화단계 : 발전시키기

대화를 통해 클라이언트는 자신이 처한 상황에 대해 스스로 어떻게 생각하고 있는지를 보여주며 이를 통해 클라이언트의 상징을 파악한다. 이러한 정보의 공유는 초기의 방향 설정 및 관계가 지향해야 한 목적을 정해준다.

세부적인 과정은 다음과 같다.

① 함께 활동하기 위한 준비하기

임파워먼트의 분위기를 활성화하기 위한 생산적인 준거틀을 만드는 과정이다.

② 파트너십(Partnership) **형성하기**

사회복지사와 클라이언트가 상호 협력적인 관계를 정의하고 발전시키는 과정이다.

③ 도전 탐색하기

클라이언트의 상황에 대해서 클라이언트의 관점에서 이야기하는 과정이다.

④ 강점을 구체화하기

바람직한 변화를 할 수 있는 클라이언트의 강점과 역량을 강조하는 과정이다.

⑤ 방향 정하기

클라이언트와 사회복지사는 초기의 목적을 설정하고 다음 단계를 준비한다.

(2) 발견단계 : 사정, 분석, 계획하기

사회복지사와 클라이언트가 함께 목표를 설정하고, 변화를 위한 계약을 위해서 개인적 · 제도적 지원체계를 탐색하는 과정이다.

① 자원체계 탐색하기

개인, 가족, 집단, 조직, 지역사회, 사회적 · 정치적 체계 내에서의 잠재적인 자원을 사정한다.

② 자원의 능력을 분석하기

변화를 위한 표적과 자원을 구체화하기 위해 수집된 정보를 조직화하고 통합한다.

③ 해결점 형성하기

사회복지사와 클라이언트는 구체적인 목적에 동의하고 바람직한 결과를 달성하기 위한 계획을 개발시킨다.

(3) 발달단계 : 실행 및 변화를 안정화시키기

기존 자원을 활성화하고 클라이언트의 목적을 달성하기 위해 새로운 대안을 형성한다. 이 단계의 모든 활동은 클라이언트 체계와 사회적 · 물리적 환경의 변화를 시작하게 하고, 강화하고, 안정시킨다.

① 자원 활성화하기

이미 가지고 있거나 접근 가능한 자원을 활용할 수 있는 방향을 모색한다.

② 기회 확대하기

사회복지사와 클라이언트는 현재는 없으나 꼭 필요한 자원을 활용 가능한 환경 내에서 개발한다.

③ 성공 인정하기

목적달성의 측정, 과정의 효과성 평가, 함께 활동한 것 등에 대해 서로 파트너로서 인정하는 작업이 필요하다.

④ **달성한 결과를 통합하기**

개입을 종결하며 지속적으로 클라이언트가 독립성을 유지할 수 있도록 클라이언트와 클라이언트의 체계를 임파워먼트 한다.

3. 생태체계 이론

사회복지실천은 항상 '환경 속의 인간'을 강조해 왔다. 그러나 전통적인 사회복지실천에서는 개인을 변화시키는 방법 및 기술 개발에 더 치중하였고, 환경을 변화시키는 방법 및 기술 개발에는 상대적으로 관심을 덜 기울였던 것이 사실이다. 이러한 관점에서 생태체계 이론은 두 가지의 관점을 하나로 묶어 주는 계기가 되었다.

생태체계 이론은 사회복지실천의 영역에서 인간의 행동을 포괄적으로 이해하는 데 널리 이용되는 중요한 패러다임으로서, 인간과 환경 간의 관계를 더 넓고 깊게 이해하는 방법을 제공하여 사회복지사가 심리사회적 특성을 가진 클라이언트 또는 클라이언트 체계에 대해 좀 더 상호관계적인 방법으로 개입하는 것을 가능하게 하는 개념적인 틀을 제공하였다(Miley et al., 1995).

1) 생태체계 이론의 기본 개념

일반체계 이론(general systems theory)과 생태 이론(ecological theory)을 접목시킨 생태체계 이론(ecosystems theory)에서는 인간을 신체적 · 심리적 · 정치적 · 경제적 · 교육적 · 정신적 · 사회적인 다양한 부분들로 구성된 체계로 보고, 인간과 환경 사이의 공유 영역에서 발생하는 상호작용과 교류를 강조한다. 또한 인간과 환경은 별개의 분리된 존재가 아니라 지속적으로 상호 교류하면서 존재하기 때문에, 클라이언트의 문제해결을 위해서는 인간과 환경을 모두 이해해야 하며, 인간과 환경의 상호작용을 신중히 살펴보아야 한다고 보았다.

생태체계 이론은 인간과 환경 사이의 상호 보완성에 초점을 두고, 인간과 환경을 하나의 총체적인 존재로 보면서, 인간과 환경 간의 적합성과 인간과 환경 사이의 상호적 교환에 대한 통합적 실천지식을 제공하고 있다.

생태체계 이론은 인간과 환경의 상호 교류의 결과물인 인간의 성장과 발달에 관심을 가지며, 이를 설명하는 주요 개념으로는 다음과 같다.

- 적응, 스트레스, 대처 등과 같은 인간과 환경 간의 상호 교류에 관한 개념
- 인간의 속성과 관련한 정체성, 역량, 자율성, 관계성 등과 같은 교류적인 성격의 하위 개념
- 인간의 성장을 촉진하는 시간과 공간 및 영역과 같은 환경의 특징에 관한 개념.

여기서는 생태체계 이론의 주요 개념으로 총체성, 상호 교류, 적합성, 적응, 스트레스, 대처 등을 살펴보았다(장인협 외, 2001; 이종복 외, 2007).

(1) 총체성

생태체계 이론에 있어서 가장 중요한 개념 중의 하나인 총체성(holism)은 체계의 각 부분이 서로 밀접하게 관련되어 있어서 한 부분의 변화는 전체의 변화를 초래한다는 것을 의미한다. 이러한 관점에서 인간과 환경은 양자 간의 관계를 통해서만 이해가 가능하다.

전통적인 관점에서는 인간과 환경 전체의 이해보다는 부분의 이해가 주

된 목적이었으나, 생태체계 이론에서는 인간과 환경의 부분적인 이해는 전체에 대한 이해를 통해서만 의미가 있으므로 부분으로서의 분리와 이해는 불가능함을 강조한다.

또한 생태체계 이론에서는 인간과 환경의 분리가 불가능한 특성을 나타내기 위해 콜론(:)을 사용하여 '인간 : 환경'이라 표현하고 있다. '인간 : 환경'이란 표현은 절대 분리할 수 없는 관계, 즉 총체성을 상징적으로 나타내는 것이다. 이러한 총체성의 개념은 체계의 경계를 넘어서 체계가 환경에 반응하여 변화하는 방법뿐만 아니라 환경이 체계 내에서 변화하는 방법을 잘 설명해 준다.

(2) 상호 교류

인간과 환경은 지속적으로 상호작용하면서 발달해 나가며 이를 상호 교류(transaction)라 한다. 상호 교류는 총체성과 밀접한 개념이며, 상호 호혜적인 상호작용으로 인간이 '지속적으로, 반복하여' 그들의 환경을 형성하고, 또 그들에 의해 더 큰 환경이 형성되는 과정을 의미한다. '지속적으로, 반복하여'라는 말의 의미는 문제의 원인과 결과에 대해, 문제의 출발점이 어디인지를 단순하게 설명할 수 없으며, 한 사람이 다른 사람 행동의 원인이 아니라 양자가 서로 관련되어 상호작용한다는 것이다.

상호 교류라는 용어 속에는 상호작용이라는 용어보다 더 풍부한 의미, 즉 단순히 주고받는 관계가 아닌 상호 호의적이고 긍정적인 관계가 내포되어 있다. 또한 모든 체계의 행동을 인간과 환경 상호 간에 이득이 되는 편안한 균형을 찾고 유지하기 위한 것으로 이해한다.

상호 교류적인 특성을 이해하는 데 있어서 중요한 개념으로 항상성과 피드백이 있다.

항상성(homeostasis)은 체계 내의 균형이나 현상유지의 특성을 잘 나타내는 용어이며, 체계의 균형이 위협받거나 깨어졌을 때, 이를 극복하고 새로운 균형을 유지하려는 것을 말한다. 피드백(feedback)은 체계의 유형을 유지 혹은 파괴시키는 지속적인 정보의 흐름을 제공한다. 피드백에서 제공하는 정보는 크게 두 종류가 있다. 첫째, 기존의 균형 상태를 유지하게 하는 정보로써 클라이언트 체계의 기존 강점과 유형을 유지 · 강화시키는 피드백을 제공한다. 둘째, 불일치를 수정하여 새로운 균형 상태를 향한 변화를 끌어내는 정보로써 문제가 되는 유형을 깨기 위한 체계변경적인 피드백을 제공한다.

(3) 적합성

적합성(goodness of fit)은 개인의 적응적 욕구와 환경이 어느 정도 부합되는지와 관련되며, 인간이 일생을 통하여 성취해야만 하는 것이다. 적합성은 인간과 환경의 상호 교류를 통해 성취되며, 상호 교류는 적응적일 수도 있고, 부적응적일 수도 있다. 대부분 개인과 환경의 상호 교류가 적응적이어서 주요 타인, 사회 조직, 정치경제적 구조와 정책, 물리적 환경 등이 인간의 성장, 발달 그리고 물리적 및 정서적 안녕을 지지할 때 적합성이 이루어진다.

인간과 환경이 서로의 요구에 적응하면서 변화하고 발달해 감으로써 서로에게 더 유익한 효과를 얻어낼 수 있는데, 인간과 환경은 항상 협력적인 상호관계가 유지되는 것은 아니며 어느 한쪽이 희생됨으로써 그 생존과 발달이 보장되기도 한다. 이때, 힘의 불균형과 갈등이 야기되며 결국 양쪽의 발전을 저해하는 부적합성이 발생한다.

(4) 적응

적응(adaption)은 상호 교류의 결과라고 할 수 있다. 생태체계적 관점에서는, 인간과 환경은 전체를 구성하는 부분들이기 때문에 양자 간의 상호 교류는 적응적 균형 상태를 지향한다. 또한 적응은 현상 그대로를 인정하고 수용하여 현재의 환경이 아무리 부적합하더라도 맞추는 순응과는 달리 행동 지향적이고 적극적인 개념으로서 최적의 적합성을 위해 자신을 변화시키거나 환경을 변화시켜 적응적인 균형 상태를 추구해 나가는 것을 말한다.

또한 생태체계적 관점에서는, 인간과 환경이 최적합의 상태를 성취하기 위해서 상호 영향을 미치고 반응한다고 본다. 인간은 새로운 환경에 처하면 그 상황의 요구에 적응하게 되고, 상황은 구조적 변화를 가능하게 한다. 따라서 적응이란 인간이 성장하고, 능력을 얻고, 타인과 협력할 때 생기는 인간과 환경 사이의 상호의존적이고, 역동적인 과정이라 할 수 있다(Germain, 1979).

(5) 스트레스

스트레스(stress)는 개인의 욕구와 이러한 욕구를 충족시킬 수 있는 자원의 활용 능력 사이의 불균형으로 야기되는 생리 · 심리 · 사회학적 현상이라 볼 수 있다. 또한 스트레스는 인간의 마음의 평형상태를 위협하거나 깨려고 하는 모든 내적 · 외적 자극을 말한다.

스트레스 요인은 개인의 내적 평형상태를 깨뜨리고 스트레스 반응을 초래하는 외적 요구, 상황, 환경이다. 생리적 수준에서의 신체적 스트레스는 내분비 및 신체적 변화 등이 포함되며, 심리적 수준에서는 개인의 사건에 대한 지각, 의미, 평가가 포함되고, 사회적 수준에서는 상황적 요구나 긴장이 포함된다. 그 외의 스트레스 인자 또한 매우 다양하다. 직업상실, 큰 소음, 유독물질, 은퇴, 논쟁, 배우자 사망, 요양원 입소, 발열, 냉함, 중증의 질병, 인생목표의 상실 등이 있다. 우리의 신체는 살아 있는 순간마다 적응을 요하는 스트레스 인자에 반응하고 있다. 신체의 반응은 계속해서 항상성, 균형을 추구한다.

일반적으로 스트레스는 피해야 할 것, 해로운 것 등 부정적인 것으로 인식하는 경향이 있다. 그러나 Seyle(1950, 1956), Bernard(1968) 그리고 Quick 등(1984)은 긍정적이고 건설적인 유스트레스(eustress)와 고통스럽고 불쾌하며, 부정적인 디스트레스(distress)로 나누어서 설명하였다. 즉, 우리가 적응해야 할 외부의 자극이나 변화, 그리고 그때 느끼는 생리적 · 행동적 반응도 스트레스라고 보았다. 이러한 반응은 부신피질 호르몬의 분비와 같은 것에 의한 신체적 불균형에서 초래된다고 보았으며, 긍정적 또는 부정적 사건 모두가 스트레스를 일으킨다고 설명하였다.

생태체계 이론의 관점에서 스트레스는 단순히 환경적인 사건이 아니라 인간과 환경 간의 상호작용을 의미하며 객관적인 사건이 아니라 환경적 속성과 개인의 특성이 상호작용한 결과로 본다. 생활상의 문제로 경험되는 스트레스는 불안, 죄책감, 분노, 무력감, 우울, 좌절, 낮은 자존감 같은 부정적인 감정을 수반하는 반면, 도전으로 경험되는 스트레스는 적절한 긴장을 야기하면서 성공에 대한 추진력, 자신감 등으로 경험된다.

(6) 대처

대처란 스트레스와 개인적 능력, 즉 개인이 가진 자원 간에 불일치가 인식되면, 스트레스를 다루어 이전의 인간 : 환경 간의 적응적 적합 상태로 돌아가기 위한 적응적 노력을 의미하며, 적응이나 스트레스와 같이 상호교류의 결과로 나타나는 반응이다(장인협 외, 2001).

대처는 문제해결 기능과 문제해결을 저해하는 부정적인 감정을 조정 · 통제하는 기능 등이 있으며, 이 두 가지 기능은 상호 연쇄적으로 이어진다. 즉 성공적인 대처는 부정적인 감정을 어느 정도 봉쇄함으로써 가능하게 되고, 희망이 유지되고, 문제해결이 시작될 수 있는 것이다. 문제해결이 진전됨에 따라 자존감이 향상되고, 현실지각능력이 조금씩 명확해지는데, 이로써 부정적인 감정이 보다 더 많이 통제되고 감소된다(Germain, 1991).

스트레스를 경험함으로써 자연적으로 발생하는 대처기술은 정서적 고통을 통제하기 위해 개인이 수행하는 행동과 반응하며, 내적 자원과 외적 자원이 필요하다. 내적 자원에는 자존감과 문제해결기술 등이 포함되며, 외적 자원으로는 가족이나 사회적 지지망 그리고 조직이나 지역사회 자원 등이 포함된다.

2) 생태체계 이론의 장 · 단점

생태체계 이론은 문제의 원인과 해결과정에 대한 이해는 제공하지만 구체적인 개입방법과 절차는 제공하지 않는다. 따라서 사회복지사는 전체 체계 속에서 클라이언트의 문제를 조명할 수 있는 분석 능력과 클라이언트의 문제해결 과정에 개입할 수 있는 임상지식과 기술이 있어야 하며, 환경적인 변수를 인식할 수 있는 관점이 있어야 한다.

그러나 생태체계 이론의 접근기술이나 모델은 개념이나 원칙이 추상적이고 애매하여 현실 적용에 어려움이 따른다. 즉 어떤 변수나 적합성의 결여나 부적절한 대처를 가져오는가에 대해 사정하고 평가하는 데에 있어서는 그 접근 방법이나 과정을 설명해 주고 있지 않아 문제해결을 위한 접근에 있어서 구체성이 떨어지는 것이 한계이다(백은령 외, 2006).

생태체계 이론의 장 · 단점은 〈표 9〉와 같다.

〈표 9〉 생태체계 이론의 장 · 단점

구분	내용
장점	• 심리적인 접근보다는 개인과 환경의 변화를 중요하게 생각한다. • 내적인 사고와 감정보다는 한 사람이 다른 사람에게 미치는 영향을 강조한다. • 개인, 집단, 지역사회에 대한 개입을 포함하는 단일화와 통합적, 총체적 접근이기 때문에 어떤 특정한 방법만을 강조하지는 않는다.

단점	• 문제의 원인에 대해 정확한 설명을 하기 어렵기 때문에 실증적인 검증이 어렵다. • 무엇을, 어떻게 접근해야 하는지 알려주지 못한다. • 지나치게 추상적이다. • 체계의 유지와 통합을 강조한 나머지 갈등이 주는 긍정적인 요소들을 고려하지 못하고 있다. • 매우 일반화 된 이론이어서 어떤 특별한 상황에서는 적용하기가 어려우며, 동일한 사안에 대한 해석이 다를 수 있으며, 누가 옳은지에 대한 판단도 쉽게 내릴 수 없다.

3) 생태체계 이론의 실천 원칙

사례관리에서는 생태체계 이론을 받아들여 개인의 기능 향상과 함께 환경 변화를 통하여 클라이언트를 원조하고자 한다. 사례관리자는 체계적인 개념을 사정 영역의 수준에 따라 다음과 같이 고려한다. 즉 개인적 · 상호적 수준의 미시(micro)적 영역, 기관 · 조직 · 지역사회 문제 수준의 중간(mezzo) 영역, 사회정책, 국가적 · 문화적 문제 수준의 거시(macro)적 영역 등이다. 사례관리를 위한 체계적인 접근은 3가지 영역 모두의 개입이 요구된다.

또한 생태체계 이론의 관점을 활용한 사례관리의 기본 전제는 클라이언트와 사례관리자를 상호 교류 과정에서 보다 더 큰 상호성을 조장할 수 있는 역할을 수행하는 동반자로 규정한다. 따라서 사례관리자는 클라이언트의 주관적 현실을 경청하고 이해해야 하며, 클라이언트와 함께 문제를 일으키는 요인을 판별하고 문제 표현 방식을 파악하고, 문제를 경감시키기 위한 방안을 수립해야 한다.

클라이언트의 적응적 능력을 강화하기 위해서 사례관리자는 실천과정에서 조력자, 교사, 촉진자, 중개자, 대변자, 조직가 등의 역할을 수행해야 한다.

사례관리자가 지켜야 할 주요 실천 원칙은 다음과 같다(김동배 외, 2005).

- 환경과 개인을 분리할 수 없는 존재로 보아야 한다.
- 실천과정에서 클라이언트와 파트너십을 형성한다.
- 클라이언트의 적응에 영향을 미치는 모든 환경을 사정하고, 개인과 환경 간의 상호 교류를 분석한다.
- 클라이언트의 생활 상황과 생활 주기의 단계를 사정한다.
- 개인과 환경 사이의 적합성을 증진시킬 수 있는 개입방법을 모색한다.
- 긍정적 관계와 경험을 통해 클라이언트의 개인적 역량을 강화한다.
- 사회적 지지는 사례관리자의 원조와 조화를 이루어야 하며, 전체적인 원조 전략에 필수적인 요소다.
- 클라이언트와 함께 해결 방안을 모색하고 클라이언트의 임파워링에 초점을 둔다.

4) 생태체계 이론의 실천을 위한 개념적 틀

생태체계 이론은 인간의 체계가 어떻게 기능하는지에 대한 내용과 사회복지사들이 임파워링 관계를 형성하고, 클라이언트 체계의 자원을 발굴하며, 클라이언트 체계의 역량을 강화시킬 수 있는 개념적 틀을 다음과 같이 제공한다(Miley et al., 1995; 장인협 외, 2001, 재인용).

(1) 초점 체계를 확인한다.

클라이언트의 생태체계에 대한 분석의 첫 단계는 다음의 분석을 위한 준거점을 제공하는 초점 체계를 확인하는 것이다. 초점 체계는 다양할 수 있다. 우리 자신의 이해를 증대시키고자 한다면, 우리의 생각, 감정, 다른 사람들과의 상호작용을 포함하는 우리들 자신에 초점을 둘 수도 있다. 또한 새로운 클라이언트와 일을 시작할 때, 전문적 관계가 초점 체계가 될 수 있고, 클라이언트 체계의 기능을 평가하려면 클라이언트가 초점 체계가 된다. 개입전략을 수행하려 할 때에는 클라이언트 체계, 클라이언트 체계의 하위 체계, 클라이언트의 환경 중에서 다른 영향력이 있는 체계를 포함하는 변화를 위한 몇몇 체계들 중의 한 체계가 표적이 될 수 있다.

(2) 체계 내부에서 무슨 일이 일어나고 있는가?

체계의 기능에 대한 각각의 관점들은 가치 있는 정보를 제공해 준다. 상호작용적 관점은 체계 내부의 성원들이 의사소통하는 방식, 그들이 발달시키는 유형, 그들이 균형을 유지하는 방법 등에 관한 정보를 제공한다. 생리 · 심리 · 사회학적 차원을 조사하는 것은 생물학적 건강, 사고, 감정에 관한 정보를 제공한다. 가치, 신념, 태도, 의사소통의 유형, 규범 등의 문화적 영향을 고려하는 것은 초점 체계의 내부 기능에 대한 이해를 돕는다.

(3) 체계 외부에서 무슨 일이 일어나고 있는가?

초점 체계의 물리적 · 사회적 환경의 영향을 조사한다. 초점 체계 환경의 구조, 상호작용, 사회 · 문화적 차원을 검토한다. 많은 체계들이 같은 환경의 측면을 공유할지라도 어떤 한 체계의 특정 생태체계는 초점체계에 대한 독특한 유형이 있다. 즉 환경은 초점이 되는 특정 체계가 누구이며 어떤 상황에 처해 있느냐에 따라 다양하다.

(4) 체계의 내부와 외부는 어떻게 연결되는가?

환경과 체계의 공유 영역, 상호 교류는 사회복지실천에 있어서 사정 및 개입의 주요 표적이다. 어떤 체계의 상호 교류를 분석하는 것은 현재 일어나고 있는 것에 대한 이해를 제공하고, 앞으로의 변화 가능성에 대한 생각을 자극한다. 상호 교류 또한 하나의 체계이기 때문에 상호 교류를 분석하는 데에는 다른 체계를 분석하는 동일한 차원들이 유용하다.

(5) 체계는 어떻게 움직이는가?

생태체계 이론은 인간 체계 발달의 진보적인 특성을 강조한다. 체계는 지속적으로 내적·외적 사건에 반응하여 적응하고 변화한다. 체계의 내·외부에 간의 연결을 살펴보는 것은 이러한 지속적인 적응 및 변화에 대한 단기적인 관점을 제공한다. 장기적인 관점은 다양한 체계를 이해하는 또 다른 차원을 제공한다. 사회복지사는 체계의 진보를 이해하기 위해 초점 체계에 관한 충분한 정보를 수집함으로써 역사적·발달적 상황을 통합시킨다.

출생, 결혼, 사망, 질병 등으로 인하여 예기치 않은 변화도 발생하며, 체계가 새로운 균형을 재확립하기 위해 노력할 때 일시적인 파괴가 일어나기도 한다. 보다 큰 체계의 경우에는 조직의 확대 및 축소이다. 이러한 변화는 체계의 기능을 변화시키고, 능력에 도전한다. 개인에서 사회에 이르는 모든 수준의 체계는 기대된 것과 예상치 못한 사건에 반응하여 그들의 발달 경로를 따라 변화한다.

4. 사회적 지지망 이론

사회적 지지망 이론은 사회적 관계망의 개념으로부터 발전하였다. 사회적 관계망은 사람과 사람의 연계 또는 유대를 점과 선으로 설명하는 개념으로 시작하였으나, 점차적으로 사회적 지지의 상호교환 관계, 즉 점, 선, 면으로 구성된다고 하는 사회적 지지망의 정의가 발전됨에 따라 보다 직접적인 관심을 갖게 되었다(채현탁, 2006: 26-29).

사회적 지지망(social support network) 이론은 지지적 유대 및 상호작용의 분석이 가능하며, 개인적 · 환경적 요인들이 어떻게 사회적 지지망에 영향을 미치는지를 밝혀 준다. 또한 개인이 인지하지 못한, 이용 가능한 잠재적인 지지 차원을 규명해 주고, 개인과 지지망 구성원 간의 교류적 맥락에서의 사회적 지지에 대한 이행 등의 장점을 가진다. 또한 실천에서의 사회적 지지망은 공식적 지지망, 비공식적 지지망의 통합적 개념으로 사용되어 왔다(김규수, 2005).

향후, 재가복지의 영역에서 다차원적적인 서비스의 패키지화 요구, 서비스 공급주체의 다원화와 그에 수반되는 서비스의 보장 그리고 서비스 자원의 효과적 활용 및 경제적 효율성 차원 등을 미루어 볼 때, 사회적 지지망을 활용하여 강화시키는 다양한 방법들이 모색되어야 할 것이다.

1) 사회적 지지망의 개념

사회적 지지망 이론은 가족이나 이웃, 친지, 민간 자원단체 등의 비전문적 서비스가 중요한 사회자원이 됨을 인식하여 그들이 가지고 있는 숨겨진 능력들을 개발하여 지원해 나가는 사회적 관계를 강조하는 것이다. 전문가에 의한 공식적인 서비스만으로는 충분히 기대할 수 없는 부분에 비전문가에 의한 비공식적인 사회적 지지망을 활용해 가면서 지지 체계를 창출해 나가는 것이다. 이러한 비공식적 지지망에는 가족, 친지, 이웃 등과 같은 자연발생적인 지지망과 자조집단, 자원집단과 같은 인위적으로 형성된 지시밍이 있다(장인협 외, 2001).

사회적 지지망에 대한 개념을 정확히 이해하기 위해서는 '사회적 지지'와 '망'에 대한 이해가 우선되어야 할 것이다.

Kahn과 Antonucci(1980)는 사회적 지지는 인간의 상호 교류로서 애정적 지지, 가치 인정 지지, 물질적 지지를 포함한다고 하였으며, Gelein(1980)은 개인의 심리적, 신체적 통합을 유지시켜 주는 데 있어서 중요한 역할을 수행하는 지속적인 유대의 유형으로 정의하였다. 또한 Walker 등(1977)은 지지를 감정이 타인에게 의해 이해되고, 상황적으로 정상이라고 여겨지는 행위라고 하였다. Cobb(1976)는 자신이 보호와 사랑, 예우를 받고 있거나 상호 책임관계에 있음을 믿게 하는 정보라고 하였으며 더불어 물질적 도움은 사회적 지지에 포함되지 않는다고 정의하였다.

따라서 사회적 지지는 사회적인 환경 내에서 타인과의 관계를 통해, 서로에게 정서적 지지, 충고, 정보, 구체적인 원조 등의 다양한 도움을 주고받는 긍정적인 상호작용으로서 개인의 정신건강과 사회적 적응에 직·간접적으로 작용하여 인간이 경험하게 되는 다양한 변화와 스트레스를 극복해 가는 데 도움을 주는 것이라 정의할 수 있다. 또한 사회적 지지를 제공하는 자원들로서는 가족구성원, 직장의 동료, 지역사회를 돕는 전문직의 구성원 등이 있으며, 부모, 배우자, 애인, 형제, 자매, 친척, 친구, 직장 또는 학교의 동료, 이웃, 의료 전문인, 상담자, 종교인 등이 포함된다고 하였다(Cobb, 1976; Norbeck, 1981).

그리고 망, 즉 네트웍은 단어 뜻 그대로 망이 작용하는 관계 또는 조직을 가리킨다. 즉, 상호 간의 연락, 연계를 통한 활동을 도모하는 일로서의 그물코와 같은 조직을 나타내는 용어이다. 각 학자들이 제시한 네트웍에 관한 공통적인 전제는 네트웍의 본질이 목적달성을 위한 능력의 공유와 연대에 의한 협력관계에 의해 획득된다는 점이다. 이는 네트웍의 핵심적인 내용은 상호 보완성과 조화라는 것이다.

이 같이 사회적 지지와 망이라는 두 개념을 내포하고 있는 사회적 지지망의 개념은 사회적 지지를 주고받거나 교환관계에 있는 유대를 포함하는 개념인 사회적 관계망(social network)의 개념과 혼용되고 있으나, 사회적 지지망은 사회적 관계망의 하부 단위로서 개인에게 물리적 지지, 정서적 지지 등의 사회적 지지를 제공해 주는 지지적 유대로 구성되어 있다고 할 수 있다(김윤정, 2000).

따라서 사회적 지지망은 사회적 관계망 내에서 개인과 관계망 구성원 간의 상호 교환되는 인지된 지지적 유대를 내용으로 하는 협력의 상태를 지향하는 관계로서 개인뿐만 아니라 집단과 지역사회의 공식적 · 비공식적 지지자원을 포함하는 실천적인 개념이다. 즉 사회적 지지망은 다차원적인 개념을 포함하는 것으로서 가족, 친척, 이웃, 친구들과의 사회적 접촉을 통해서 지속적인 정서, 정보, 물질 및 서비스 도움을 상호 교환하는 사람들과의 유대관계를 말한다(채강숙, 2008).

2) 사회적 지지의 유형

(1) 기능별 유형

사회적 지지는 기능에 따라 다음과 같이 4가지 유형으로 구분될 수 있다(장인협 외, 2001).

- 정보적 지지 : 존중, 좋아함, 신뢰, 관심의 표현 및 경청 등.
- 정보 지지 : 충고, 제안, 지침, 관련 자료의 제공 등.
- 도구적 지지 : 돈, 시간, 다른 자원의 제공 등과 같은 보다 구체적인 형태의 원조.
- 평가적 지지 : 정보적 지지의 하위 범주로서 피드백, 사회직 비교, 개인의 행동과 그 결과에 대한 자기 평가 등.

(2) 출처별 유형

Golan(1980)은 사회적 지지의 근원을 다음 4가지 유형으로 구분하였다.

- 자연적 원조체계: 가족, 친척, 이웃, 친구 등.
- 상호원조체계: 자조집단, 지지집단 등.
- 전문가 원조체계: 사회복지사, 정신분석가, 임상심리학자 등.
- 다른 전문가 원조체계: 종교인, 교사, 변호사, 의사 등.

3) 사회적 지지망 이론의 개입 과정

사회적 지지망 이론에 의한 개입의 과정은 다음과 같다(장인협 외, 2001).

(1) 사회적 지지망 사정

클라이언트의 기존 자원 혹은 잠재적 자원, 사회적 지지에 대한 욕구와 지지망의 역량, 클라이언트의 행동에 영향력을 갖는 구성원들과의 관계 규명 등 클라이언트의 사회적 관계망에 대한 정보를 체계적으로 수집한다. 세부적인 내용을 살펴보면, 첫째, 제공해 주는 자원과 제공 방법 등에 있어서 클라이언트 지지망의 강점은 무엇인가? 둘째, 지지망에서 충족되지 못하는 욕구 등과 같은 클라이언트 지지망의 약점은 무엇인가? 셋째, 클라이언트가 더 강력한 지지망을 갖지 못하는 장애 요인이 있는가? 등이다(Biegel et al., 1984).

사회적 지지망의 사정에는 생태도(eco-map), 가계도(genogram), 사회적 관계망 지도(social network map), 사회적 관계망 그리드(social network grid) 등을 활용할 수 있다.

(2) 개입의 수준 결정

사회적 지지의 개입은 다면적인 접근의 특성을 지니고 있기 때문에 포괄석이고 일정한 준거틀에 의해 진행해야 하며, 클라이언트의 스트레스 수준, 사회적 관계망의 지지 제공 능력, 이용 가능한 공식적 서비스의 존재

등에 따라 달라진다.

Floland 등(1981)이 제시한 대표적인 개입 전략은 다음과 같다.

첫째, 개인적 관계망 전략으로 클라이언트가 가족, 친지, 이웃, 서비스 제공자 등과 현재 맺고 있는 관계 혹은 잠재되어 있는 관계에 초점을 두고 강화하거나, 소원해진 관계를 활성화시키고, 새로운 관계를 수립해 나가도록 도와주는 것을 말한다.

둘째, 자원봉사자 연계 전략으로 사회적 지지원이 제한되어 있는 클라이언트에게 자원봉사자를 육성하여 연계하는 것을 말한다.

셋째, 상호원조 관계망 전략으로 사회적 고립을 줄이고 자원을 공유할 목적에서 공통의 문제, 관심, 배경을 갖고 있는 개인들의 조직화를 도모하는 방법을 말한다.

넷째, 인근 지역 원조자 전략으로 비공식적으로 기존의 중요한 원조 역할을 수행하는 이웃 주민들을 지지 협력하게 함으로써 지역에서의 서비스 개선을 도모하는 방법을 말한다.

다섯째, 지역 활성화 전략으로 서비스의 개선을 계획하고, 욕구 충족을 위한 기존의 자원을 확인하기 위해 지역사회 내의 비공식적인 여론 지도자들 사이의 연결을 확장시켜 나가는 것을 말한다. 즉 여론 지도자들을 중심으로 특별위원회, 토론회, 공청회 등을 개최하여 지역사회 내 서비스의 개선을 도모해 나가는 것이다.

(3) 개입의 실행

사회적 지지망의 접근을 적절하게 전개해 나가기 위해서는 대변자, 조정자, 조언자, 직접적인 서비스 제공자, 촉진자, 개발자, 연계자, 관리자, 자원제공자, 수퍼바이저 등 다양한 역할을 수행할 필요가 있다(Biegel et al., 1984).

사회적 지지망의 개입과 관련한 전문적인 활동은 다음과 같다(Blythe, 1983).

- **관계망을 활용할 수 있도록 클라이언트를 준비시킨다.**

  사회적 지지망의 활용은 그러한 관계를 유지하고 지향하는 데 있어서 필요한 기술을 충분히 가지고 있는 사람과 그렇지 못한 사람 모두에게 도움이 된다. 따라서 클라이언트의 의사소통 기술을 사정하고 효과적인 의사소통 기술을 교육하는 등 관계망을 활용할 수 있도록 클라이언트를 준비시켜야 한다.

- **공식적 · 비공식적 원조자를 지지 · 교육한다.**

  공식적 · 비공식적 원조자들은 클라이언트를 도와줌으로써 만족감을 얻는 반면, 좌절감과 소진을 경험하기도 한다. 사례관리자는 이들의 만족감, 좌절감과 소진을 모두 이해하고 인식해야 하며, 지지망의 구성원들이 클라이언트의 욕구를 보다 잘 이해하고, 잘 반응할 수 있도록 지지 · 교육하여야 한다.

- **공식적 지지망을 개발한다.**

  클라이언트가 자조 집단, 소비자 집단 혹은 다른 조직화된 집단 등 다양한 집단에 참여하도록 지지 · 격려한다. 이러한 지지체계는 비슷한 유형의 문제를 경험하고 있는 다른 클라이언트의 지지 체계와 상호작용할 수 있는 기회를 제공하고 전문가와의 전문적인 관계와는 다른 차원의 이해, 격려, 지지 등을 경험할 수 있다.

C/H/A/P/T/E/R 4

사례관리의 모델

1. Early와 Poertner의 사례관리 모델
2. Rubin의 사례관리 모델
3. Moore의 사례관리 모델
4. Hall 등의 사례관리 모델
5. Woodside와 McClam의 사례관리 모델
6. Rapp과 Kirsthardt의 사례관리 모델
7. 조휘일 등의 사례관리 모델
8. 황성철의 사례관리 모델

CHAPTER

04 사례관리의 모델

사례관리는 사회복지실천의 다양한 영역에서 중요한 실천방법으로 적용되고 있으며, 공통되는 기본적인 틀은 유지하면서 클라이언트 욕구의 차이, 사례관리자의 이론적 배경의 차이, 사례관리자가 소속된 기관의 유형 및 목적의 차이, 자원의 유형 및 내용의 차이 등에 의해서 조금씩 변형되어 다양한 형태의 모델을 나타내 보이고 있다. 그러나 일반적으로 사례관리의 적용범위는 너무 넓어서 각 영역별로 세분화된 구체적인 유형을 구별하기는 어렵다(Walsh, 2000).

그럼에도 불구하고 사례관리 모델에 대한 학자들의 분류와 견해들이 다양하게 제시되는 가장 중요한 이유는 사례관리의 모델을 이해하는 것이 매우 중요하기 때문이며, 또 다른 이유는 다음과 같다(Woodside & McClam, 2003).

첫째, 서비스 전달이 다양한 방식으로 이루어질 수 있는 유연한 과정임을 알 수 있다.

둘째, 각 모델들의 서로 다른 목적들은 사례관리자의 책임성, 역할 그리고 개입기간에 대한 관점을 제공한다.

셋째, 각 모델들은 특정한 장점과 단점을 가지고 있다. 따라서 이러한 모델들을 아는 것은 어떠한 특정 환경에 어느 모델이 가장 적합한지를 결정하는 데 도움이 된다.

사례관리의 다양한 모델들을 비교해 보면, 모델들은 각각의 장·단점이 있기 때문에 한 가지의 모델이 여러 문제를 해결해 주지는 못한다는 점을 알 수 있다. 따라서 사례관리의 다양한 모델들의 특징들을 파악함으로써 자신이 일하는 영역과 대상, 클라이언트의 욕구와 기관의 요구 등 다양한 변수들을 충족시킬 수 있도록 어떤 특정 내용을 강화하거나 더 많은 노력을 기울이는 것 등으로 사례관리의 기능을 최대화하여야 할 것이다.

본 서에서는 Early와 Poertner(1995)가 분류한 모델, Rubin(1987)이 분류한 모델, Moore(1992)가 분류한 모델, Hall 등(2002)이 분류 · 비교한 모델, Woodside와 McClam(2003)이 분류한 모델, Rapp과 kirsthardt(1996)가 분류한 모델, 조휘일 등(1999)이 분류한 모델, 황성철(1995)이 분류한 모델 등 다양한 모델들을 살펴보았다.

1. Early와 Poertner의 사례관리 모델

Early와 Poertner(1995)가 분류하여 제시한 사례관리 모델을 중심으로 살펴보았다. 이 모델에서는 〈표 10〉과 같이 사례관리자의 역할을 중심으로 하여 치료자 사례관리자, 중개인 사례관리자, 기관 간 팀 사례관리자, 강점관점 사례관리자 등의 4가지 유형으로 제시하고 있다.

〈표 10〉 Early와 Poertner(1995)의 사례관리자의 역할에 따른 사례관리 모델

기능	치료자 사례관리자	중개인 사례관리자	기관 간 팀 사례관리자	강점관점 사례관리자
특징	기존의 치료에 사례관리를 추가	서비스 체계가 잘 조정되어 있지 않으므로 클라이언트가 서비스를 잘 받도록 중개한다.	클라이언트가 다양한 서비스 체계와 관련되어 있을 경우 다양한 분야의 전문가 팀이 조정한다.	클라이언트와 그의 체계가 가지는 강점에 초점을 둔다.

기능	치료자 사례관리자	중개인 사례관리자	기관 간 팀 사례관리자	강점관점 사례관리자
사정	DSM-Ⅲ-R에 의한 사정	기능적 사정에 의해 서비스 욕구를 결정하고 재정 지원을 목적으로 프로그램 자격조건을 사정한다.	각 분야의 전문가들이 사정 후, 팀이 만나 함께 종합적이고 임상적인 사정을 한다.	클라이언트와 가족의 능력과 자원, 즉 강점을 사정한다.
계획	사회복지 기관의 치료 계획	사례관리자가 클라이언트의 욕구에 맞는 서비스를 찾고 이를 중개한다.	서비스에 대한 팀 계획을 주도한다.	클라이언트와 가족이 필요한 자원과 기술을 스스로 습득하도록 한다.
옹호	클라이언트와 가족을 위해 필요할 것으로 보이는 다른 서비스를 얻는 것에 초점을 두고 옹호한다.	서비스 자격 요건의 유동성을 얻기 위해 다른 서비스 제공자에게 초점을 둔다.	모든 서비스 제공자가 동의를 하고 있으므로 옹호노력이 필요 없다.	클라이언트와 가족이 자원을 획득하는 방법을 배울 수 있도록 하고, 기관의 변화를 위한 노력도 한다.
모니터링	클라이언트의 피드백을 통해 진행 정도를 모니터링 한다.	위기상황이 다가오면 계획은 수정된다. 주기적으로 점검하고, 타 기관의 전문가가 모니터링 하기도 한다.	정기적인 팀 모니터링을 한다.	클라이언트와 가족의 지속적인 모니터링
연계	부가적인 서비스 제공을 위해 지역사회 내의 다른 기관에 수동적으로 연계한다.	특정한 서비스에 대한 가족의 인지로부터 재정적 보증 등을 포함한 능동적 의뢰를 한다.	사례관리자 팀의 리더가 연계에 대한 책임을 지기도 하고, 팀원으로 구성된 사례관리자가 각각의 기관 서비스와 연계한다. 가족이 초기 사례관리자의 역할을 수행하기도 한다.	클라이언트와 가족이 자원의 효과적인 소비자가 되도록 하며, 연계에 대한 책임은 사례관리자, 클라이언트, 가족이 지게 된다. 공식적 자원이 없을 경우에는 비공식적 자원을 창출한다.

* Early & Poertner(1995 : 44-45), 정순둘(2005 : 71, 재인용)

1) 치료자 사례관리자 모델

기존의 사회복지 치료모델에 사례관리자의 자원 연결 기능을 강화한 것이다(Lamb, 1980). 따라서 사정은 DSM(미국의 정신장애 진단 및 통계편람, Diagnostic and Statistical Manual of Mental Disorders)에 근거하여 이루어지며,

계획은 직접적인 치료가 우선된다. 모니터링은 클라이언트와의 피드백을 통해서 이루어지며, 다른 기관과의 연계는 수동적으로 이루어진다.

2) 중개인 사례관리자 모델

치료자 모델에서 발전한 것으로 서비스 기관들의 협력체계가 잘 구성되어 있지 않은 상태에서 보다 나은 서비스를 제공하기 위해 서비스에 대한 중개를 적극적으로 진행하는 모델이다. 사정은 DSM에서 더 나아가 프로그램의 자격 요건으로 확장되며, 주기적인 모니터링이 이루어진다.

3) 기관 간 팀 사례관리자 모델

서비스 조정에 합의된 기관들이 적극적으로 협력하여 서비스를 제공하는 모델이다. 사정은 각각의 전문가에 의해 이루어지며, 서비스에 대한 팀 계획이 우선시 된다. 사례관리 팀의 리더가 연계에 대한 책임을 지기도 하지만, 팀원인 사례관리자가 연계를 진행하기도 한다.

4) 강점 관점 사례관리 모델

클라이언트와 그의 체계가 가지는 강점에 초점을 두고, 그들이 더 이상 사례관리자에게 의존하지 않고 스스로 자원을 찾아서 연계할 수 있는 능력을 갖추도록, 즉 사례관리자의 역할을 수행할 수 있도록 해주는 모델이다. 따라서 사정은 클라이언트 체계의 강점 사정까지 포함하게 된다. 강점 관점 사례관리는 클라이언트 중심의 사례관리 모델과 같은 맥락에서 이해된다.

2. Rubin의 사례관리 모델

Rubin(1987)의 분류에 의한 사례관리의 4가지 모델은 다음과 같다(정순둘, 2005).

1) 확장-중개자 모델

확장-중개자 모델(expanded-broker model)은 사례관리자가 클라이언트의 욕구를 사정하고 기존의 서비스들을 연결시키지만, 일반적으로 직접적인 개입 서비스는 제공하지 않기 때문에, 중개의 기능이 강조되는 형태의 모델이다.

2) 개인적 강점 모델

개인적 강점 모델(personal-strengths model)은 클라이언트의 능력을 먼저 파악하고, 클라이언트가 목적을 달성할 수 있도록 그들의 강점을 최대한 발휘할 수 있는 환경들을 만든다. 사례관리사는 직업교육, 사회적 지지, 의료보호, 주거시설 등의 자원들을 클라이언트가 획득하도록 도와준다. 즉, 사례관리자가 클라이언트를 임파워링하여 필요한 자원을 스스로 획득할 수 있도록 하는 데 초점을 맞춘 모델이다.

3) 재활 모델

재활 모델(rehabilitation model)은 사례관리자가 클라이언트의 부족한 점을 파악하여, 그 약점들을 극복할 수 있도록 여러 가지 기술들을 가르친다. 개인적 강점 모델처럼 정신보건체계의 목적이나 요구보다도 소비자인 클라이언트의 목적과 욕구에 초점을 맞춘 모델이다.

4) 완전 지지 모델

완전 지지 모델(full-support model)은 네 가지 모델 중에서 가장 광범위하게 연구되고 있는 모델이다. 사례관리자는 직접적인 서비스 제공도 하고, 클라이언트에게 필요한 다른 서비스들을 연계시켜 주는 중계자 역할도 한다. 즉 임상적이고 직접적인 서비스 이외에도 금전관리, 주거 등 다른 서비스 기간들과의 연계를 통해 다양한 지지적 역할을 수행한다.

3. Moore의 사례관리 모델

Moore(1992)는 지역사회 내의 자원의 보유 정도와 지역사회 내의 서비스 통합 수준에 따라 사례관리의 기능이 달라진다고 보았다. 이 두 가지 차원을 중심으로 사례관리의 기능을 구분했는데, 클라이언트의 복합적인 욕구를 지역사회 내에 분산되어 있는 다양한 자원에 연계하는 것이 사례관리의 주요 특징이므로 자원이 풍부할 때와 그렇지 못할 때, 서비스 전달체계가 통합되어 있을 때와 그렇지 못할 때, 사례관리의 기능은 달라진다.

Moore(1992)는 이러한 사례관리 기능의 변화에 따른 사례관리의 유형을 〈그림 2〉와 같이 마케팅 모델, 분배 모델, 중개 모델, 개발 모델의 4가지 유형으로 분류하였다.

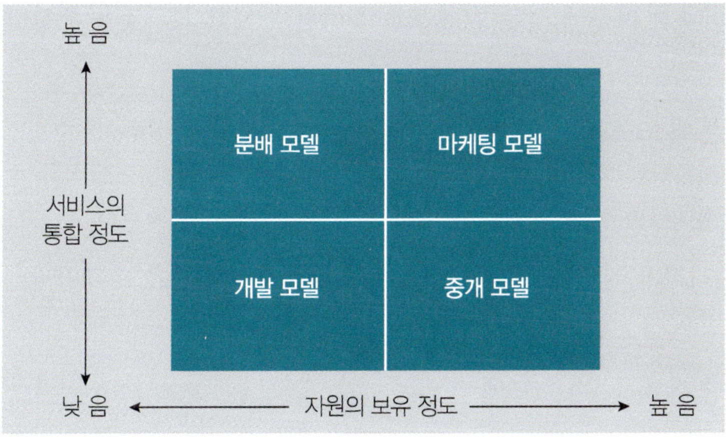

〈그림 2〉 Moore(1992)의 사례관리 기능에 따른 사례관리모델

* Moore(1992 : 419), 장인협 외, (2001 : 36)

사례관리의 기능은 자원의 보유 정도와 서비스의 통합 수준에 따라 달라진다. 이러한 사례관리의 기능에 따른 Moore의 사례관리 모델의 분류는 소속된 기관과 지역사회의 특성에 맞는 적절한 사례관리 모델의 개발을 지향한다는 점과 사례관리라고 하면 이미 자원이 충분하고 서비스의 통합 수준도 높은 지역사회에서만 가능하다는 잘못된 인식에서 벗어나게 한 점 등에서 의의가 있다.

Moore(1992)가 사례관리의 기능을 중심으로 분류하여 제시한 4가지 유형의 사례관리 모델을 살펴보았다.

1) 마케팅(Marketing) 모델

보유한 자원도 충분하고 서비스의 통합 수준도 높은 경우로서, 사례관리자가 클라이언트의 욕구 충족에 적합한 지역사회 내의 자원과 연계하는 역할을 수행한다. Moore가 표현한 마케팅의 개념은 서비스를 판매한다는 뜻이 아니라 욕구에 맞는 서비스를 찾아서 연계한다는 것을 뜻한다.

2) 분배(Rationing) 모델

보유한 자원은 충분하지 않지만 서비스의 통합 수준이 높은 경우로서, 사례관리자가 자원을 가장 효율적으로 분배하는 역할을 수행한다.

3) 중개(Brokering) 모델

보유한 자원은 충분하나 서비스의 통합 수준이 낮은 경우로서, 사례관리자가 다양한 서비스를 클라이언트에게 중개하는 역할을 수행하게 된다.

4) 개발(Developing) 모델

보유한 자원과 서비스의 통합 수준이 모두 낮은 경우로서, 사례관리자는 자원을 개발하고 조정하는 역할을 수행하게 된다. 현실적으로 많은 어려움이 있는 경우로서 주로 빈곤 지역을 대상으로 하는 대부분의 실천 영역에서 직면하고 있는 문제이기도 하다.

4. Hall 등의 사례관리 모델

Hall 등(2002)은 5가지의 사례관리 모델에 대해 12가지의 기준을 적용하여 사례관리의 특성을 비교하였다. 비교의 대상이 되는 5가지의 사례관리 모델은 Ridgely와 Willenbring(1992)가 제시한 사례관리의 2가지 개념적 유형인 Pole A, Pole B, 그리고 PACT(program for assertive community treatment), 관리 보호(Managed Care), ICM(Iowa Case Management) 등을 추가하였다.

또한 비교 기준은 각 사례관리 모델들의 유사점과 차이점을 명확하게 구분하여 이해할 수 있는 객관적인 기준인 Ridgely와 Willenbring(1992)가 제시한 11가지의 기준과 Hall 등(2002)이 제시한 1가지 기준, 즉 서비스의 유형을 더하여 12가지의 기준을 〈표 11〉과 같이 제시하였다.

〈표 11〉 Hall 등(2002)의 5가지 사례관리 모델의 특성

	Pole A	Pole B	PACT	관리 보호	ICM
서비스 기간	무제한	시간 제한적	무제한	필요 시(최소한)	1년까지
접촉빈도	자주/매일	분기별 접촉	자주	필요 시(최소한)	주나 월 단위의 혼합
사례관리자의 사례 양	적음(1 : 10)	많음(1:75)	적음(1:5 ~ 1:15)	매우 많음	중간 (1 : 15 집중/1 : 30 최소)
서비스 초점	넓음(포괄적)	좁음(배타적)	넓음	좁음(단일 학문)	넓음
서비스 유형	모든 종류의 서비스	타인에 의해 제공된 서비스 관리	치료 팀에서 대부분의 서비스 제공	타인에 의해 제공된 서비스 관리와 통제	타인에 의해 제공된 서비스의 기초적 관리
서비스의 이용 가능 시간	24시간	근무시간 내	24시간	24시간	근무시간 내와 저녁시간
사례관리 장소	클라이언트의 실제 환경	사무실에서만	클라이언트의 실제 환경/사무실	전화	혼합(사무실과 지역사회)
클라이언트 관점	소비자 지향적	전문가 지향적	전문가 지향적	재정지원가의 개입에 의한 전문가 지향적	클라이언트 지향적 목표설정, 계획, 달성
옹호/감시자	서비스접근을 얻기 위한 클라이언트를 위한 옹호자	요구된 서비스에 대한 대안을 찾는 시스템 감시자	혼합	감시자	클라이언트를 위한 옹호자

	Pole A	Pole B	PACT	관리 보호	ICM
사례관리자 훈련	최상위의 전문적인 학위	근무지 훈련	전문 학위	전문 학위	사회복지 또는 휴먼서비스 영역의 석사학위
사례관리 권한	넓음, 행정적 통제	권한 없이 설득만 가능	PACT팀 내에서 넓음	재정에 관한 모든 권한	권한 없이 설득만 가능
사례관리 팀 구조	모든 사례관리자가 모든 클라이언트를 공유: 전체 팀 체제	개별적 사례와 초기 사례관리자	다학문 간 치료 팀 체제	개별적 사례	개별적 사례, 팀 수퍼비전

* Hall, et al.(2002), 정순둘(2005: 76), 권진숙 외(2009: 76-77).

1) Pole A 모델

Pole A 모델은 Ridgely와 Willenbring(1992)에 의해 제시된 모델로서, 다른 모델과는 달리 클라이언트 중심적인 사례관리 모델이며, 사례관리자의 사례 양이 1 : 10으로 매우 강도 높게 진행되는 모델이다. 서비스 진행은 팀을 중심으로 수행되며, 모든 사례관리자가 모든 클라이언트의 정보를 공유한다. 또한 클라이언트는 24시간 서비스를 이용하는 것이 가능하며, 클라이언트가 살고 있는 실제 환경에서 서비스가 이루어진다.

2) Pole B 모델

Pole B 모델 또한 Ridgely와 Willenbring(1992)에 의해 제시된 모델로서, 전문가 지향적인 사례관리 모델이며, 사례관리자의 사례 양이 1 : 75로 다른 모델에 비해 관리해야 할 클라이언트의 수가 상당히 많은 편이다. 개별적인 사례관리에 의해서 서비스 수행되며, 클라이언트는 사례관리자의 근무시간에만 서비스를 이용하는 것이 가능하다. 또한 사례관리자가 근무하는 사무실에서 서비스가 제공된다.

3) PACT 모델

PACT 모델은 만성적인 정신장애를 가지고 있는 클라이언트를 위한 사례관리 모델로 수준 높은 의료서비스를 제공한다. 이 모델은 집중 사례관리 모델로서 다학문(interdisciplinary)간 전문 치료 팀이 사례관리의 각 측면에서 서비스를 제공한다. 서비스의 집중적인 제공에 초점을 둔다는 점에서는 Pole A 모델과 비슷하다.

그러나 다학문적 전문가 팀 접근 지향적이며, 사례관리자의 사례 양도 1 : 5에서 1 : 15 정도로 매우 집중적으로 이루어지는 사례관리 모델이다. 24시간 서비스 제공이 가능하며, 클라이언트가 살고 있는 실제 환경과 사례관리자가 근무하는 사무실에서 서비스가 제공된다는 점, 단기간의 서비스 제공이 아닌 평생관리 차원의 개념이라는 점 등에서 다른 모델들과 차이가 있다. 또한 신체적 치료, 입원 및 위기개입, 일상생활훈련 및 사회기술훈련, 가족치료, 경제적 지원 등 정신과적인 치료외의 서비스가 포함된다.

이 모델에서 사례관리자는 임상치료자의 역할, 자원관리자의 역할, 비용효과 분석가의 역할 등을 수행하게 된다.

4) 관리 보호(Managed Care) 모델

관리 보호 모델은 PACT 모델과 비교해 볼 때 비용의 절감이 강조되는 또 다른 특성이 있다. 이러한 면에서는 Pole B 보델과 유시히다고 볼 수 있다. 관리 보호 모델에서도 개별적인 서비스가 강조되지만, 재정에 관한 모든 권한이 사례관리에 주어진다는 점이 다른 모델과는 다른 점이다. 서비스 제공 시간은 24시간 가능하지만, 사례관리자의 사례 양이 매우 많은 편이며 주로 전화를 이용한다.

이 모델은 불필요하거나 고가의 서비스를 줄이기 위해 개발된 모델로서, 클라이언트를 사회적 서비스와 연결하는 데에 초점을 두고 비용 효과가 큰 서비스 확보를 목적으로 하는 사례관리의 개념과는 구별되는 모델이다. 그러나 최근 의료 영역에서 요구되는 사례관리의 기능은 기존의 병원에서 제공되던 서비스에 지역사회에서 제공되는 서비스 그리고 비용 효과 측면까지 고려한 통합적 모델이며, 이에 부합하는 관리 보호 모델은 의료 영역에서 가장 보편적으로 적용되고 있다(권진숙 외, 2009).

이 모델에서 사례관리자는 첫째, 사정 및 보호 계획을 수립하고, 서비스를 제공하며, 모니터링하는 역할을 수행하게 된다.

5) ICM 모델

ICM 모델은 다른 모델들과 비교했을 때, 가장 중간적인 성격을 가지고 있는 모델이다. PACT 모델과 비교하면, 집중적인 관리라는 측면에서는 제한적이며, 비용의 절약을 강조하는 측면에서는 관리 보호 모델보다 부족하다. 이 모델은 클라이언트에게 직접적인 상담 서비스를 제공하며, 지역사회에서는 클라이언트가 필요로 하는 서비스를 제공하기 위해 다른 기관에 클라이언트를 의뢰한다. 따라서 지역사회 기관들과 접촉한다는 목표를 가지고 있으면서 클라이언트 지향적인 성격을 가지고 있다고 할 수 있다.

5. Woodside와 McClam의 사례관리 모델

Woodside와 McClam(2003)은 사례관리 모델을 〈표 12〉와 같이 사례관리자의 역할에 기반을 둔 모델, 조직에 기반을 둔 모델, 책임성에 기반을 둔 모델 등 3가지 유형으로 분류하여 제시하였다.

〈표 12〉 Woodside와 McClam(2003)의 사례관리자의 역할에 따른 사례관리 모델

	역할 기반 사례관리	조직 기반 사례관리	책임성 기반 사례관리
목적	• 클라이언트의 욕구를 충족시키기 위한 다양한 서비스의 연결 • 치료적 케어 제공 • 서비스의 효과성과 질 평가	• 단일 장소에서 복합적 욕구 충족을 위한 서비스 제공	• 사례관리자의 단/장기 참여 • 서비스의 조정 • 자원봉사자의 도움 • 클라이언트의 임파워먼트 강조
책임성	• 사례관리의 전 과정	• 서비스 조정에서 서비스 제공을 위한 전문가 팀 운영까지 책임	• 조정, 서비스 평가 등과 문제 규명, 계획, 수행 등에 따라 다양
주요역할	• 중개자, 협력자, 조정자, 상담자, 평가자, 촉진자, 계획자, 문제 해결자 등	• 옹호자, 중개자, 협력자, 조정자, 평가자, 촉진자, 계획가, 문제해결자, 체계 수정자	• 중개자, 협력자, 조정자, 평가자, 촉진자, 계획가, 문제해결자, 기록보관자, 체계수정자
개입기간	• 단기/장기	• 단기/장기	• 단기 : 위기개입 • 장기 : 신체적, 정신적 질병, 장애 또는 노화문제
장점	• 서비스 제공자와 조정자로서 사례관리자의 다양한 역할: 클라이언트와의 강력한 관계 형성	• 서비스는 입원, 외래환자 또는 주거중심으로 제공 • 총체적 방법으로 다방면의 사정이 이루어짐 • 계획이 개별화되어 평가하기 쉬움 • 사례관리자들은 공동의 목적과 계획을 가지고 팀으로 기능	• 사례관리자, 가족, 이웃, 자원봉사자, 클라이언트 등 다양한 개인이나 집단에 의해 수행 • 서비스 접근이 어려운 클라이언트에게 용이 • 비용 효과적 • 지역의 독립적인 참여
단점	• 사례관리자의 과중한 사례량과 기관의 서비스 제공 제한에 따른 불충분한 서비스 제공	• 필요로 하는 서비스가 없을 때, 서비스 제공에 한계 • 서비스 통합은 분명한 조직 구조와 위계질서에 의존 • 비공식적 지지체계의 접근이 가장 어려운 모델	• 사례관리자의 클라이언트에 대한 이해 부족 • 필요한 지식과 기술 부족 • 비효과적 서비스 평가
세부모델	• 일반적 실천가 모델 • 중개자 모델 • 일반적 치료자 모델 • 비용절감 모델	• 포괄적 서비스센터 모델 • 다학문간, 팀 모델 • 심리사회적 재활센터 모델	• 가족 모델 • 지지적 보호 모델 • 자원봉사자 모델 • 사례관리자로서의 클라이언트 모델

* Woodside와 McClam(2003), 정순둘(2005), 양정남 외(2009).

1) 사례관리자의 역할에 기반을 둔 사례관리 모델

사례관리자의 역할에 기반을 둔 사례관리 모델은 사례관리자에게 요구되는 수행 역할에 초점을 두고 구성된 모델이다. 경우에 따라서 사례관리자가 자원에 대한 중개를 하는 중개자의 역할, 직접적인 치료를 제공하는 치료자의 역할을 수행하면서 동시에 서비스에 대한 중개와 조정의 역할, 비용의 효과성과 효율성에 초점을 두고 사례관리 서비스를 제공하는 역할, 일반적 실천가로서의 역할 등을 수행하는 사례관리자도 있다.

또한 사례관리자의 책임은 사례관리의 전 과정에 걸쳐 있으며, 서비스가 제공되는 기간은 클라이언트의 욕구와 서비스의 제한 정도에 따라 혹은 클라이언트가 장기간의 보호를 필요로 하는지 단기간의 보호를 필요로 하는지 등에 따라 달라진다.

이 모델의 장점은 사례관리자가 서비스의 제공자이면서 동시에 조정자로서 클라이언트와 가깝게 접근할 수 있다는 것이다. 반면, 단점으로서는 사례관리자가 너무 많은 사례를 담당하기 때문에 어려움이 생길 수 있으며, 기관에 따라 서비스에 대한 제한이 있을 수 있어 클라이언트의 욕구 충족에 장애가 될 수 있다는 점이다.

(1) 일반적 실천가 모델

일반적 실천가 모델(generalist model)에서, 사례관리자는 개별 클라이언트나 클라이언트 집단의 서비스 조정에 전문적인 책임을 지는 클라이언트에게 제공되는 모든 서비스의 유일한 접촉 창구의 역할을 한다. 한 명의 사례관리자가 클라이언트 개개인의 치료계획과 서비스 문제에 관여하므로 책임성 있는 대처가 가능하고, 다양한 기능을 수행함과 동시에 자율성이 보장되는 장점이 있다.

(2) 중개자 모델

중개자 모델(broker model)은 사례관리 모델 중에서 가장 단순한 모형으로 유용한 자원을 전달할 수 있는 체계가 갖추어지지 않은 환경에서 유용하게 활용된다. 사례관리자는 서비스를 직접 제공하기보다는 다양한 서비스를 클라이언트에게 중개하는 역할을 하므로, 사례관리자가 반드시 서비스 제공자인 것은 아니다. 중개자로서 사례관리자는 클라이언트의 욕구에 민감해야 하고, 서비스 제공자와 클라이언트 간의 연계를 위해 전문적인 훈련이 요구된다.

(3) 일차적 치료자 모델

일차적 치료자 모델(primary therapist model)에서는 사례관리자와 클라이언트의 관계가 주로 치료적이며, 클라이언트는 사례관리 과정에서 한 사람의 사례관리자와 관계를 맺기 때문에 클라이언트가 원조 과정에서 편리함과 편안함을 느낄 수 있는 장점이 있다. 반면에, 많은 치료자들이 사례관리를 치료의 부수적인 업무로 여긴다는 문제점도 있다. 따라서 일차적 치료자 모델의 사례관리자들은 유능해야 하고, 사례관리를 우선시해야 할 의무로 인식해야 한다.

(4) 비용절감 혹은 비용효과 모델

비용절감 모델은 사례관리자가 클라이언트에게 제공되는 서비스의 비용을 효과적으로 사용하려는 노력을 해야 한다. 그 이유는 사례관리는 클라이언트가 서비스 체계 내에서 서비스, 치료, 보호 등을 받을 수 있는 과정이며, 동시에 자원이 효율적 · 비용 효과적으로 클라이언트에게 제공될 수 있도록 하는 과정이기 때문이다.

2) 조직에 기반을 둔 사례관리 모델

조직에 기반을 둔 사례관리 모델은 클라이언트의 욕구에 대한 기관의 서비스가 종합적으로 이루어지는지, 다학문적으로 이루어지는지, 심리사회적 재활에 초점을 두고 있는지 등에 따라 구분된다. 서비스 제공 기관은 사례에 따라 달라지지만 사례의 문제가 매우 복잡할 경우 여러 학문 분야의 전문가가 필요하다.

이 모델의 장점은 사례관리 기관의 서비스가 기관이나 시설에 입소 중인(inpatient) 클라이언트, 기관이나 시설의 외부에서 외래로 서비스를 이용하는(outpatient) 클라이언트, 주거시설을 이용하고 있는(residential basis) 클라이언트 등으로 구분하여 제공되지만, 기본적으로 한 장소에서 제공된다는 점이다. 또한 클라이언트에 대한 사정은 다방면에서 이루어지며 총체적으로 이루어진다. 그러나 서비스 계획은 개별적으로 진행되어 모니터링이 쉽게 이루어질 수 있으며, 사례관리 팀의 구성원들은 하나의 팀으로 활동하게 된다.

반면에 단점은 사례관리 기관에 없는 자원을 클라이언트가 요구할 때 서비스 제공에 문제가 발생할 수 있다는 점과 서비스 통합은 조직 구조와 권한에 따라 이루어지기 때문에 클라이언트의 가족 등 비공식적인 체계가 가장 접근하기 어렵다는 점 등이다.

(1) 포괄적 서비스센터 모델

포괄적 서비스센터 모델(comprehensive service center model)은 만성 정신장애인, 발달장애인, 시설 또는 자립생활센터 거주자 등에게 사회 · 정서적 지지, 직업훈련, 기숙사 시설 등을 포함한 포괄적인 서비스를 제공한다. 그리고 만성 정신장애인이나 약물남용자 등에게는 타 기관으로부터 재활프로그램과 같은 서비스를 제공받도록 한다.

포괄적 서비스센터 모델에서 사례관리가 서비스센터 내에서만 서비스가 제공되는 한계가 있지만, 클라이언트가 독립생활기술과 방법을 습득할 수 있도록 하는 장점이 있다.

(2) 다학문간 팀 모델

다학문간 팀 모델(interdisciplinary team model)은 사례관리 과정에서 전문적인 서비스를 제공하는 전문가들로 구성되어 있다. 특정 분야의 전문가인 사례관리자 개인은 특정한 사례관리 기능을 수행하면서 동시에 공동으로 사례관리의 전 과정에 책임을 지는 독립적이면서 협력적인 관계를 유지한다.

(3) 심리사회적 재활센터 모델

심리사회적 재활센터 모델(psychosocial rehabilitation center model)은 특히 클라이언트의 목적과 욕구에 초점을 두며, 클라이언트의 약점을 파악하여 이를 극복할 수 있도록 여러 가지 기술을 가르친다.

3) 책임성에 기반을 둔 사례관리 모델

책임성에 기반을 둔 사례관리 모델은 사례관리자의 역할을 수행하는 사람에 따라서 구분된다. 즉 가족의 구성원 중 한 사람, 지지적 보호를 제공하는 네트워, 또는 자원봉사자, 또는 클라이언트 스스로가 사례관리자의 역할을 수행하는지에 따라 구분된다.

이 모델의 특성은 보호의 제공이 휴먼서비스 전문가에서 비전문가로 옮겨졌다는 데 있다. 지속적인 보호를 필요로 하는 클라이언트의 특성으로 볼 때, 전문적인 사례관리자의 보호 서비스가 끝난 후에도 보호는 필요하며 이때 클라이언트의 가족 등 비공식적 지지체계의 지속적인 도움이 필요해진다. 따라서 이들 비전문가를 대상으로 사례관리 서비스를 지속적으로 제공할 수 있도록 훈련을 실시할 수 있다. 물론 전문적인 사례관리자는 비상시나 위기 상황의 발생 시, 또는 스트레스 상황이 발생할 때 언제는지 도움을 제공하는 것이 가능하다.

이 모델의 목적은 주로 사례관리자의 단기적 · 장기적 관여의 필요성에 초점을 두면서 서비스의 조정, 자원봉사자의 도움 그리고 클라이언트에 대한 강점을 강조한다. 따라서 서비스 제공 기관도 비상사태의 발생 여부, 장 · 단기 서비스의 필요성, 신체적 · 정신적 질병, 장애 그리고 노인성 문제 등에 따라 달라진다.

이 모델의 장점은 비용을 절감할 수 있다는 데 있으며, 지역사회가 관련되어 있으면서도 독립성을 강조한다는 데 있다. 반면에 단점으로는 사례관리자가 클라이언트에 대한 지식과 기술을 중점적으로 가지고 있지 못하며, 모니터링도 효과적으로 할 수 없다는 것이다. 또한 비공식적 지지체계가 사례관리자가 된다는 것은 서비스 제공자가 공식적 서비스 전달체계에 있지 않기 때문에 서비스의 조정과 승인에 문제가 있음을 시사한다.

(1) 가족 모델

가족 모델(family model)은 발달장애, 신체적 무능력, 만성 정신장애 등을 가진 클라이언트에게 가족이 가장 신속하고 적절한 서비스를 제공할 수 있으며 보호의 연속성을 가질 수 있다는 점에 초점을 둔다. 따라서 클라이언트의 부모, 성인자녀, 배우자에게 적절히 보호할 수 있도록 교육하여 보호의 연속성을 유지하도록 해야 한다.

이 모델에서 사례관리자는 가족이 제공하지 못하는 서비스를 보충하는 역할을 수행하며, 특히 클라이언트, 가족, 그리고 사례관리자의 협력이 중요하다.

(2) 지지적 보호 모델

지지적 보호 모델(supportive care model)은 정신건강 영역에서 만성 정신장애인에 대한 심리적 지지를 제공하는 지역사회 역할의 중요성에 초점을 두고 있다. 지역사회 주민은 직접적인 정신보건 서비스를 제공할 수 있으며, 클라이언트와 그들에게 제공되는 지역사회 지지를 효과적이고 경제적인 방법으로 연결할 수 있다.

(3) 자원봉사자 모델

자원봉사자 모델(volunteer model)은 지역사회 자원봉사자가 일정 기간의 훈련을 거쳐 사례관리 전문가의 도움을 받으면서 만성 정신장애인, 신체장애인, 허약한 노인, 발달장애 아동 등의 사례관리자로 활동하는 것으로 사례관리자와 자원봉사자의 공동 협력이 중요하다.

(4) 사례관리자인 클라이언트 모델

사례관리자인 클라이언트 모델(clients as case manager model)은 클라이언트로서 서비스를 받은 경험이 있는 사람들 중에서 선별하여, 철저한 훈련과 지도감독을 통해서 사례관리팀의 구성원으로서의 역할을 수행하게 하는 것이다. 이 모델의 대표적인 예는 약물남용자들과 함께하는 프로그램에서 회복 상태에 있는 클라이언트가 현재 약물남용자들의 매개체 역할을 하여 클라이언트들을 직접적으로 직면시키는 역할을 하게 하는 것이다.

6. Rapp과 Kirsthardt의 사례관리 모델

Rapp과 Kirsthardt(1996)는 실천의 장(setting)에 따라 다음과 같이 5가지의 모델로 사례관리를 분류하고 있다(권진숙 외, 2009).

1) 지역사회 프로그램 혹은 전적인 지지 모델

지역사회 프로그램(program of assertive community treatment: PACT) 혹은 전적인 지지 모델(full support model)은 문제 중심의 접근이다. 사례관리자는 무엇보다도 클라이언트의 문제해결 과정에서 장애가 될 수 있는 한계에 주의를 기울여야 하고, 개입은 예방과 증상 회복, 도움이 필요한 결함을 보완하고, 지지의 제공과 대처기술의 교육 등 지역사회 주민들에게도 서비스를 제공해야 한다. 사례관리자는 다른 구성원에 의해 제공된 서비스의 중심에 서 있어야 하며, 서비스 제공에 있어서도 창의적이어야 한다.

2) 재활 모델

재활 모델(rehabilitation model)은 치료적인 개입보다 예방을 위한 기술훈련에 더 많은 초점을 둔다. 사례관리자는 직접 서비스를 제공하기보다 다른 기관의 서비스를 의뢰하기도 한다. 재활 모델의 초점은 최소한 전문적인 원조의 제공으로 클라이언트가 사회적 환경 속에서 성공적이고 만족스럽게 살 수 있도록 돕는 것이다. 사례관리자는 원조 전문가의 역할을 강조하지 않음으로써 정상화의 분위기 조성에 기여한다.

3) 강점 모델

강점 모델(strength model)은 일반적으로 전문적인 서비스 체계 내에서가 아닌 외부의 자원에 접근함으로써 독립적인 삶을 살 수 있는 클라이언트의 강점을 확인하고 훈련하는 것에 초점을 맞춘다. 강점 모델은 사례관리자가 아닌 클라이언트가 직접 계획을 수립한다는 점이 재활 모델과는 다른 점이다. 사례관리자는 클라이언트가 자신의 목표를 달성할 수 있는 개별적 · 환경적 상황을 만든다. 따라서 이 모델은 비공식적인 자원을 개발하는 데 있어서 사례관리자의 창의성이 요구된다.

4) 중개자 / 일반적 실천가 모델

중개자/일반적 실천가 모델(expanded broker/generalist model)은 클라이언트의 입원을 예방하기 위해 공식적 · 비공식적 보호체계와의 연계에 의존한다. 이 모델은 사례관리자에게 상대적으로 매우 높은 수준의 전문성이나 많은 사례 양을 요구하지는 않는다. 사례관리자는 클라이언트에게 직접적으로 서비스를 제공하지 않으며, 그들과 가까운 관계를 맺지 않을 수도 있다.

5) 임상사례관리 모델

임상사례관리 모델(clinical case management)은 클라이언트의 개인적인 성장을 위해서 필수적인 조건으로 클라이언트와 사례관리자 간의 관계를 강조하는 모델이다. 또한 이 모델은 자원개발과의 연계뿐만 아니라 대안적인 치료기법에 초점을 둔다.

7. 조휘일 등의 사례관리 모델

조휘일 등(1999)은 사례관리 서비스가 기관이나 가족으로부터 제공될 수 있을 것이란 가정 하에 중개 모델, 판매 모델, 통합된 중개판매 모델을 제시하고, 지역사회 내에 클라이언트에게 필요한 서비스가 존재하지 않는 상황을 가정하여 자원개발 모델, 조직의 변화 모델을 다음과 같이 제시하였다.

1) 중개 모델

중개 모델(the broker case management system)은 사례관리 모델 중에서 가장 단순한 것으로, 사례관리자는 클라이언트의 욕구 충족을 달성하기 위해서 필요한 여러 가지 서비스를 통합 · 조정하는 역할을 하지만, 필요한 서비스를 중개만 하고 직접 서비스를 제공하지는 않는다. 또한 클라이언트 또는 보호자와의 계약에 의해 클라이언트의 상황이 여러 차례에 걸쳐 평가가 진행된다.

이 모델의 대표적 예는 미국의 경우 민간 사례기관이다. 미국의 민간 사례관리기관은 이용료를 받고 사례관리를 하는 기관을 말한다. 민간 사례관리기관은 정부기관에서 제공하는 서비스 외의 다른 서비스를 찾는 클라이언트들이나 정부자금으로 운영되는 프로그램의 혜택을 받을 자격이 없는 클라이언트들을 위해서 주로 행해진다.

사례관리자는 클라이언트가 이용할 수 있는 공식적 서비스를 파악하여 정리 · 조정해 주며, 가족은 서비스에 대한 정보를 수집하고 서비스에 접근하는 방법을 배움으로써 이익을 얻게 된다.

2) 판매 모델

판매 모델(vender case management system)은 사례관리기관 또는 사례관리자가 클라이언트에게 직접 서비스를 제공한다. 또한 판매계약을 한 뒤 필요로 하는 서비스를 사례관리기관이나 특수한 서비스를 제공하는 다른 기관에서 구매하여 일정한 계약을 통하여 클라이언트에게 제공한다.

사례관리자들은 주로 자신이 확보하고 있는 서비스를 제공하고 일정한도 비용 내에서 타기관의 서비스를 추가적으로 구입할 수 있다. 이 모델은 미국의 민간회사와 보험회사의 사례관리자들이 많이 사용하고 있다.

3) 통합된 중개판매 모델

통합된 중개판매 모델(the integrated broker-vender model)에서 사례관리 기관은 제한된 서비스만 제공하고, 나머지는 외부 기관과 협력해서 조정하며 주로 위기개입에 중점을 둔다. 이 모델의 대표적인 예는 병원을 기반으로 하는 사례관리이다.

미국에서는 병원들이 이 모델의 사례관리 체계를 개발해 왔는데, 환자가 병원에 계속 입원해 있을 경우 비용이 많이 들기 때문에 병원에서는 환자에게 급성치료만을 제공하고 퇴원시킨 뒤 가정과 지역사회에서 계속 사례관리를 받게 하는 것이다. 물리치료나 기타 병원에서 제공하는 서비스는 계속 제공되지만 의료보험으로 충당되지 않는 추가적 서비스들, 즉 가사도우미 파견 서비스나 지역사회 서비스 등을 병원의 사례관리자가 지역사회 기관들과 협력하여 그들의 서비스를 조정하여 제공한다. 병원 외부의 서비스는 병원 사례관리자가 단지 중개하여 주는 것이므로 병원에서 비용을 직접 관리하지 않는다. 이 모델을 적용할 경우 환자들의 장기적 보호를 하는 데 필요한 '포괄적 서비스'를 병원에 잘 조정하여 제공하여야만 한다.

4) 자원개발 모델

자원개발 모델(resource development model)은 클라이언트에게 제공해야 할 서비스가 지역사회 내에서 결핍되어 필요한 서비스를 제공할 수 없는 상황에서 사례관리자가 지역사회의 자원을 개발하고 조정하는 것이나. 사례관리자는 서비스 전달을 위해 필요한 자원을 파악하고, 그 자원을 확보하는 데 있어 도움이 될 요소와 장애가 될 요소를 구분하여 재원 확보를 위한 계획을 세워야 한다.

그리고 매우 유용한 비공식적 서비스 전달 체계에 대해서는 특별한 관심을 가지고 세밀한 분석을 할 필요가 있다. 이 모델의 한 예로써 의료전달 체계가 미비한 농어촌지역에서 장기보호 서비스를 개발·제공하려고 하는 보건서비스 기관을 들 수 있다. 이 경우 필요한 서비스가 존재하지 않는 이유로 문화적 신념, 정치적 영향력의 부족 등 조건들에 대한 이해를 할 필요가 있다.

5)조직의 변화 모델

조직의 변화 모델(organizational change model)은 자원개발 모델과 유사하다. 사례관리자는 현재는 장기보호 서비스가 가능하지 않지만, 현존하는 기관이 제공하고 있는 서비스들을 약간 변화시키거나 보완하여 장기적 서비스로 전환할 수 있다고 가정한다.

사례관리자는, 첫째, 장기적인 보호 서비스를 제공하는 데 필요한 서비스들이 무엇인가를 조사한 후, 이를 기반으로 현존 기관을 어떻게 변화시킬지 목표를 정하고, 둘째, 현존 기관의 내부 강점과 약점을 파악하고, 셋째, 서비스 전달조직이 변화되어야 하는 이유와 목적을 설정하고, 넷째, 현존 기관을 변화시킴으로써 얻게 된 이득을 나타낼 만한 자료를 확보하며, 다섯째, 의도된 변화를 수행하기 위한 전략을 세운다. 이 모델은 사례관리자가 새로운 서비스의 비용을 만회할 수 있다고 보장할 때 특히 효과적이다.

8. 황성철의 사례관리 모델

황성철(1995)은 외국의 사례관리 모델을 기능, 목적, 역할, 사례관리자의 전문성, 적절한 사례 양, 통제 정도 등에 따라 분석, 종합하여 한국의 실정에 맞는 사례관리의 모델을 〈표 13〉과 같이 제시하였다.

〈표 13〉 황성철(1995)의 한국형 사례관리 모델

구 분	단순형	기본형	종합형	전문관리형
사례관리의 근본 목적	지역사회 자원과 서비스 연계	지역사회 자원과 서비스 연계 및 기초상담, 조언	지역사회 자원과 서비스 연계 및 심층상담, 치료	직접적 · 간접적 서비스 제공과 관리자로서 서비스 관리
사례관리의 기능	욕구 인식 및 사정, 사례 계획과 서비스 연계, 서비스 점검	적극적 사례 발굴, 사정, 계획, 개입, 서비스 연계, 상담, 서비스 점검	Rothman의 15가지 기능 수행	기본적인 사례관리 기능과 자원의 분배, 통제, 의사결정 기능 포함.
사례관리자의 역할	자원과 서비스 중개자	중개자, 상담자, 교육자, 지지자, 서비스 점검자	자원과 서비스 중개자, 상담/치료자, 교육자, 클라이언트 옹호자	연계자, 상담자, 치료자, 교육자 관리자
사례관리자의 교육 및 전문성 정도	비전문가, 준전문가(전문대 졸업자 / 훈련된 자원봉사자)	준전문가, 전문가(전문대 졸업자/ 신임사회복지사)	전문가 (경력이 풍부한 선임사회복지사)	특별 분야별 전문가
조직 내 사례관리자의 위치와 수퍼비전	기존의 조직과 업무수행 부서에서 수행, 전문가에 의한 엄격한 수퍼비전	기존의 조직 내에서 수행, 경험이 많은 사회복지사의 수퍼비전이 필요	독립된 사례관리 부서, 최소한의 수퍼비진	독립된 팀 형성, 수퍼비전이 필요없음
사례관리자의 사례 양	비교적 많음	적절함 (30 case 내외)	비교적 적음 (10~20 case)	최소한의 csae (10 case 미만)
개별/팀 접근	팀 접근도 가능하나 주로 개별적 접근	개별적 접근	개별적 접근	팀 접근
사례관리자의 업무에 관한 자율성 및 권위의 정도	자율적인 결정권이 없음, 전문가와 협의 요망	어느 정도 자율성이 보장됨	자율적인 의사결정이 보장됨.	전문 분야별 자율성이 보장되나 공동 결정 요망

1) 단순형

단순형 사례관리 모델은 사례관리의 근본적인 목적을 클라이언트와 지역사회의 자원 및 서비스와 연계시키는데 초점을 두고, 사례관리자는 주로 중개자의 역할을 수행한다.

이때 사례관리자는 최소한 클라이언트의 욕구 인식 및 사정, 사례관리 계획 및 서비스 연계 그리고 전달한 서비스의 효과성을 점검하는 세 가지 기능을 수행한다. 이러한 가장 기초적인 업무는 준전문가나 비전문가에 의해서도 수행될 수 있다. 그러므로 기관에서 단순형 사례관리를 적용시킬 경우 조직 구조의 측면에서 별도의 독립부서를 설치할 필요는 없으나 전문가에 의한 엄격한 수퍼비전은 반드시 필요하다. 현재 사례관리자가 담당하는 사례 양은 5case에서 300case까지로 다양하이지만 보편적으로 100case 미만을 담당하는 것이 관례이다. 단순형을 따르는 사례관리자의 담당 사례 양은 다른 모델의 경우보다 많아도 비교적 무방할 것이다.

주로 준전문가와 비전문가에 의해 수행되어질 수 있는 단순형에서는 전문가 집단과 팀을 형성하여 타 분야의 전문가와 공동으로 사례관리를 하는 것도 효과적일 수 있다. 그러나 비용 효율적인 서비스를 강조하는 차원에서 이 모델이 도입된다면 팀 접근보다는 개별적 접근이 일반적인 서비스 전달 형태로 자리잡을 수 있다.

주로 준전문가와 비전문가인 사례관리자는 스스로 어떤 형태의 서비스를 어떻게 전달할 것인가에 관한 독자적인 판단능력과 소양이 부족할 수 있으므로 사례관리자의 권위에 자율성이 부여되어 있지 않다고 보는 것이 타당하고 전문가의 엄격한 수퍼비전도 반드시 필요하다.

2) 기본형

기본적으로 사례관리자는 공식적 · 비공식적인 지역사회 기관과의 원조

관계의 형성으로 클라이언트와 서비스의 연계 기능을 수행하고 아울러 개별화된 조언 및 상담 등의 직접적인 서비스를 제공한다. 이러한 관점에서 기본형 사례관리 모델의 근본적인 목적은 클라이언트와 서비스의 연계와 클라이언트의 동기부여 및 자조능력의 배양을 포함한 상담서비스를 제공하는 것이다.

기본형에서 강조되는 것은 사례관리자가 단순히 서비스의 중개자에만 만족할 수 없고 클라이언트의 일차적인 상담가가 되어야 한다는 점이다. 그러나 기본형에서는 때로는 준전문가가 사례관리자로 선임될 수 있고 전문가라도 충분한 훈련과 경험을 갖지 않은 사례관리자가 그 업무를 담당하는 경우가 있으므로 문제 행동을 분석하고 치료하는 심층적인 상담을 전개하는 데에는 어려움이 많다.

기본형은 사례관리의 핵심적인 기능을 포함하므로 적극적인 클라이언트 발굴, 개별사회사업에 필요한 사정 및 사례관리 계획, 서비스 제공, 서비스 점검의 기능과 클라이언트의 기술 습득을 위한 정보의 제공 및 교육의 기능도 수행하게 된다.

따라서 사례관리자는 중재자, 교육자, 지지자 그리고 클라이언트에 제공된 서비스를 점검하는 역할을 수행한다. 이러한 사례관리자는 주로 준전문가나 전문가에 의해 수행되지만 경험이 많은 사례관리자의 수퍼비전을 받는 것이 바람직하다. 그러나 제공되는 서비스의 유형과 전달방식에 관한 결정권은 어느 정도 보장되어 있어, 사례관리자의 자율성은 어느 정도 확보되었다고 본다.

사례관리는 기본적으로 한 사람의 사례관리자가 중요한 클라이언트를 대상으로 종합적으로 서비스를 관리하는 체계이므로 기본형에서는 팀 접근보다는 개별적 접근이 선호된다. 기본형의 사례관리자는 30case 정도가 적당하다. 특히 기본형 모델의 사례관리자는 기관 내에서의 상담 및 조언뿐 아니라 가정 및 현장 방문서비스를 제공할 수 있어야 한다.

3) 종합형

종합형 사례관리 모델의 근본적인 목적은 클라이언트와 서비스의 연계를 도모하기도 하지만 클라이언트의 문제 상황과 행동을 치료하는 데에 강조점을 둔다. 따라서 사례관리자는 Rothman 15가지 다양한 기능(Rothman & Sager, 1998)과 역할을 수행할 수 있다. 이러한 서비스는 전문가에 의해 수행되는 것이 보편적이고 바람직하며 기존의 전통적인 서비스 전달체계와는 별도의 독립된 부서를 공식화하여 사업을 전개하는 것이 전문가의 책임과 권위가 인정되고 개별적 접근을 가능하게 할 것이다. 담당사례의 수가 많으면 많을수록 행정적인 업무에 보다 많은 시간을 보내기 때문에 전문적 서비스를 위해서라면 담당사례의 수를 10~20case 내외로 한정하는 것이 바람직하다.

사례관리의 효과성에 관해서 기존의 연구결과를 종합해 보면 사례관리 접근이 전통적인 사회복지실천 방법론의 접근보다 클라이언트의 삶의 질 향상, 스트레스와 고독감 감소, 재입원율 감소, 지역사회서비스의 이용률 증가, 클라이언트의 행동 변화 등의 차원에서 긍정적인 결과가 우세한 편으로 나타났다.

그러나 Borland 등(1989)의 조사연구에서 사례관리에 의한 정신질환자의 입원비용의 감소는 지역사회보호 서비스의 비용증가로 인해 원래의 긍정적인 효과가 거의 나타나지 않는 것으로 나타나는 등, 이러한 연구결과에 의문을 갖게 하는 증거도 드물지 않게 제시되고 있다. 이러한 사실은 사례관리가 기존의 전통적인 접근법보다 훨씬 광범위하고 포괄적으로 서비스를 제공하고 있으므로 실제로 서비스 비용 절약의 측면에서 본다면, 효과적이 아니라는 것을 말해 준다. 따라서 단순형과 기본형보다 포괄적인 서비스를 제공하는 종합형에서는 서비스와 자원이 투입되는 양에 비하여 상대적으로 효과가 크지 않을 수 있다는 사실을 명심해야 한다.

4) 전문관리형

전문관리형 사례관리 모델에서 사례관리자는 일반적으로 간접적 서비스로 분류되는 클라이언트의 가족과 지역사회를 대상으로 하는 활동뿐만 아니라 상담 또는 치료의 직접적인 서비스를 제공한다. 아울러 사례관리자는 관리자로서의 과업과 책임을 수행하기도 한다. 일반적으로 관리자는 조직에서 서비스 계획, 의사결정, 점검, 조정, 자원분배, 통제, 점검 등의 역할을 담당하는 데 사례관리자도 클라이언트에 대한 직접적인 서비스 제공과 간접적인 가족 및 지역사회를 대상으로 하는 활동에서 이러한 역할을 수행한다.

관리자란 조직이 위계서열상 상층부에 위치하는 것이 일반적인데 조직의 말단에 위치하여 일선업무를 수행하는 사례관리자에게 관리자적인 지위를 부여할 수 있는가에 관해서 의문이 제기된다. 그러나 관리자란 조직이 위계서열상의 위치에서 판별되는 것이 아니라 그가 수행하는 기능에 따라 식별된다는 점에서 사례관리자를 관리자로 파악할 수 있다. 그러나 모든 사례관리자가 위에서 열거된 관리적 기능을 수행하는 것은 아니다. 대부분의 사례관리자는 서비스 계획, 조정 그리고 점검의 기능을 수행하지만 의사결정, 자원분배, 또는 통제 등의 기능은 어느 정도 관리자적인 책임과 전문적인 권위 및 능력이 수반될 때 수행될 수 있는 것이다. 이러한 관점에서 전문관리형은 조직 내에서 전문가로서의 위치와 권위를 갖고 사례관리의 직접적인 목적과 간접적인 목표를 동시에 추구하는 과정에서 관리자의 기능도 수행한다. 따라서 전문관리형은 특수하고 전문적인 영역에서 보다 잘 적용될 수 있을 것이다.

사례관리 실천은 개별적 접근보다는 팀 접근이 보다 효과적이라는 사실이 조사연구에 의해서 입증되고 있다. 이러한 관점에서 전문관리형은 개별적인 접근보다 간호사, 정신과 의사, 직업재활 전문가, 심리학자 등 다른 전문 직원과의 팀을 형성하여 개입하는 것이 바람직하다. 팀을 형성하여 클라이언트에 대한 서비스와 지원계획을 수립하고 의사결정을 내릴 때 각 전문직의 자율성은 보장된다. 그러나 이와 같은 공동의 팀 노력에 의한 서비스의 극대화를 추구하고자 할 때는 공동의 의사결정 과정이 반드시 필요하며, 비교적 적은 수의 사례를 담당하는 것이 바람직할 것이다.

C/H/A/P/T/E/R 5

사례관리의 실천기술

1. 과정별 기법
2. 직접적인 실천기술
3. 간접적인 실천기술

CHAPTER

05 사례관리의 실천기술

사례관리의 실천에 있어서 사례관리자가 사용할 수 있는 실천기술은 일반적으로 직접적인 실천(=개입)기술과 간접적인 실천(=개입)기술로 나누어 볼 수 있다(Moxley, 1989). 그러나 사례관리는 사회복지실천 방법론의 직접적인 실천과 간접적인 실천의 통합적인 개념이며, 동시에 기존의 사회복지실천 방법론들을 통합한 방법론의 개념으로서, 클라이언트의 욕구에 초점을 두고 서비스를 개발하고 자원을 제공하는 적극적인 지역사회보호 중심의 방법론이기 때문에, 사례관리의 실천에 있어서 필요한 대부분의 기술들은 전통적인 사회복지실천의 방법들과 크게 다르지 않다.

본 서에서는 개입과 실천을 같은 개념으로 사용하였으며, 사례관리자가 사용할 수 있는 사례관리의 과정별로 필요한 기법들과 직접적인 실천기술 그리고 간접적인 실천기술 등을 살펴보았다.

1. 과정별 기법

본 서의 제 2 장 4. 사례관리의 과정에서 사례관리의 과정을 중심으로 살펴보았기 때문에, 세부적으로 다루지 못한 사례관리의 과정별 기법들을 여기서 살펴보았다.

1) 인테이크

클라이언트가 사례관리 기관과 접촉이 이루어져 연결이 되면, 사례관리 기관에서 해당 클라이언트를 정식으로 접수하고 클라이언트의 욕구가 기관의 서비스와 일치하는지를 검토하는 인테이크 과정이 필요하다. 따라서 인테이크 과정에서는 기관의 서비스를 받기 위한 클라이언트의 적격성(eligibility)과, 기관과 사례관리자의 서비스에 대한 효과성을 심사하는 것이다.

클라이언트가 의뢰나 아웃리치 등에 의해서 사례관리 기관과 연결되고 나면, 클라이언트가 사례관리 서비스를 받을 자격이 있는지, 서비스 이용에 적합한 특성을 갖추고 있는지, 적극적으로 참여할 의지가 있는지 등의 여부를 파악하는 스크리닝(screening) 과정을 거치게 된다(장인협 외, 2001). 그 결과, 클라이언트에 대한 사례관리 서비스 제공이 적합하다고 결정되면, 서비스의 목적, 클라이언트의 권리, 사례관리자와 클라이언트의 책임과 의무 및 역할에 대한 설명과 사례관리 서비스에 대한 상호 동의 등을 확인하는 절차를 거친다. 반대로, 클라이언트의 욕구와 기관의 서비스가 일치하지 않거나, 기관의 서비스가 적합하지 않을 때에는 클라이언트의 욕구에 보다 적합한 서비스를 제공할 수 있는 지역사회 내의 다른 기관으로 의뢰해야 한다.

의뢰과정에서는 반드시 클라이언트에게 의뢰를 해야 하는 이유를 설명해 주고 이해와 동의를 구해야 한다. 또한 의뢰 기관에 대해 충분히 설명해 주고, 의뢰 기관에 대한 선택권을 보장해 주어야 한다. 사례관리 서비스의 결정은 가능한 빨리 이루어지는 것이 좋으며, 최대한 3일을 넘기지 않는 것이 바람직하다(Rothman & Sager, 1998).

인테이크 과정에서는 다음 〈표 14〉와 같이 클라이언트의 특성을 파악해야 한다. 또한 〈표 14〉에 제시한 항목과 내용은 절대적인 것이 아니며, 클라이언트의 문제 상황과 욕구, 기관에서 제공할 수 있는 서비스의 내용, 지역사회 자원 및 서비스의 내용과 적합성 등에 따라 유연하게 적용해야 한다.

〈표 14〉 인테이크 과정에서 수집해야 할 클라이언트의 정보

특 성	내 용
클라이언트의 기본적인 정보	이름, 나이, 성별, 거주지, 결혼 상태, 종교, 성장 배경, 교육 정도, 과거 및 현재의 직업, 의료보장의 형태, 의뢰 기관 및 의뢰 사유, 과거의 서비스 제공 여부, 비상시 연락처
가족에 대한 정보	가족구성원 및 직계가족의, 이름, 관계, 나이, 성별, 종교, 가족력, 결혼 상태, 교육 정도, 거주지 및 동거 여부, 과거 및 현재의 직업, 비상시 연락처, 가계도 및 생태도 작성
재정에 대한 정보	클라이언트 및 가족구성원의 수입과 지출, 경제적 수준, 부채, 사회보장의 수준
주거 환경에 대한 정보	주택의 소유 형태, 주거의 적합성과 편리성, 주거지 주변 환경
건강 상태에 대한 정보	클라이언트 및 가족구성원의 신체적·정신적 건강상태, 질병 및 장애의 유무와 정도, 일상생활 기능 수준
심리·정서적 상태에 대한 정보	치료 및 상담의 경험 유무 등과 같은 클라이언트 및 가족구성원의 심리적·정서적 상태에 대한 정보, 정신상태검사(Mental Status Examination)
사회적 관계에 대한 정보	이웃과의 관계, 종교 활동의 여부 및 정도, 기타 지역사회 자원의 이용 등 클라이언트의 공식·비공식적 자원에 대한 정보
클라이언트의 욕구와 강점	문제 상황의 원인, 중요성과 심각성, 클라이언트의 현재의 문제와 촉발 요인, 문제 상황에 대한 클라이언트의 인식, 클라이언트의 문제해결 의지, 클라이언트의 문제해결에 있어서 핵심 인물 또는 자원, 클라이언트의 욕구와 강점, 면담 시의 행동

* 양정남 외, 2009, 68-69, 재구성

2) 사정

인테이크 과정의 스크리닝을 통해 클라이언트가 사례관리 서비스를 받은 자격이 있다고 판단되면, 사정(assessment)이 이루어진다. 사정은 클라이언트의 욕구 충족을 위한 개입과 개입 방법 등을 결정하기 위해 클라이언트의 욕구와 상황을 검토하는 것이다. 즉 인테이크 과정에서 수집한 욕구 문제, 자원 등에 대한 정보를 다차원적으로 분석하여 클라이언트의 심리사회적 기능, 인지 능력, 재정, 환경, 사회적 지지 등을 구체화함으로써 서비스의 유형과 성격, 서비스 전달의 양과 질에 대한 결정을 하는 것이다.

사정은 첫째, 클라이언트의 욕구와 서비스가 적합한지를 파악하는 기능 둘째, 사례관리 서비스 활동이 일어나는 영역을 확인하는 기능 셋째, 클라이언트의 상황을 변화시키기 위한 노력의 효과를 평가하는 기능 등 3가지의 기능이 있다. 또한 사정에서는 사례관리 팀의 구성원들이 모여서 여러 가지 사정 도구들을 사용하며, 사례회의도 하고 서비스 및 개입의 수준 등을 결정한다. 사정에서의 결정은 다음 단계인 개입계획으로 이어진다.

사례관리에서의 사정은 클라이언트를 총체적인 인간으로 보고, 다양한 문제 및 욕구 영역을 확인한다. 즉, 다차원적인 욕구의 사정과 충족을 강조하는 사례관리 체계에서는 사정의 비중이 더 높은 것이다.

(1) 다차원적인 사정의 내용

다차원적인 사정의 내용은 다음 〈표 15〉와 같다.

〈표 15〉 다차원적인 사정의 내용

특징	클라이언트의 욕구 확인	자기보호에 대한 사정	전문적 보호의 사정	상호보호의 사정
개념 구성	충족되지 않은 욕구	클라이언트의 기능	공식적 휴먼서비스	사회적 관계망/ 사회적 지지
사정 기본 단위	• 소득 • 주택 • 직업 및 고용 • 신체적 건강 • 정신적 건강 • 사회활동/대인관계 • 여가 • 일상생활활동 • 교통 • 법률적 욕구 • 교육 • 기타	• 신체적 기능 • 인지적 기능 • 감정적 기능 • 행동적 기능	• 자원목록 • 유용성 • 적합성 • 적절성 • 수용성 • 접근성	• 사회적 관계망의 구조 • 사회적 관계망의 상호작용 • 정서적 지지 • 수단적 지지 • 물리적 지지
사정 과정	클라이언트와 전문가가 함께 일상생활의 주요 영역에서 클라이언트의 욕구가 무엇인지를 검토 한다.	클라이언트가 스스로 자신의 욕구를 충족시킬 수 있는가를 사정하기 위해 클라이언트의 기능적 영역과 욕구를 조화시킨다.	공식적 서비스가 클라이언트의 욕구를 충족시킬 수 있는지를 사정하기 위해 전문적 보호의 자원과 욕구를 조화시킨다.	사회적 관계망이 욕구를 충족시킬 수 있는지를 사정하기 위해 상호보호의 자원과 클라이언트를 조화시킨다.

* 양정남 외, 2007.

(2) 사례관리 사정 과정의 특징

Moxley(1989)는 사례관리 사정 과정의 특징을 7가지로 제시하였다(장인협 외, 2001, 재인용).

- 클라이언트의 욕구에 초점을 둔 사정
- 클라이언트 욕구의 일부가 아닌 전체적인 욕구에 초점을 둔 총체적·포괄적 사정
- 클라이언트의 욕구를 이해하기 위해 의사, 사회복지사, 심리학자, 언어병리학자, 작업치료사, 물리치료사 등 다양한 분야의 전문가를 활용하는 다학문적인 사정

- 클라이언트가 자신의 욕구를 사정하는 데 적극적으로 참여하고 자기 결정을 최대한 보장받아야 하는 참여적 사정
- 하나의 지속적, 유동적, 점진적인 유형으로서 일련의 과정으로 이루어진 사정
- 클라이언트의 잠재적 욕구를 각 영역별로 충분히 깊이 있고 넓게 탐색하는 체계적 사정
- 계획수립과 개입을 이끄는 하나의 결과물로서의 사정

(3) 다차원적인 사정의 틀

Moxley(1989)는 다음과 같이 다차원적인 사정의 유용한 틀을 제시하였다(장인협 외, 2001, 재인용).

① 클라이언트의 욕구 내용과 그 정도를 명확히 한다.

클라이언트의 현재와 미래의 욕구를 확인한다. 클라이언트들은 대부분이 장기적인 욕구를 가지고 있는 경우가 많기 때문에 미래의 욕구도 중요하다. 클라이언트의 욕구는 수입, 주거지, 고용 상태, 신체적 · 정신적 건강, 사회적 · 개인적 관계, 레크리에이션과 여가, 일상생활활동, 이동, 법률적 원조, 교육 등 다양한 영역에 걸쳐 있다.

또한 클라이언트의 욕구는 클라이언트, 보호자, 관련 기관 등의 견해에 따라 다르게 인식될 수 있다. 그러므로 사례관리자는 이들 간의 합의 정도에 따른 목표를 미리 세워 두어야 하며, 그 중에서도 중요한 것은 클라이언트의 견해에 의한 것이다.

클라이언트의 욕구와 문제를 사정하는 포괄적인 정보 수집의 전략은 다음과 같다.

- **클라이언트 자신의 진술**

  클라이언트에게 자신의 욕구를 스스로 기술하고, 감정 및 사고를 표현하며, 자원을 확인하도록 한다.

- **사회적 지지망의 구성원이 제공한 정보**

  클라이언트의 사회적 지지망에 있는 중요한 사람들과의 면접을 통해서 정보를 수집한다.

- **클라이언트의 환경에 대한 직접적 관찰**

  클라이언트의 거주지를 직접 방문하여 현재의 환경을 관찰한다.

- **이전의 서비스 제공자와 접촉**

  클라이언트의 동의하에 이전에 클라이언트에게 서비스를 제공했던 사람들을 만나 클라이언트에 대한 정보를 수집한다.

- **기관의 기록 검토**

  클라이언트에게 과거에 서비스를 제공했던 기관의 기록 들을 검토한다.

② 욕구에 대응하는 클라이언트의 역량을 평가한다.

클라이언트의 능력을 평가 한다는 것은 클라이언트의 약점이나 결점이 아닌 강점과 역량에 초점을 맞춘다는 것이다. 사례관리자는 클라이언트의 욕구 중에서 외부 자원의 도움을 받지 않고도 충족될 수 있는 것들을 확인해야 한다. 건강, 발달 상태, 정신건강, 교육 등 클라이언트의 상황에 대한 정보를 수집하기 위해 다양한 진단도구가 활용될 수 있다.

대표적인 사정 도구들로서는 신체적 · 정신적 · 정서적 · 환경적 기능을 측정할 수 있는 의학영역의 '국제질병분류(ICD-10)', 정신의학 영역의 '미국

정신장애 진단 및 통계편람(DSM-Ⅳ)', 사회복지 영역의 '환경 속의 인간(Person-In-Environment, PIE)' 등이 있으며, 신체적 기능을 측정할 수 있는 '일상생활수행능력 척도'(Activities of Daily Living, ADL), '도구적 일상생활 수행능력 척도'(Instrumental Activities of Daily Living, IADL), '기능적 일상생활수행능력 척도(Functional Activities of Daily Living, FADL)' 등이 있다.

③ 클라이언트의 공식적 · 비공식적 자원의 서비스 제공 역량을 평가한다.

사례관리자는 공식적 자원에 의한 서비스가 클라이언트의 욕구를 충분히 충족시키고 있는가를 사정해야 한다. 즉 공식적 서비스의 이용 가능성, 서비스 양의 적합성, 욕구에 대한 서비스의 적절성, 클라이언트에 의한 서비스의 수용 가능성, 서비스에 대한 접근 가능성 등에 대한 사정을 해야 한다.

비공식적 자원에 대한 사정은 관계망 자원의 수, 그들의 이름과 위치, 관계의 질, 관계망이 이미 제공하고 있는 서비스의 유형, 보호자의 책임 정도, 효과적인 대처 전략, 수입과 고용 상태 등과 같은 보호자의 역량, 보호자의 부담감 등에 대한 정보를 통합하여야 한다.

이러한 클라이언트의 공식적 · 비공식적 자원 즉, 사회적 지지망의 사정에는 생태도(eco-map), 가계도(genogram), 사회적 관계망 지도(social network map), 사회적 관계망 그리드(social network grid) 등을 활용할 수 있다.

3) 서비스 목표설정

사례관리 서비스의 목표설정은 장기목표와 단기목표로 구분하여 설정하며, 클라이언트의 문제 및 욕구와 관련된 것이어야 한다.

장기목표를 달성하기 위한 단기목표도 명확하게 제시되어야 한다. 예를 들어 직업 갖기를 장기목표로 세웠다면, 단기목표는 1개월 이내에 관심 있는 직업을 확인하고, 2개월 이내에 직업훈련 기관에 등록하고 1년 이내에 수료하며, 수료 후 3개월 이내에 취업을 하고, 2년 이상 취업상태를 유지한다 등이 된다. 또한 목표는 3개월 이내에 성적을 20등에서 10등으로 올린다와 같이 달성기간, 목표달성을 확인할 구체적인 지표가 있어야 하며, 측정 가능한 것이어야 한다. 목표달성을 평가하기 위한 척도로서는 Royse 등(2001)이 개발한 목표달성척도(Goal Attainment Scale: GAS) 등이 있다(정순둘, 2005: 45-49).

사례관리 서비스의 목표 설정에 있어서의 원칙은 다음과 같다.

첫째, 클라이언트가 선택하고 동의한 것이어야 한다.

둘째, 현실적이고 달성 가능해야 하며, 구체적이고 측정 가능한 형태로 설정해야 한다.

셋째, 목표는 긍정적 상태를 기술해야 한다.

넷째, 목표는 성취될 시간 계획을 포함하고 있어야 한다.

다섯째, 목표는 기관의 기능 및 목적과 일치하는 것이어야 한다.

4) 개입계획의 수립

개입계획은 클라이언트의 욕구 충족을 위해 목적을 발전시켜 나가는 과정이며, 목직을 달성하기 위해 서비스를 구체화 하는 과정이다(Holt, 2000). 따라서 개입계획은 사정과 서비스 전달을 연결하는 중요한 역할을 한다.

개입계획은 클라이언트의 문제와 욕구의 우선순위, 자원, 클라이언트의 문제해결 의지, 환경 등을 고려해 실현 가능한 것을 중심으로 단계별 목표가 성취되어 목적에 도달할 수 있도록 체계적으로 수립되어야 한다. 또한 사례관리자는 클라이언트 스스로 자신이 어떤 역할을 어떻게 수행해 나갈 것인가를 계획하고 환경 내의 다양한 사회망과 전문가망을 이용할 수 있도록 클라이언트를 임파워링하고, 클라이언트의 환경을 유용한 자원으로 이용할 수 있도록 개발하고 연계하는 기능을 한다.

개입계획의 수립은 일반적으로 다음의 과정별로 이루어진다(장인협 외, 2001).

- 1단계 : 클라이언트의 문제나 욕구가 제시되며, 사정에 의해 확인되고 나면 우선순위가 결정된다. 클라이언트의 욕구가 항상 변할 수 있기 때문에 우선순위는 융통성 있게 결정되어야 한다.
- 2단계 : 각각의 문제나 욕구에 대해 기대하는 바람직한 목표나 결과가 설정된다.
- 3단계 : 기대하는 바람직한 목표나 결과가 설정되고 나면, 이에 근거하여 개입 혹은 서비스 목표가 설정된다. 목표는 서비스 그 자체가 아니라, 서비스의 제공으로 인한 결과를 말한다. 목표는 개입계획의 성공 여부를 평가할 때를 대비하여 관찰 가능하고 측정 가능한 형태로 기술되어야 한다. 즉, 시간적 제한, 구체적인 목표달성 날짜, 제공되는 서비스의 형태, 서비스 제공 단위와 시간, 횟수, 서비스 제공에 소요되는 비용, 기대되는 결과 등이 구체적으로 서술되어야 한다.

5) 개입

사례관리에서 개입(intervention)이란, 이미 수립된 개입계획에 따라 계획된 업무, 즉 개입을 수행하는 것을 말한다. 개입은 클라이언트의 사회적 망과 클라이언트 중, 어느 하나 또는 둘 다를 변화시키기 위해 계획된 개입을 수행하는 데 집중하는 과정이며, 서비스 연계, 옹호, 서비스 조정 등의 기능이 있다. 또한 사례관리자가 클라이언트의 문제와 욕구를 전문적으로 다루어 나가는 것이라기보다 클라이언트와 함께 문제와 대안을 논의하고, 합의하고, 공감한 계획을 단계적으로 실천해 나가는 일련의 과정으로 사례관리를 인식한다.

따라서 개입이라는 용어 대신 수행(implementation, 이행)이라는 용어를 사용하기도 하고(권진숙 외, 2009), 실천이라는 사회복지 용어를 사용하기도 한다.

사례관리자는 다음과 같은 두 가지 유형의 개입을 이용한다(Ballew & Mink, 1996; 권진숙 외, 2009). 이러한 사례관리자의 직접적인 개입(=실천)기술과 간접적인 개입(=실천)기술은 다음 5장의 2. 직접적인 실천기술, 3. 간접적인 실천기술에서 자세히 살펴보기로 한다.

첫째, 직접적 개입으로 클라이언트 자신이 스스로 서비스에 접근하고 이용할 수 있는 능력과 기술을 향상시키도록 사례관리자가 사용하는 개입기술을 말한다.

둘째, 간접적 개입으로 사례관리자가 클라이언트를 대신해 체계의 개입이나 행동을 변화시키려고 할 때 사용하는 개입기술을 말한다.

(1) 개입의 3대 장애요소와 개입활동

Ballow와 Mink(1996)는 사례관리자의 개입활동에 있어서 대응해야 할 3가지 장애요소로서 선천적 무능력, 내적 장애, 외적 장애 등을 제시하고 있으며, 이를 극복하기 위한 개입 활동 역시 3가지로 제시하고 있다(양정남 외, 2009).

첫째, 선천적 무능력은 클라이언트와 서비스 제공자 간 의사소통의 장애를 야기할 수 있으므로 전문가의 도움을 받아 사정과 개입계획의 수립에 활용하는 활동, 클라이언트의 적극적인 참여가 없어도 지속적으로 유지될 수 있는 자원체계의 개발, 자원체계가 제 기능을 수행할 수 있도록 주의 깊게 관찰하고 조정하기 등의 개입활동을 해야 한다.

둘째, 클라이언트 혹은 가족의 부정적인 태도, 신념, 가치 등과 같이 심리적·정신적 문제와 직접적으로 연결되어 있는 내적 장애를 극복할 수 있도록 돕기 위해서는 장애의 본질을 확인하고 극복할 수 있는 자원을 확인하며, 이를 근거로 강점을 활용한 상담 등을 제공해야 한다.

셋째, 자원의 부족, 부적절한 자원, 자원의 이용에 대한 무능력, 서비스의 단편성 혹은 불연속성 등에 의해 야기되는 외적 장애를 극복하기 위해서는 서비스 제공자의 조직화 및 연계, 클라이언트와 서비스 제공자 간 관계 개선, 옹호 등의 개입활동을 수행해야 한다.

(2) 사례관리자의 체계별 개입활동

또한 이러한 사례관리자의 개입활동을 체계별로 구분하여 상세히 살펴보면 〈표 16〉과 같다.

〈표 16〉 체계별 사례관리자의 개입활동

체계	개입활동 내용
클라이언트 및 비공식적 자원체계와의 개입활동	• 클라이언트와 신뢰관계 형성하기 • 기대 및 욕구를 명확하게 하기 • 제공 될 서비스에 대한 정보 제공하기 • 서비스를 획득하는 방법 설계하기 • 서비스 획득을 위해 지지하거나 책임을 분담하기 • 문제의 이해, 해결 방안의 촉구, 변화 계획의 수행, 변화의 평가 등에 대한 상담하기 • 클라이언트를 위한 과업 수행하기 • 클라이언트에게 문제를 악화시키는 요인과 직면시키기 • 모니터링 등을 통해 클라이언트와 주변 인물들을 서비스 과정에 참여시키기 • 서비스의 감소 및 종결시키기

체계	개입활동 내용
서비스 제공자와의 개입활동	• 클라이언트에 대한 사례관리자의 업무 소개하기 • 다른 서비스 제공자의 서비스 구매 또는 연결하기 • 서비스 제공자 격려하기 • 서비스 전달을 점검하기 • 서비스 제공자 간, 또는 클라이언트와 서비스 제공자 간의 갈등 조정하기 • 서비스 획득 및 수정 시, 옹호하기 • 서비스 제공자와 그들이 제공하는 서비스 목록을 지속적으로 갱신, 관리하기 • 서비스 전달과 관련된 장애를 확인하기 • 서비스 전달과 관련된 민간 및 공공자원체계 간 조정하기
사례관리 기관에서의 개입활동	• 업무 내용 및 협조 요청하기 • 기관의 정책이나 절차에 의해 발생하는 장애를 조정하기 • 사례관리 기록, 행정, 평가 관련 보고서 등을 최신 정보로 작성하기 • 사례관리에 필요한 자문 구하기

6) 자원개발

사례관리의 주요한 기능 중에 하나는 클라이언트에게 필요한 서비스를 제공할 수 있는 자원을 개발하여 클라이언트와 연계하고 조정하는 일이다. 사례관리 서비스를 필요로 하는 클라이언트들은 대부분 관심을 가져줄 가족, 이웃, 친척, 친구 등이 없거나, 있다 해도 무력하거나 무관심하여 도움이 되지 못하는 경우가 대부분이라 그들의 욕구를 제대로 충족시키지 못하고 있다. 따라서 사례관리자들은 클라이언트를 위한 지지적 자원을 재구조화하는 노력과 함께 새로운 자원을 개발하려는 노력이 필요하다(정순둘, 2005, 양정남, 2009).

(1) 지지망의 개발

① 기존 지지망의 재구조화

기존의 지지망이 클라이언트에게 적절한 도움을 주지 못하고 있는 경우,

사례관리자는 이들 지지체계가 클라이언트에게 어떻게 효과적인 도움을 줄 수 있는지에 대한 조언을 할 수 있다. 즉 재구조화의 방법을 통해 지지망과 클라이언트가 의사소통을 통하여 올바르게 기능할 수 있도록 도와주는 것이다.

지지망의 재구조화를 위한 구체적인 기법들은, 첫째, 지지망들과 클라이언트 간의 소원해진 관계를 활성화시키는 방법, 둘째, 지지망들과 함께 일하면서 그들의 인식, 태도, 가치관, 행동 등이 클라이언트에게 순기능적으로 작용할 수 있도록 하는 방법, 셋째, 클라이언트에게 제공했던 방법대로 지지망에게도 정보의 제공, 교정, 비합리적인 신념과의 직면, 통찰력의 개발, 격려, 지지, 기술 훈련 등을 제공하는 방법 등이 있다.

이러한 지지망 내의 구성원에 대한 변화 외에도 지지망 그 자체에 개입하여 클라이언트에게 순기능을 하게 하는 방법도 있다. 이때에는 다음과 같은 절차를 따라야 한다(Pearson, 1990).

- 지지망에 대한 개입이 적절한지를 결정한다.
- 지지망 구성원들의 참여를 요청할 것인지의 여부를 결정한다.
- 지지망의 강점과 약점을 사정한다.
- 지지망을 재조직한다.
- 지지망 집단의 목적과 공통된 기반에 대한 동의를 구한다.
- 지지망의 해결되지 않은 분노와 경쟁과 같은 역기능을 개선한다.
- 지지망의 의사소통을 개선하고 구성원들 간의 교류가 일어나게 한다.
- 지지망의 문제해결 능력을 키우고 노력을 조성한다.
- 지지망 자원을 활성화하기 위하여 기술 훈련을 하고, 행동을 개시한다.
- 개입을 지속적으로 실시하고, 사후 지도를 위해 필요한 자원을 개발한다.

② 새로운 지지망의 개발

일반적으로 사례관리 서비스를 필요로 하는 클라이언트들은 그들의 지지체계가 도움을 주지 못하는 경우가 대부분이다. 따라서 사례관리자는 역기능적인 지지망을 대신할 새로운 지지망을 개발하는 전략을 사용한다.

- 자원봉사자 연결

위기를 경험하거나 부적응의 문제로 지지를 필요로 하는 클라이언트에게 자원봉사자라는 새로운 지지망을 연결하여 조언, 지지, 간단한 재가 서비스 등을 제공받을 수 있도록 할 수 있다.

- 자조집단 참여

클라이언트로 하여금 자조집단에 참여하도록 하여 자조집단의 성원들과 연결되도록 하는 방법이다. 자조집단은 상호 인식에 기초하고, 문제와 관심을 공유하며, 유대가 빠르게 형성된다는 특징이 있고, 여기에 참여하는 클라이언트는 공감, 진심, 수용의 자세가 필요하다.

- 이웃의 지지

이웃은 클라이언트와 가까운 곳에 살면서 그들의 생활사를 잘 알고 있는 경우가 많다. 따라서 클라이언트에게 지속적인 관심을 가지고 필요시에 사례관리자에게 연락을 하게하고, 하루에 한두 번 정도 클라이언트의 집을 방문하도록 요청한다. 만약 클라이언트가 이웃이 있어도 지금까지 도움을 요청해 보지 않았다면, 이웃에게 도움을 요청하도록 과제를 부여하는 것도 좋은 방법이다.

(2) 지역사회 자원의 개발과 자원의 동원에 장애가 되는 요인 제거하기

현재는 자원으로 활용되고 있지 않지만 앞으로 활용 가능성이 높은 잠재적 자원, 즉 동기화되면 유용한 자원으로 충분히 활용 가능한 자원에 대한 개발이 이루어져야 한다. 대표적인 잠재적 자원은 종교단체, 비영리단체, 직종별 조합이나 조직 등이 있다.

이러한 잠재적인 자원을 개발하여 활용하기 위해서는 다음과 같은 3가지 방법을 활용할 수 있다.

첫째, 클라이언트가 서비스에 접근하는 데 있어서 허락을 받기 위해서는 많은 편견과 선입관 그리고 잘못된 지식이나 이해 등과 같은 자원 동원에 있어서의 장애 요인을 없애기 위한 교육(education)을 해야 한다. 교육의 대상은 서비스 제공자, 클라이언트의 가족을 포함한 비공식적 지지망의 구성원들 그리고 일반인들까지도 포함될 수 있다(Surber, 1994).

일반적인 교육과 함께 특정한 욕구를 가지고 있는 클라이언트에게 서비스를 제공하는 체계에 속해 있는 사람들에게도 클라이언트들의 욕구와 서비스에 대해 알리는 것도 매우 중요하다. 이때에는 클라이언트의 동의를 구하는 것과 비밀을 보장해야 한다. 또한 과거에 이러한 클라이언트에 대한 성공적인 개입의 사례를 제공함으로써 개입의 필요성을 설득하는 것도 필요하다.

둘째, 클라이언트는 자원도 없고, 힘도 없이 도움을 바라는 약자이기 때문에 자신의 상황을 스스로 대변하기가 매우 어렵기 때문에, 사례관리자는 교육에서 한 걸음 더 발전하여 클라이언트가 서비스를 제공받을 수 있도록 클라이언트를 대변하는 옹호(advocacy)를 해야 한다.

셋째, 지역사회 내의 다른 서비스 기관들과의 연계(linkage) 또는 협력(collaboration)을 통해 공동의 노력을 기울인다. 사례관리자 한 사람이나, 하나의 사례관리 기관이 나서서 지역사회 자원의 동원에 장애가 되는 요인을 제거한다는 것은 결코 쉬운 일이 아니다. 따라서 공통의 관심사를 가지고 있는 지역사회 기관들이 함께 협력하여 공동의 노력을 기울인다면 보다 쉽게 해결될 수 있을 것이다.

7) 모니터링

모니터링은 사례관리 서비스가 클라이언트의 욕구를 충족시키기에 적절한 것인지를 점검하기 위해 사례관리자가 클라이언트, 가족, 다른 서비스 제공자와 정기적으로 만남을 유지하는 과정을 말한다(Holt, 2000). 또한 모니터링은 서비스의 질을 점검하는 것과 동시에 서비스 계획의 수정, 재사정, 클라이언트의 반응, 사례 종결과 같은 사항에 대해 사례관리자가 평가하도록 하는 것이다.

사례관리에 있어서 모니터링은 크게 서비스 질에 관한 것과 클라이언트에 관한 것, 그리고 서비스 제공자에 관한 것 등이 있다(Holt, 2000: 65-67; 장인협 외, 2001; 정순둘, 2005).

(1) 서비스 질에 대한 모니터링

서비스 질에 대한 모니터링은 크게 구조, 과정, 결과 차원으로 구분하여 점검할 수 있다.

- 구조적 차원의 모니터링은 사례관리자의 사례 량, 사례관리자의 자격, 클라이언트의 변동률 등과 같은 행정체계를 점검하는 것이다.
- 과정 차원의 모니터링은 한달 동안의 가정 방문 횟수, 초기 면접에서의 공식적인 사정, 실질적인 서비스 제공까지 소요된 시간 등 사례관리자에 의해서 수행되는 활동을 점검하는 것이다.
- 결과 차원의 모니터링은 클라이언트에게 변화가 있는지, 그 변화가 예상된 변화인지, 그리고 클라이언트가 그 결과에 만족하는지 등을 통해 점검하는 것이다.

(2) 클라이언트에 대한 모니터링

사례관리자는 클라이언트와 지속적으로 접촉하여 클라이언트의 상황 변화를 점검하고 개입계획이 수정될 필요가 있는가를 판단한다. 사례관리자는 다음과 같은 질문을 제기해야 한다.

- 클라이언트의 상황이 변화하고 있는가?
- 의뢰는 여전히 적절한 것인가?
- 계획했던 결과가 달성되었는가?
- 만약 계획했던 결과가 달성되지 않았다면, 계획했던 결과를 향한 진전이 있었는가?
- 개입계획은 수정되어야 하는가?
- 개입이 종결되어야 하는가?

(3) 서비스 제공자에 대한 모니터링

서비스 제공자의 능력, 계약 이행 등을 점검하는 것이다. 그리고 서비스 제공자들의 노력이 상호 보완적인 것인지, 모든 필요한 정보가 공유되고 있는지의 여부도 점검되어야 한다.

(4) 모니터링의 내용

사례관리자는 서비스 전달체계를 통해서 클라이언트의 변화와 진척사항을 추적하게 된다. 사례관리자가 행하는 모니터링의 내용은 다음과 같다(Steinberg & Carter, 1983; Weil & Karls, 1985; Rubin, 1987; 장인협 외, 2001).

- 클라이언트에 대한 서비스와 지원계획이 어느 정도 잘 수행되고 있는지를 모니터링한다.
- 클라이언트에 대한 계획이 수립된 시점에서 욕구를 충족시키는 데 있

어서 필요한 서비스와 자원을 가지고 있는지를 모니터링한다.

- 제공되는 서비스 및 자원의 질이 어떠한가를 모니터링한다.
- 클라이언트 지원망의 구성원들이 목표를 달성하기 위하여, 특정 행동을 수행하고 그들의 책임을 수행하는 데 있어서 적절한 시간 분배가 이루어지고 있는지를 모니터링한다.
- 개입계획의 결과가 성공적인지 혹은 역행적인지, 즉 서비스와 지원의 결과를 검토하는 일 등을 모니터링한다.
- 예산 관리가 잘 이루어지고 있는지를 모니터링한다.

(5) 모니터링의 접근방법

사례관리자가 모니터링 기능을 수행하는 데 필요한 접근방법은 다음과 같이 크게 두 가지가 있다.

- 일정한 형식을 갖추지 않은 채 이루어지는 것으로써 사례관리자 자신의 판단에 근거하여 클라이언트에 대한 서비스와 지원계획이 적절하게 수행되고 있는지, 그리고 바라는 결과가 나타나고 있는지 검토하는 것이다.
- 구조화되고 체계화되고 공식화되어진 방법에 의해 모니터링을 수행하는 것이다. 사례관리자는 서비스와 지원과정의 노력, 적절성, 질, 결과를 모니터링하는 데 있어서 규범적이고 표준화된 기준으로 마련된 도구를 이용한다. 이러한 도구들에는 구조화된 질문, 사례관리자에 의해 만들어진 인터뷰 도구, 클라이언트의 기록 등을 검토하기 위해 구조화된 검토 항목, 클라이언트의 행동의 변화를 사정하기 위해 이용되는 구조화된 기능적 척도 등이 있다.

8) 재사정

재사정(reassessment)은 초기의 사정 이후에 일반적으로 6개월에서 1년간의 정기적으로 계획된 간격에 의해 이루어지는 공식적인 과정이다. 병원으로의 재입원이나 요양원으로의 입소와 같은 결과도 재사정에 의해 가능한 것이다. 재사정의 대상은 욕구의 복잡성과 투입되는 자원의 수준에 따라 달라지며, 재사정의 빈도는 욕구가 변화된 정도에 좌우된다.

(1) 재사정에 포함되어야 할 중요한 내용(장인협 외, 2001)

- **성공 및 실패의 이유**

  성공 및 실패의 이유는 미래의 사례관리 서비스 제공에 지침이 될 수 있다.

- **제공된 서비스의 비용 효과성**

  현재 서비스의 비용 효과성에 대한 판단 역시 미래의 사례관리 서비스 제공에 지침이 될 수 있다.

- **현재의 욕구**

  사례관리자는 클라이언트의 선호도와 욕구가 항상 변화하고 그 결과로서 서비스 또한 변화되어야 한다는 전제를 가지고 있어야 하며, 이전의 욕구에 집중해서 변화된 클라이언트의 현재의 욕구를 놓쳐서는 안 된다.

- **서비스 수급자격**

  사례관리 서비스의 효과로 클라이언트의 역량이 향상되어 다른 서비스를 이용해야 할 때, 사례관리자는 서비스의 변화에 대한 이유를 설명해 주어야 한다.

- **결과 목표**

욕구 달성의 진전 정도에 맞추어 초기의 목적이 재사정되고 이용자의 동의를 받아 새로운 목표를 설정해야 한다.

- **새로운 서비스 요구 사항**

개입계획의 수정은 서비스의 재계약이나 제공되는 서비스의 양과 유형에 대한 재규정을 요구한다.

- **비용 재계산**

현재의 재사정 시점에서 다음의 재사정 기간까지 필요한 예산을 산출한다.

- **서비스의 결함**

재사정 기간마다 새로운 결함이 계속해서 확인될 경우, 이 사실과 이에 대한 새로운 서비스 계획을 클라이언트에게 알린다.

- **다음 재사정 일정**

재사정의 간격은 클라이언트의 욕구 변화와 관련되어야 하지만, 대부분의 경우, 각 재사정의 과정에서 그 다음 번의 재사정 날짜를 정해야 한다. 그래야만 다음의 재사정이 지연될 위험을 사전에 예방할 수 있다.

(2) 재시정을 방해하는 요인

- 잘못 설정된 목표로 인해 사정이 잘못된 경우
- 클라이언트가 자신에 관한 정보를 제공하지 않는 경우
- 잘못된 정보나 정확하지 않은 정보를 제공하게 되는 경우
- 클라이언트의 상태가 불규칙적인 경우
- 사례관리자의 시간적 제약

위와 같이 재사정을 방해하는 요인이 있을 경우에는 사례관리의 개입목표 설정과 개입방법의 사용이 비효율적이거나 적절하지 못하게 되고, 사례관리실천의 결과 역시 바람직한 것을 기대할 수 없게 된다. 또한 다른 기관들로부터 부가적으로 제공받는 정보들이 사정을 하는 데 있어서 적절하지 못한 경우가 종종 있는데, 이것은 많은 업무량과 시간 제한이 장애가 되기도 한다. 뿐만 아니라 일반적으로 재사정은 순차적으로 새로운 자원과의 연계나 배치, 새로운 개입계획이나 수정된 개입목표와 관련되어 이루어지게 된다.

9) 평가

사례관리의 결과를 평가하는 것은 매우 중요하며 평가 자료들은 사례관리의 효과성을 검증하는 근거가 된다. 평가는 개입의 효과성을 검토하고, 클라이언트에 대한 사례관리자의 책임성을 증대시키며, 개입과 서비스 전달의 새로운 모델을 개발하는 데 도움을 줄 수 있다. 또한 평가는 사례관리의 활동이 바람직한 결과를 초래했는지, 즉 목표의 달성 여부에 초점을 두는 것이라 할 수 있으며, 사례관리의 평가에는 단일사례 평가법, 자기보고식 척도법 등이 활용된다.

사례관리에 대한 효율적인 평가를 위해서는 다음의 사항들이 반영되어야 한다(양정남 외, 2009).

- 평가의 목적은 클라이언트의 강점과 욕구를 발견하는 것이다. 따라서 서비스 제공이 가능한 범위 내에서 클라이언트는 자신의 욕구를 파악할 수 있어야 한다.
- 평가는 클라이언트가 긴장을 하지 않는 편안한 장소에서 이루어져야

한다.

- 사례관리자와 클라이언트 사이에는 사회적 · 문화적 차이가 항상 존재하기 때문에 목표달성에 영향을 미칠 수도 있다. 따라서 사례관리자는 클라이언트의 다양성을 수용하여 진정한 라포를 형성해야 한다.
- 클라이언트의 주관적인 진술에 평가가 왜곡될 수 있으므로, 객관성을 보장하기 위해 평가 과정에 클라이언트의 가족 등과 같이 가까운 사람이 참여하여야 한다.
- 사례관리자 한사람이 모든 과정을 평가한다는 것은 쉬운 일이 아니다. 따라서 다양한 영역의 전문가와 협력관계를 유지하고, 평가에 참여하도록 해야 한다.
- 객관적인 평가를 위해 공식화된 평가도구들을 사용한다.

또한 사례관리의 효과성에 대한 평가는 다음 4가지의 차원에 대한 검토를 통해 가능하다(장인협 외, 2001).

- 서비스와 개입계획이 클라이언트에게 가치 있는 것이었는지에 대한 평가를 한다.
- 각 목적들의 달성 정도를 검토하고, 목적의 달성으로 특정 욕구 영역에서 긍정적인 변화가 있었는지 검토한다.
- 개입 계획의 실행이 클라이언트의 생활에 어떤 변화를 초래했는지, 즉 클라이언트의 기능이 향상되었는지, 삶의 질이 향상되었는지 등과 같은 사례관리의 일반적인 효과성에 대한 평가를 한다.
- 서비스 및 개입 계획과 개입의 실행에 대한 클라이언트의 만족도, 그리고 클라이언트에게 전달된 서비스와 지지의 효과성에 대한 평가를 한다.

사례관리에 있어서 평가는 다음과 같은 많은 제한점을 가지고 있다(양정남 외, 2009).

- 사례관리자의 업무가 다양하고, 서로 다르며, 사례 량도 균등하지 않기 때문에 평가하기에 많은 제한점이 따른다.
- 사례관리자의 업무 수행은 다양한데, 이를 객관적으로 측정할 지표를 찾기가 어렵다.
- 대부분의 사례관리에서는 결과보다는 과정을 중시한다.

10) 종결

종결(termination)은 계약해지(disengagement), 분리(separation), 폐쇄(closure) 등으로도 표현되며, 사례관리에서의 클라이언트들은 만성적이고 지속적인 욕구를 가진 경우가 대부분이기 때문에 어려운 과제다.

사례관리자는 종결 시에 다음과 같은 3가지 측면에서 과업을 수행하여야 한다(양정남 외, 2009).

(1) 종결을 위한 준비

- **클라이언트의 준비상황 평가**

  클라이언트가 종결에 대해 어느 정도 준비가 되어 있는지 평가한다. 종결의 준비가 되어 있는 클라이언트는 자신의 문제나 욕구를 스스로 해결할 수 있다. 또한 사례관리자에 대한 의존도가 감소되며, 자원의 효과적인 이용도 가능하다.

- **클라이언트의 현재 상태 평가**

  클라이언트가 종결에 대해 어느 정도 준비가 되어 있다고 판단되면,

클라이언트의 현재 기능 상태, 다른 자원 체계나 보호 체계와의 관계, 진전 상태 및 종결 후 발생할 수 있는 위험요소 등을 평가한다.

- **클라이언트의 정서적 상태의 평가**

종결에 대한 부정적인 감정을 평가한다. 클라이언트가 사례관리자나 서비스 제공자들과 과도하게 밀착되어 분리되기를 싫어하거나 두려워하는지, 그 반대로 사례관리자나 서비스 제공자들이 클라이언트와 과도하게 밀착되어 분리되기를 싫어하거나 두려워하는지, 클라이언트가 분리를 상실이나 버림받는 것으로 생각하지는 않는지 등을 평가하여야 한다.

종결에 대한 부정적인 감정이 발견되면, 직접적인 개입을 통해 긍정적인 감정을 갖도록 해주어 종결에 대한 준비를 하게 해야 한다.

- **사례관리 팀에서 종결을 논의하고 결정하기**

사례관리자는 클라이언트의 준비 상황에 대한 평가, 현재 상태에 대한 평가 결과를 검토하고, 이를 종합하여 사례관리 팀에서 종결에 대한 논의를 하며, 피드백을 받고 결정에 반영한다.

(2) 종결과정 수행하기

- **최종면접**

최종면접에서는 종결에 대한 감정과 과정 및 진전 상황에 대한 평가를 클라이언트와 함께하고 공유해야 한다. 또한 그동안의 변화 및 진전 상황에 대한 지지와 격려를 제공하고, 종결 후 서비스 및 자원 이용에 대한 정보를 제공한다.

- **의뢰하기**

사례가 종결되어도 해결해야 할 과제가 남아 있거나, 추가로 제공되어야 할 서비스가 필요한 경우, 클라이언트를 의뢰한다. 의뢰를 할 때에는 의뢰의 목적을 명확히 하고 의뢰 기관에 대한 정보, 의뢰 기관에서 이용 가능한 서비스 등에 대한 정보를 제공하고 클라이언트의 동의를 구해야 한다.

(3) 사례관리의 전반적인 요약과 종결을 기록하기

요약 및 종결기록에는 일반적으로 다음의 내용들이 포함된다.

- 클라이언트가 사례관리 서비스를 받게 된 주요 문제
- 클라이언트를 위한 사례관리 서비스의 목적과 목표
- 성취된 목적과 목표 및 성취과정
- 클라이언트의 현재 상황에 대한 재사정
- 재사정 결과에 의한 최종 결과
- 종결의 사유
- 종결 및 종결과정에 대한 반응
- 사례관리자의 개입과정 및 결과에 대한 평가

2. 직접적인 실천기술

사례관리에 있어서 직접적인 실천기술 또는 직접적인 개입기술은 사례관리자가 클라이언트와 관계를 형성하면서 클라이언트의 기능을 향상시킴으로써 욕구충족 및 문제해결을 원조하는 직접적인 서비스를 제공하는 데 있어서 필요한 기술을 말한다.

사례관리에 있어서 직접적인 실천기술들은 사례관리자가 클라이언트로 하여금 자신의 욕구를 스스로 충족시킬 수 있는 역량을 강화하도록 도와줌으로써 사례관리 그 자체의 효과성을 높일 수 있도록 원조하는 것이며, 사례관리의 전 과정에서 필요한 기술이다. 또한 사회복지실천 방법론의 모든 직접적인 기술들이 사용된다고 할 수 있다.

Moxley(1989)는 사례관리의 직접적인 실천에 있어서 사례관리자는 다음과 같은 역할들을 수행해야 한다고 제시하고 있다(조미숙 외, 2006).

- **수행자**

  사례관리자는 자기 스스로 문제를 극복하기 어려운 위기 상황에 처해 있는 클라이언트와 일해야 하는 경우, 수행자(implementer)의 역할을 수행해야 한다.

- **교사 / 지도자**

  클라이언트가 자신의 욕구를 스스로 충족시킬 수 있도록 클라이언트에게 필요한 삶의 기술들을 가르쳐 주는 교사(teacher) 또는 지도자(instructor)의 역할을 수행해야 한다.

- **안내자/협조자**

  클라이언트의 욕구를 충족시키기 위해서 필요한 자원이 무엇인가를 클라이언트와 함께 논의한 후, 이러한 자원을 획득하는 전 과정에서 사례관리자는 안내자(guide) 또는 협조자(collaborator)의 역할을 수행해야 한다.

- **진행자**

  클라이언트의 욕구에 대응 할 대안들을 찾아내거나, 클라이언트에게 도움이 될 수 있는 적절한 자원을 선택하기 위해서 클라이언트를 도울 때, 사례관리자는 진행자(processor)의 역할을 수행해야 한다.

- **정보전문가**

  지역사회 내에서 클라이언트가 이용 가능한 휴먼서비스, 급부체계, 기회 등에 대한 전문적인 지식을 가지고 클라이언트에게 제공할 때, 사례관리자는 정보전문가(information specialist)의 역할을 수행해야 한다.

- **지원자**

  클라이언트가 자신을 위한 행동을 하는 역할을 획득하도록 촉진시키는, 즉 클라이언트의 주체적인 판단을 증진시키는 지원자(supporter)의 역할을 수행해야 한다.

여기서는 사례관리의 실천과정 또는 사회복지실천의 과정에서 사회복지사나 사례관리자가 직접적인 실천을 수행할 때 필요한 기본적 기술들을 중심으로 살펴보았다.

1) 상담과 치료

초기의 사례관리에서는 중개자 혹은 행정가로서의 사례관리자의 역할이 강조되어 상담(counselling)이나 치료(therapy)와 같은 직접적인 실천기술은 중요한 것이 아니라 인식하였다. 그러나 사례관리가 점차 발달하면서, 행정 및 지역사회 서비스임과 동시에 치료적 서비스를 포함하는 포괄적인 서비스라는 점 등으로 상담과 치료와 같은 직접적인 실천의 기능이 강조되고 있다(장인협 외, 2001; 정순둘, 2005).

먼저 사례관리에서의 상담은 전통적인 치료처럼 심리 내적인 문제를 다루는 것이 아니며, 주거문제, 재정문제, 양육 그리고 고용과 같은 영역에서의 문제해결, 현실검증, 사회화 기술, 그리고 실제적 도움 등의 전 과정에 걸쳐 요구되는 기술로서 정보와 조언을 제공하는 것이다. 상담에는 가족구성원, 기관 대표자, 수용보호시설 운영자 등에게 제공되는 자문이 포함된다.

효과적인 상담은 기본적 생활기술을 가르치는 일, 역할놀이의 활용, 그리고 바람직한 행동에 대한 모델링 등을 포함하고 있다. 이러한 상담은 자기관리기술을 촉진하고 긍정적인 강화의 사용을 조장하는 것으로서, 보통 단기적인 것이므로 사례관리의 각각의 단계 혹은 전 과정을 통하여 제공될 수 있다.

다음으로 치료는 개인의 정신 내적인 문제로서 내면 깊이 자리잡은 성격 문제에 초점을 두는 장기치료와 실직, 결혼갈등과 같은 표면적인 생활문제에 초점을 두는 단기치료로 구분할 수 있다. 치료는 개별적이거나 집단적일 수 있으며 가족이 관여할 수도 있고, 위기개입적인 특징을 가질 수도 있다. 클라이언트들의 긍정적인 행동변화를 강화하고 유지하기 위해 필요에 따라서는 치료에 가족구성원을 포함시키는 것은 중요하다.

만성적인 클라이언트는 만성화로 인해 개인의 내적 통찰력이 제한되어 있으며, 따라서 클라이언트의 현재 상황에 대한 관리, 사회 적응, 그리고 사회적 지지와 클라이언트의 연계 등의 개입 형태가 치료의 내용에 포함된다. 치료는 클라이언트의 변화 추이에 따라 사례관리 과정 중 언제든지 이루어질 수 있으며, 필요에 따라 제공되고 철회될 수 있다.

상담과 치료는 모두 클라이언트의 기능을 향상시키기 위한 직접적인 실천의 기능으로서, 클라이언트의 정서적이고 내면적인 세계에 초점을 두고 주로 1 : 1의 관계 속에서 진행된다. 상담과 치료의 목적은 클라이언트의 내적 자원을 강화시켜 주고, 개인적인 자원이 지역사회 내에서 기능하도록 하는 데 있으며, 사용되는 이론적 배경과 기법이 거의 동일하다는 공통점이 있다.

그러나 치료는 클라이언트가 병리적인 상태에서 벗어나도록 하는 데 초점을 두고, 심리역동적이고 내면적인 것이 강조된다. 또한 '대화' 기법을 사용하여 클라이언트의 내부에 있는 근본적이고 영적인 마음의 문제를 치료하는 것에 목적을 두고 있다. 그에 비해서 상담은 문제의 해결과 치료를 목적으로 하는 치료적 모형에서 예방과 전인적인 발달과업의 성공적인 성취를 위한 실질적인 도움을 제공하는 모형까지 그 유형과 목적이 다양하다. 또한 상담은 보다 클라이언트의 삶과 지금-여기(here and now)의 문제와 관련하여 구체적인 조언이나 지침을 제공해 줌으로써 환경에 적응적으로 기능할 수 있도록 도와주는 것을 목적으로 한다는 점에서 차이점이 있다(Rothman & Sager, 1998).

사례관리에서 상담과 치료를 사용하는 목적은 클라이언트의 증상에 대한 치료가 주목적이 아니라, 클라이언트가 기본적인 삶의 과제에 적극적이고 효율적으로 대처할 수 있게 하는 것이다(Fast & Chapin, 1996; Weick et al., 1989; 정순둘, 2005).

사례관리에서 상담과 치료 등과 같은 직접적인 서비스의 제공을 위한 주요 요인은 다음과 같다(Rothman & Sager, 1998).

- 클라이언트에게 대인관계의 형성과 유지, 그리고 실질적인 과제 수행 등과 같은 일상생활 기술을 가르친다.
- 클라이언트에게 용기를 주고, 강화시켜 주며, 동기화시키는 등의 정서적 지지를 제공한다.
- 클라이언트에게 원조기관을 찾는 방법과 지역사회 자원을 이용할 수 있는 방법 등의 정보를 제공하는 인지적 지지를 제공한다.
- 클라이언트에게 아이를 돌보는 사람을 찾아주는 것, 차가 고장이 났을 때 견인차량을 불러 주는 것, 식사를 대접하는 것 등 실제적이고

구체적인 도움을 확대한다.

- 전혀 예상하지 못했던 스트레스 상황이라도 클라이언트가 이겨낼 수 있도록 위기개입 기법을 적용한다.

(1) 클라이언트에게 동기 부여하기

장기적인 서비스가 요구되는 클라이언트의 경우, 과거에 긍정적인 변화를 시도했다가 실패한 경험 등으로 인하여 왜곡된 자기 이미지를 갖기 쉽기 때문에 상담과 치료를 통하여 강한 동기부여를 해줄 필요가 있다.

클라이언트에게 동기를 부여하는 방법에 있어서 가장 중요한 것은 변화가 요구되는 특정 문제를 정확하게 찾도록 지지한 후, 클라이언트의 능력과 관심의 범위 내에서 이루어질 수 있는 과업을 규정하고 그 과업을 달성하게 하는 것, 즉 클라이언트에게 목표 달성에 따른 성취감을 심어 주는 것이다.

Gerhart(1990)는 클라이언트에게 동기를 부여하기 위한 전략을 다음과 같이 제시하였다(장인협 외, 2001, 재인용).

- 클라이언트가 그 자신에 대해 어떤 계획을 갖고 있는지 질문한다.
- 클라이언트의 생활을 향상시키고 문제의 재발을 방지하는 현실적인 대안을 제시한다.
- 사례관리자와 클라이언트 사이에 의견이 일치하지 않는 점이 있으면, 논의와 타협을 통해서 양자가 모두 만족하는 대안을 찾는다.
- 상호 합의한 목적에 대해 계약을 맺는다.
- 앞으로 이루어질 과정과 합의된 목적에 도달하도록 클라이언트를 도울 수 있는 서비스 제공자를 확인한다.
- 클라이언트에게 서비스 제공자에 대한 자료를 제공한다.

- 서비스를 이용하는 데 있어서, 예상 가능한 장애에 대해 논의한다.
- 서비스와 연결이 이루어졌을 때, 사례관리자와 클라이언트 각자의 책임이 무엇인지를 검토한다.

(2) 클라이언트의 참여를 촉진하기

클라이언트의 참여는 강점 개입과 효과적인 개입을 위해 매우 중요한 요소다. 그러나 장기적인 서비스가 요구되는 클라이언트의 경우 무기력감을 느끼며 수동적인 경우가 많기 때문에 사례관리자는 클라이언트의 역량과 제한점을 먼저 평가해야 한다. 또한 서비스 장(setting)에 대한 클라이언트의 경험과 이해 정도에 대해 인식하고 있어야 한다.

클라이언트가 상담이나 치료에 익숙하다고 판단하는 것은 잘못이다. 또한 손상이 있는 클라이언트의 경우 자신들이 무엇을 기대했는지 모르거나 잊어버리기도 한다. 따라서 클라이언트에게 무관심이나 침묵보다는 적극적인 관심·선호도의 표현이 언제나 바람직한 것임을 알려 주어야 한다. 그리고 사례관리의 모든 과정에 클라이언트의 역량을 고려하여 참여시키는 것도 필요하다.

사례관리자는 모델링(modeling), 역할놀이(role play) 등과 같은 구조화된 행동 기법들을 사용할 수 있다.

(3) 위기개입

클라이언트들은 거주지 상실, 가까운 사람의 죽음, 소득의 상실 등과 같은 일시적인 위기를 초래하는 생활상의 사건을 경험한다. 이러한 생활상의 사건은 우울, 분노, 실패감, 상실감, 외로움 등을 강하게 느끼기 때문에 평상시의 문제해결 방법으로는 해결하기가 어려워 클라이언트들을 무기력하게 하며 상당한 스트레스로 고통을 받게 된다.

일반적으로 모든 사람들에게 위기로 작용할 수 있는 중요한 생활상의 사건들은 다음과 같다.

- 부모나 배우자, 자식 등 정서적으로 오랫동안 유대관계를 형성해 온 친밀한 사람의 상실이나 사별.
- 갑작스러운 질병이나 상해로 인한 신체적 기능의 감퇴나 상실.
- 심각한 신체적·정신적 질환의 발병이나 악화.
- 병원 혹은 시설, 기관에서 지역사회로의 이동 혹은 그 반대의 경우와 같은 거주지의 변동이나 거주지의 상실.
- 고용 상태, 경제 상태, 사회화 기능에 영향을 미치는 사회적 지지체계의 변동.
- 사회적 고립이나 박탈.
- 원하지 않은 임신.
- 폭력이나 학대의 상황에 노출되었을 때.
- 약물 남용이나 부작용 혹은 약물 복용의 중단.
- 범죄 행위로 인한 피소 및 실형 선고.

위기개입 시 가장 스트레스를 주는 상황에 초점을 두고 문제를 이해하는 것이 중요하다. 위기 상황은 시간 제한적인 특성을 갖고 있기 때문에 가능한 한 빨리 문제가 해결되도록 클라이언트의 모든 역량을 동원해야 하고, 사례관리자의 적극적인 역할이 요구된다.

위기개입의 기본적인 과정은 다음과 같다(장인협 외, 2001).

- 위기를 촉발시킨 사건을 확인하고, 그 사건이 클라이언트에게 주는 의미를 파악한다.
- 클라이언트가 그 사건에 반응할 때의 의미를 파악한다.

- 클라이언트에게 도움이 되는 대안적인 방법을 찾는다.
- 새로운 대안을 수행함으로써 클라이언트를 원조한다.

2) 일상생활 기술의 교육 및 훈련

장기적인 서비스가 요구되는 클라이언트일수록 무기력하고 의존적인 경우가 많기 때문에 집중적인 상담이나 치료보다는 클라이언트가 현재의 상황에서 잘 대처할 수 있도록 일상생활에 기본이 되는 기술들, 즉 다른 기관과 연결하는 효과적인 전략, 이용 가능한 자원을 최대한 활용하는 것 등을 교육 · 훈련시키는 것이 바람직하다.

사례관리자는 클라이언트에게 문제 해결을 위한 대안을 쉬운 것에서부터 어려운 것으로 충분히 반복해서 보여준다. 또한 클라이언트가 문제 상황에 다양하게 반응할 수 있도록 원조하는 모델링(modeling)과 이러한 모델링에 의해 클라이언트가 행동을 수행한 후에 적극적이고 적절한 피드백을 제공하는 코칭(coaching)을 통해 클라이언트들을 교육 · 훈련시킬 수 있다.

대표적인 일상생활 기술들은 다음과 같다(Rothman & Sager, 1998; 장인협 외, 2001; 정순둘, 2005).

- **개인위생 관련 기술**

  면도, 이발, 목욕 등의 위생처리, 세탁, 몸치장하기, 대소변 보기 등.

- **대인관계 기술**

  사회화, 여가활동 계획, 시간 관리, 의사결정, 집안일 하기, 갈등의 조정, 주장 훈련 등.

- **지역사회 기술**

  지역사회 자원의 활용, 정신 건강 및 다른 응급 서비스에 대해 알기, 의사소통 기술 개발, 자조 집단 및 지역사회 서비스에 대해 알기, 지역사회와 정치에 대한 인식 기술 등.

- **직업 기술**

  직접 관찰을 통한 직업 기술 학습, 기술을 익히고 응용하는 기술 학습, 취업 면접에 참여하기, 작업장의 다른 사람들을 감독하기, 다른 사람을 훈련시키기 등.

- **소비자 기술**

  식사를 위한 계획과 요리, 장보기, 예산관리, 은행일 처리, 집안관리 등.

- **주택관련 기술**

  공공주택 신청, 관리회사와 협상하기 등.

그 외에도 클라이언트의 상황과 문제의 심각성 및 역량에 따라 안전관리 기술, 질병관리 기술 등이 추가되기도 한다.

3) 지지의 제공

Frankel과 Gelman(1998)에 의하면, 사례관리자는 사정의 과제를 달성하는 것과 클라이언트에게 정서적 지지를 제공하는 것 등 2가지 의무가 있다. 긍정적인 지지 기술로서는 대표적으로 칭찬이 있으며, 이를 통해서 사례관리자와 클라이언트의 관계가 더욱 견고해질 수 있다. 또한 클라이언트가 무엇인가를 하도록 격려하는 효과도 발생한다.

행동수정 이론에 의하면 이러한 긍정적인 지지는 긍정적인 새로운 행동을 학습하는 동기가 되기 때문에 클라이언트에게 칭찬이란 좋은 자극제가 된다. 그러나 새로운 행동을 학습했다 하더라도 이러한 행위가 지속적인 보상을 받지 못한다면, 금방 소거될 수 있으므로 사례관리자는 인내를 가지고 일관성 있게 긍정적인 지지를 보상으로 제공하여야 한다.

4) 관계형성을 위한 기술

클라이언트와 사례관리자와의 상호 신뢰관계 즉, 라포는 사회복지실천뿐만 아니라 사례관리에서도 성공을 좌우하는 주요한 요인이다. 따라서 사회복지사나 사례관리자는 클라이언트와의 긍정적인 관계형성이 중요하며 그에 필요한 기술을 가지고 있어야 한다.

사례관리에 있어서 사례관리자와 클라이언트의 긍정적인 관계는 다음과 같다(Rapp & Goscha, 2006; 권진숙 외, 2009).

- **목적이 있는 관계**

  사례관리의 궁극적인 목적은 클라이언트의 변화를 위한 것이며, 사례관리자는 이러한 목적의 달성을 위해 활동하는 것이다. 즉 사례관리자와 클라이언트는 같은 목적을 공유하고 있는 동등한 관계이다.

- **상호 협력적인 관계**

  사례관리자와 클라이언트는 상호 공유하고 있는 목적을 달성하기 위해서 서로 상호 협력하는 관계이다.

- **우호적인 관계**

  사례관리자가 클라이언트에게 사례관리를 통해 도움을 제공하는 것 중의 하나는 클라이언트가 다른 사람들과 친밀한 관계를 형성하고 유지하게 하는 것이다. 따라서 사례관리자는 클라이언트가 사례관리자와의 관계 속에서 존중과 수용, 온화와 보호, 즐거움 등을 경험할 수 있도록 우선적으로 도와주어야 한다.

- **신뢰적인 관계**

  대부분의 클라이언트들은 제한적인 관계망을 가지고 있으며, 여러 관계망에서 실패한 경험도 있다. 또한 이러한 과거의 경험이 현재의 원조관계에 부정적인 영향을 미칠 수도 있다. 따라서 사례관리자는 클라이언트와 매우 높은 수준의 신뢰 관계를 형성하고 유지해야 한다.

- **임파워링하는 관계**

  사례관리자와 클라이언트는 반드시 강점을 제공하는 임파워링하는 관계이어야 한다. 임파워링하는 관계는 클라이언트가 자신을 문제해결의 책임자로 인식하게 한다. 따라서 사례관리자는 클라이언트가 정체성을 가지고 스스로 결정해 나가면서 시행착오를 경험하기도 하고, 스스로 문제해결을 위한 정보를 수집하는 등, 클라이언트 스스로의 힘을 통해 성취해 나가도록 도와야 한다.

사례관리자가 클라이언트와 좋은 긍정적인 관계를 형성하고 라포를 형성하는 데 중요한 기술들은 다음과 같다(전재일 외, 2003).

- 클라이언트의 자기 결정 문제에 대한 관심을 나타내기
- 온화함을 전달하고, 신뢰 분위기를 만들기
- 클라이언트의 개별성을 존중하기
- 공감적인 이해를 나타내기
- 진실성과 확실성을 전달하기
- 비밀보장을 해야 할 정보와 하지 말아야 할 정보를 결정할 수 있는

전문적인 능력을 나타내 보이기

5) 경청 기술

사례관리의 실천 과정에서의 경청은 단순히 클라이언트의 말을 들어 주는 것 이상의 의미가 있다. 클라이언트들은 누군가가 자신의 이야기를 들어 주기를 바라고, 자신이 진정하게 받아들여지고, 이해되어지기를 바란다. 따라서 사례관리자는 클라이언트의 언어적·비언어적 의사표현에 집중하여야 하며, 특히 클라이언트의 의사표현에 내재된 의미와 내용, 감정에 집중해야 한다.

Gordon(1970)은 클라이언트에 대한 염려와 관심을 증명하기 위한 방법으로 적극적인 경청을 제안하였다. 적극적인 경청은 클라이언트의 자기 수용과 부정적인 감정의 정화 등과 같은 치료적 효과가 있다.

또한 적극적인 경청은 치료적 경청과 반응을 의미하는 것으로 다음의 3가지 목적이 있다(최송식, 2008).

첫째, 클라이언트로 하여금 그들의 염려와 느낌을 정확하게 듣고 있다는 것을 알게 한다.

둘째, 사례관리자의 오해를 바로잡을 기회를 제공한다.

셋째, 클라이언트에 대한 수용을 보여준다.

또한 적극적인 경청에서의 유의사항은 다음과 같다.

- 충분히 오랫동안 적극적으로 경청한다.
- 적극적인 경청을 한 후에, 해결책은 나중에 제시한다.
- 적극적인 경청이 동의를 의미하는 것은 아니다.

- 사례관리자가 잘못 이해했을 수도 있다.
- 사례관리자 자신의 비언어적인 의사표현, 즉, 몸짓, 자세 태도 등에 주의하라.

6) 면접의 기본적인 기술

클라이언트는 처음 기관으로 걸어 들어올 때의 경험과 사례관리자의 대우에 때라 자신이 환영받고 존중받는다고 느낄 수 있다(Lishman, 1994: 17). 클라이언트에 대한 사례관리자의 따뜻한 환대는 긍정적인 라포를 형성하는 데 도움이 될 것이다.

사례관리의 실천의 장면에서 라포를 형성하는 데 도움이 되는 기본적인 면접의 기술들을 살펴보았다(전재일 외, 2003).

(1) 환영하기

라포를 형성하는 또 하나의 방법은 클라이언트를 따뜻하게 맞이하고 존경심을 가지고 환영하는 것이다. 이것은 처음 사례관리자를 찾아오는 클라이언트가 가지는 약간의 불안과 두려움을 완화시킬 수 있다. 그들의 관심사가 무엇이든지, 어떠한 경우라도 사례관리자가 따뜻하게 맞이하는 것은 훌륭한 라포를 형성하고 클라이언트와의 '동맹 관계'를 잘 구축할 수 있는 기술이다(Trevithick, 2000).

(2) 악수하기

악수하기는 사회문화적인 관점에 따라서 다르게 해석할 수도 있지만, 일반적으로 공식적인 제스처(gesture)로 이용되고 있다. 사례관리자가 악수를 할지 안 할지는 자신의 직관에 의해 결정해야 하며, 클라이언트와 위압적이고 강제로 악수하지 않아야 한다. 하지만 클라이언트가 상대적으로 이완되어 있을 때, 또는 우연히 마주치게 되었을 때 등의 상황에서 악수가 만남의 시작과 끝을 분명히 나타내는 유용한 방법으로 사용된다.

(3) 신체적 접촉

우리가 편안할 것이라고 생각하는 신체적 접촉을 모든 사람이 다 똑같이 생각하지 않으므로 주의할 필요가 있다. 학대받은 경험이 있는 클라이언트는 개인에 따라 폭력으로 여기거나 이전에 학대받은 기억을 떠올리게 하는 위기로 느낄 수 있기 때문이다. 클라이언트와의 신체적 접촉에 대해서는 사례관리자들이 그 상황에 직관적으로 대처하는 것이 필요하다.

사례관리자가 할 수 있는 가장 유용한 방법 중의 하나는 클라이언트에게 편안함을 제공하고, 그의 감정을 공감하려고 노력하는 것이다. 또 하나는 혼란 상태에 있는 개인이 말하게 함으로써 부정적인 정서를 표현하도록 격려하는 것이다.

(4) 비공식적 대화로 시작하기

클라이언트를 편안하게 맞이하는 또 하나의 방식은 날씨나 여행에 관한 이야기처럼 논쟁이 되지 않으면서 부담을 주지 않는 이야기로 시작하는 것이다. 이런 종류의 이야기를 얼마동안 해야 할지는 사례관리자의 직관으로 결정해야 한다. 너무 간단히 하게 된다면 클라이언트가 철로를 달리는 것처럼 급한 느낌을 받을 수 있다. 한편 비공식적인 대화가 필요 이상으로 길어진다면 불필요한 불안을 일으킬 수도 있다.

또한 이러한 종류의 대화는 면접이 시작되기 전에 사례관리자에 대한 인상을 심어 주기 때문에 평범해서도 안 되며, 어려운 문제를 함께 논의하거나 도움을 받을 수 있는 사람으로 클라이언트에게 보여질 수 있도록 하여야 한다.

(5) 공감과 동정

① 공감

공감(empathy)은 다른 사람의 경험의 본질, 그들 자신의 독특한 관점, 그리고 클라이언트가 의미하는 것을 최대한 민감하고 주의 깊게 이해하려고 노력하는 것이며, 사례관리자가 클라이언트와의 좋은 관계를 형성하는 데 중요하다. 공감은 이성보다 감성이 앞서고, 수동적인 이해라고 불리는 동정(sympathy)과는 달리 '다른 사람의 내면을 이해하려는' 의지를 전달하는 것이다(Kadushin, 1990: 51). 공감은 전문가로서의 이성을 가지고, 클라이언트들이 가진 감정, 경험, 생각 등을 이해하는 것이다.

또한 공감기술은 다음 3가지로 구분된다(Shulamn, 1992).

- 클라이언트의 감정에 가까이 가기
- 클라이언트의 감정을 이해한 것을 나타내기
- 클라이언트의 감정을 말하게 하기

② 동정

동정은 능동적인 공감과는 반대로, 다른 사람과 같은 감정을 느끼는 것으로, 이성보다 감성이 앞서는 수동적인 이해로 표현된다. 동정은 불쌍히 여기는 형태거나 개인의 경험을 주저하지 않고 받아들이는 것을 의미하므로, 휴민서비스 전문가들에게는 공감이 더 전문적인 반응인 것으로 여겨진다(Egan, 1990: 139). 하지만 동정은 전문적인 관계가 아닌 일반적인 대인관계, 예를 들어 친구와의 관계에서는 친구의 곤란함이나 괴로움에 대한 진실하고 인간적인 반응이 될 수 있다.

(6) 직관

직관은 전문적인 실천에서 '자기의 활용'과 관련된 것이다. 사례관리자가 직관을 활용하는 것은 비언어적 의사소통 형태를 정확하게 읽을 수 있는 능력과 관련이 있다. 직관은 '원인과 지능'으로 얻지 못하는 지식이나 인식이며, 생각, 육감, 본능적인 반응, 인상, 연합, 통찰, 충동과 짐작의 형태로 의사소통을 하게 한다.

사례관리자가 단지 직감만으로 말하는 경우에는 틀릴 수 있으며 위험한 상황을 만들 수 있음을 주의해야 한다. 사례관리자가 증거를 얻을 수 있거나 혹은 '어려운 사실'이 일어나는 시점에서는 자신의 직관이 분명해 질 수 있을 때까지 계속해서 가설이나 징후, 경고, 사건 또는 결과 등과 같이 있을 수 있는 일을 신중하게 고려해야만 한다.

7) 질문 기술

사례관리자는 필요한 정보를 얻거나, 클라이언트의 의사소통을 격려하기 위해서 또는 클라이언트의 생각과 느낌을 표현하도록 돕기 위해서 여러 가지의 질문을 사용한다. 또한 사례관리자는 되도록 질문을 적게 하여 클라이언트가 자유롭게 의사소통을 할 수 있도록 돕는 기술을 발전시키는 것이 중요하다. 좋은 질문은 클라이언트가 자신의 표현을 조직화하도록 돕는 것이다. 그러므로 사례관리자는 질문을 하기 전에 먼저 클라이언트들이 무엇을 듣고 싶어 하는지, 그들의 중요한 생각과 감정이 무엇인지 등 클라이언트의 정서에 반응하여 질문해야 한다.

질문기술은 목적과 역할을 명료화 하거나 정보를 나누는 다른 표현기술과 함께 사용하기에 적절한 기술이다. 질문하기는 클라이언트로 하여금 개인적 경험을 나누도록 격려할 뿐만 아니라 상호작용을 촉진하는 도구로도 사용된다.

그러나 사례관리자의 질문은 클라이언트가 배우고 성장하도록 도울 수 있는 다기능의 도구이지만 너무 많은 내용을 차례대로 질문했을 때, 클라이언트가 면접을 받고 있기보다는 심문을 받고 있는 것처럼 느끼게 할 수도 있다(전재일 외, 2003).

(1) 개방적 질문

클라이언트가 말하고 싶을 때 자신의 생각과 감정을 표현할 수 있는 선택의 자유를 허용한다. 클라이언트가 어떤 관심사를 선택할 수도 있고 무시할 수도 있다. 그러므로 클라이언트가 탐색하기 위한 충분한 시간을 가지는 것이 무엇보다 중요하다(Trevithick, 2000: 87). 개방적 질문은 클라이언트에게 가능한 한 자신의 대답을 선택할 책임과 기회를 많이 주는 것이다.

개방적 질문(open-ended question)은 초기면접이나 첫 만남의 장면 등 클라이언트에 대한 정보가 충분하지 못한 상태이거나, 보다 많은 정보를 필요로 할 때, 유용하게 활용될 수 있다. 그러나 자신의 생각이나 감정을 개방하여 공식화하는 데 익숙하지 않는 클라이언트는 이러한 질문에 대해 좋지 않는 느낌을 가질 수도 있다.

(2) 폐쇄적 질문

폐쇄적 질문(closed-ended question)은 클라이언트에게 답을 선택할 자유를 주지 않고 구체적 상황에 초점을 둠으로써 대답할 수 있는 범위를 제한하는 질문의 형태이며, 클라이언트가 '예 / 아니오'로 답할 수 있거나 자신의 이름, 주소, 연령 등에 간단하게 답하게 된다.

폐쇄적 질문의 주된 단점은 클라이언트가 대답할 수 있는 범위를 제한되어 클라이언트의 뜻과는 다른 방향으로 나아갈 수 있다는 것이다. 이 형태의 질문은 클라이언트가 쉽게 무시당하거나, 범주화되거나, 응답을 하도록 강요하게 되므로 좌절감을 느낄 수도 있다. 그러므로 사례관리자는 면접 전후에 충분한 시간을 가지고 클라이언트와 함께 이러한 방식의 질문에 대해 이야기하는 것이 필요하다.

(3) '무엇'이라는 질문

이 질문의 주된 장점은 질문에서 "무엇"이 암시하는 것이 매우 불특정하기 때문에 클라이언트가 초점을 두고 싶어 하는 관심사나 이슈를 스스로 자유롭게 정의하여 답할 수 있게 하는 점과 과거보다는 현재를 강조한다는 것이다(Lishman, 1994: 77). '무엇'이라는 질문은 광범위한 이슈, 영적인 문제에 작용하는 요인들, 관련이 있는 다른 사람들에 대해 탐색하려고 할 때 매우 적절한 질문이다.

(4) 피해야 할 질문

사례관리자가 질문 형식을 취함에 있어서 자주 범하기 쉬운 실수는 유도하는 질문이나 암시적 질문, 이중적 질문, 무엇을 묻고 있는지 클라이언트가 알 수 없는 질문 등을 사용하는 것이다.

다음과 같은 형태의 질문들은 피하는 것이 좋다.

- 유도하거나 제안하는 형태의 질문
- 지나치게 '예 / 아니오'를 많이 요구하는 질문
- 모호하거나 명확하지 않은 질문
- 이중적 또는 다중적인 질문
- 문장의 앞에 "왜"라는 말을 사용하거나, 지나치게 "왜"라고 하는 질문

8) 내용 확인 기술

내용 확인 기술은 사례관리자가 지금까지 클라이언트와 의사소통을 해

온 내용과 의미를 이해했다는 것을 확인하는 것이다. 이것은 가끔 추적(tracking)이라고도 하며 말한 것을 반영하거나 요약을 하여 클라이언트에 관한 순간의 탐색을 의도적이고 공감적으로 경청하는 기술(Feltham & Dryden, 1993: 195)이며, 클라이언트가 의사소통하고 있는 것에 반응하고 반영하면서 창조적인 경청을 결합하는 것(Seden, 1999: 29)이다.

이러한 기술은 부연 설명하기, 명료화하기, 요약하기 그리고 피드백을 주고받기를 포함한다(전재일 외, 2003).

(1) 부연 설명하기

부연(敷衍) 설명하기(paraphrasing)는 클라이언트가 말한 내용의 본질을 정확하게 반복하지는 않지만 다시 말하는 것으로써 클라이언트의 말을 가능하면 긍정적이고 새로운 단어들로 바꾸어서 재진술하는 것을 말한다. 그 주요 목적은 사례관리자가 의사소통하고 있는 것의 감각과 의미를 파악했는가를 확인하는 것이며, 이것을 확인하는 유일한 방법은 사례관리자 자신의 생각과 인상을 알기 쉬운 말로 표현하는 것이다.

부연 설명하기는 클라이언트가 이미 말한 것을 끄집어내어 다시 말하는 것이기 때문에, 클라이언트의 입장에서는 자신의 말이 부적절하거나 분명하지 않는 것으로 느낄 수도 있고, 클라이언트가 말한 것의 의미를 다르게 바꿀 수 있기 때문에 주의하여야 한다.

(2) 명료화

명료화(clarifying)는 주로 클라이언트가 보다 더 명확하게 말하도록 격려하고 클라이언트가 말한 것에 대해 사례관리자가 이해했음을 증명하기 위해 질문하는 것이다. 즉 명료화는 클라이언트가 말하는 것을 더욱 분명하고 명확하게 이해할 수 있도록 보다 유사한 말로 바꾸어서 반영하는 것이다. 사회복지사는 명료화를 통해서 사회복지실천의 방향이 정해질 뿐 아니라 이 과정을 통해 클라이언트의 동의를 구하게 된다.

그러나 명료화는 클라이언트들은 자신들이 의사소통을 잘못하는 것을 의미하거나 은근한 비난으로 여길 수도 있기 때문에 면담의 흐름을 방해할 수 있는 '부연 설명하기'와 같이 클라이언트의 기분이 나빠질 수도 있다.

(3) 요약하기

사례관리자는 면접 시간에 논의된 이야기의 핵심적인 내용이나 감정적 요소를 한 데 모으기 위해 요약(summarizing)을 사용할 수 있다. 면담 시작 전, 이전 내용에서 다루었던 중요한 내용을 다시 언급할 때, 클라이언트의 이야기가 두서없을 때, 면담을 진행하고 마무리하는 시점에서 사례관리자의 언어로 그 내용을 정리한다. 주로 클라이언트의 감정이 아니라 이야기한 내용을 요약한다.

요약을 하는 주된 목적은 클라이언트가 생각을 정리할 수 있게 해주기 위해서다. 클라이언트는 흔히 생각나는 대로 두서없이 말하기 때문에, 간결하고 정확하게 시기적절한 요약을 해주면 클라이언트는 문제들을 정리해 볼 수 있게 된다.

요약하기는 다양한 방법으로 사용될 수 있다. 첫째, 사례관리자는 새로운 세션을 시작할 때 이전의 세션에서 다룬 요점을 끌어내거나 요약할 수 있다. 둘째, 요약하기는 지금까지 다루어 온 것에 대해 정확하고, 간결한 부분이나 자세한 내용을 제공할 수 있다. 셋째, 특히 면접이 방향을 잃게 되거나 방향 없이 시작할 때, 적절한 시기에 간략하고 정확한 요약하기는 면접의 방향을 바로잡는 데 유용하게 사용된다.

(4) 피드백 주고받기

긍정적 또는 부정적인 피드백을 주고받기(giving and receiving feedback)는 사례관리자와 클라이언트 모두에게 다음과 같은 이점이 있다. 첫째, 명확하고 솔직한 피드백은 특별한 행동과정이 동의한 목표들을 달성하는 과정에 있다는 것을 확인하는 방식으로서 실천에 적용할 수 있다. 둘째, 피드백은 의사소통의 정서적 내용과 클라이언트의 말이 아니라 감정을 반영하는 것을 초점을 두는 방식으로 사용될 수 있다(Nelson-Jones, 2000: 130). 또한 이것은 클라이언트들이 스스로 성공을 확인하고 그들 자신에 관한 더 많은 것을 학습하도록 도울 수 있다.

실천과정에서 피드백을 주고받는 것은, 클라이언트들이 다른 사람에게서 느끼는 감정을 다루어야 하기 때문에 어려운 일이다. 어떤 클라이언트들은 부정적인 피드백으로 자신에게 상처를 준 과거의 인물을 다시 떠올리게 될까 봐 걱정한다. 이러한 걱정을 진정시키기 위하여 피드백의 목적은 클라이언트의 수행에 관한 판단을 하기보다는 오히려 생활지도, 지지 그리고 도전을 제공하는 것이라는 것을 강조해야 할 것이다.

피드백은 다음과 같은 3가지 목적이 있다(Egan, 1990: 389).

- 확인적(confirmatory) 목적

  클라이언트들에게 과정 중에 있다는 것, 즉 목표를 향하여 여러 단계의 행동프로그램을 거쳐 성공적으로 이동하고 있는 것을 알려 줄 때.

- 교정적(corrective) 목적

  클라이언트들에게 그들이 옆길로 빗나간다면 과정으로 돌아올 필요가 있다는 정보를 제공할 때.

- 동기부여적(motivating) 목적
  적절하고 부적절한 프로그램의 결과를 지적할 때와 수행을 개선하기 위한 제안을 할 때.

사례관리자가 주는 피드백이 부정적이거나 비판적일 수 있으므로 사례관리자도 역시 걱정하고 방어적으로 행동할 수 있다. 질적인 보장이란 면에서 클라이언트와의 피드백은 휴먼서비스의 실천 영역에서 점차 강조되고 있다(Adams, 1998: 115). 따라서 수퍼비전을 정기적으로 받는 것이 도움이 된다.

9) 핵심에 도달하는 기술

사회복지실천 및 사례관리의 모든 과정에서 나타나는 공통적인 문제점은 면접이 표류하도록 허용하고 클라이언트들이 적절하지 못한 화제를 두서없이 말하도록 내버려 둘 때다. 핵심에 도달하는 기술은, 사정의 목적을 위해 정보를 얻거나 토의되어야 할 이슈를 탐색하는 것 등과 같은 구체적인 목적을 실현하기 위해 필요하며, 면접의 핵심과 목적을 유지할 수 있는 중요한 기술이다.

여기서는 핵심과 목적에 초점 두기, 격려하기, 검증하기, 침묵에 대처하기, 자기개방 이용하기 등을 살펴보았다(전재일 외, 2003).

(1) 핵심과 목적에 초점두기

가끔 클라이언트들은 목적과 관계되는 이슈들로부터 이탈하는 경우가 있다. 이러한 경우에 현재 다루고 있는 주제에 주의를 집중하고 유지하기 위해 사용되는 핵심과 목적에 초점을 두는 기술을 사용할 수 있다. 또한 이 기술은 면접의 속도나 방향을 바꾸고 더 깊이 검증하는 질문이다. 특히 과묵하고, 혼돈되어 있고, 자신이 무엇을 왜 원하는가에 관한 명백한 상황을 제시할 수 없는 클라이언트들과 면접할 때 이용할 수 있는 중요한 기술이며, 클라이언트와의 라포에 방해받지 않고 면접의 목적에 충실할 수 있게 한다.

다음과 같은 상황에서 면접의 목적과 핵심에 초점을 두는 기술을 사용하게 된다.

- 다른 이슈들을 제외하고 한 가지 이슈에 지나치게 초점을 두게 될 때
- 다룰 내용이 없어지고 의사소통이 반복되고 있을 때
- 토의가 주변적이거나 부적절한 이슈로 바뀌어 질 때
- 다시 생각해 보기 위해 어려운 이슈나 욕구에서 벗어날 때
- 토론이 정서적으로 부담을 가지게 되어 침착함과 균형을 필요로 할 때

사례관리자가 이슈들을 제기하는 것은 어떤 클라이언트에게는 어려울 수도 있다. 이런 경우 그러한 이슈들이 명백한 경계가 있는 방식으로 토의될 수 있다는 것을 재보증해 주어야 한다.

재보증이란, 클라이언트의 능력에 대해 사례관리자가 신뢰를 표현함으로써 클라이언트의 자신감을 키우는 기법이다. 이 기법은 클라이언트가 실제로는 현실적이며 선진하게 그리고 사회적으로 수용될 수 있는 결정과 사고방식, 느낌을 가지고 있음에도 불구하고 자신을 믿지 못하는 클라이언트에게 효과적으로 적용된다. 그러나 재보증은 사례관리자 자신이 어려운 이슈를 토의할 수 있는 능력을 반드시 소유하고 있어야 한다.

(2) 격려하기

격려하기(prompting)는 면접을 시작하거나 클라이언트를 지지하는 데 사용된다. 이것은 더 많은 대화를 격려하기 위하여 어떤 이야기와 다른 이야기를 연결시켜 주거나 미완성의 문장이나 설명으로 직접적인 암시를 하여 더 많은 설명을 끌어내는 것 등과 같은 여러 가지 형태가 있다.

한 클라이언트를 격려하고 있을 때 다른 클라이언트의 이야기를 차단하기 쉽다. 클라이언트의 생각과 감정을 자신의 말로 설명한다는 것은 중요하기 때문에 이야기를 차단하는 것은 반드시 피해야 할 것이다. 또한 이야기를 계속하도록 어떤 사람을 격려하는 것은 강요(coercing)로 경험될 수 있다. 그러므로 사례관리자는 격려하기 기술을 사용할 때에는 시기 맞추기, 민감성, 친절한 어조 그리고 관심을 보임으로써 그 사람이 억지로 강요받고 있다고 생각하지 않도록 접근하는 것이 중요하다.

(3) 검증하기

일반적으로 검증하기(probing)는 보다 구체적인 부가적 정보가 필요하거나 처음의 대답이 불충분하고, 부적당하고, 불분명하며 이전의 정보와 일치하지 않을 경우에 하는 것으로 주로 질문의 형태로 이루어진다.

클라이언트 상황이 전반적으로 묘사되어 왔더라도 특히 중요한 세부 항목들이 빠질 수 있다. 면접 목적의 달성을 위한 중요 내용에 관련된 분명하고 완전한 정보를 얻지 못한다면, 사례관리자는 클라이언트의 생각과는 다르게 추정할 수도 있다. 따라서 클라이언트로부터 더욱 상세하고 구체적인 정보를 끌어내는 데 사용되며, 개인으로부터 정보를 수집할 때 유용한 기술이 될 수 있다. 또한 사례관리자가 사정을 하는 데 있어서도 중심이 되는 기술이다.

클라이언트가 검증에 응함으로써 질문에 대한 근본적인 대답으로서의 가치를 가진 대상임을 암시하게 된다. 또한 반대심문의 성격을 가진 것이 아니라 사례관리자와 클라이언트로 하여금 보다 넓고 명확하게 구체적으로 그 상황을 알도록 하는 현명한 해설과정이다.

다음과 같은 상황에서 검증하기를 사용할 수 있다.

- 이전의 정보와 일치하지 않거나 내용의 관련성이 분명하지 않을 때
- 모호한 내용을 보다 명확하게 할 필요가 있을 때
- 보다 자세한 설명 혹은 부가적인 정보가 필요할 때
- 보다 더 특정적인 것이 필요할 때

(4) 침묵에 대처하기

면접 과정에서의 침묵은 클라이언트와 사례관리자 모두에게 어려운 감정을 초래할 수 있다. 이와 관련된 기본 가정은 이야기하는 것이 이야기하지 않는 것보다 좋다는 것과 침묵은 언제나 깨트릴 수 있으며, 침묵이 너무 길면 면접은 성공하지 못한다는 것이다.

경험이 적은 사례관리자들은 클라이언트의 침묵에 불안하여 의사소통을 잘하지 못하거나, 자신이 클라이언트를 다루는 데 있어서 실패했다는 신호로 침묵을 생각한다. 또한 침묵은 거절이나 불만의 신호로 사용될 수도 있지만 반드시 그렇지는 않다. 따라서 침묵으로 무엇이 의사소통되고 있는지 즉, 침묵이 어떻게 사용되고 있는가를 명백히 하는 것은 중요하다.

면접에서 침묵을 효과적으로 활용하는 것은 또 하나의 상담기술이 될 수 있다. 유능한 사례관리자는 클라이언트가 침묵을 필요로 할 때 존중해준다. 클라이언트가 할 말을 찾지 못할 때가 아니라면 그 침묵을 깨뜨릴 필요가 없다. 잠시 앉아 기다리며 클라이언트에게 생각할 시간을 준다. 또한 사례관리자가 침묵을 지키며 경청하는 것은 클라이언트에게 말을 하도록 촉진하는 효과가 있다. 즉, 사례관리자의 침묵은 클라이언트에게 상담

과정의 책임을 갖도록 해주는 가치가 있다. 사례관리자의 침묵을 겸한 경청은 클라이언트가 자신의 중요한 느낌을 표현한 후에 거기에 대해 깊이 생각하고 통찰에 이를 수 있도록 시간적인 여유를 준다.

이러한 침묵들을 해석하고 처리하는 것이 사례관리자의 한 역할이라고 볼 수 있다. 우선 침묵이 부정적인지 긍정적인지를 판단할 필요가 있다. 이러한 판단을 하려면 클라이언트가 보이는 침묵의 의미를 생각해 보아야 할 것이다.

대표적인 침묵의 예는 다음과 같다.

- 그 자신에 관한 긍정적인 생각이나 감정에 몰두하는 창조적 침묵
- 클라이언트가 자신이 말한 내용 중에서 중요한 부분을 사례관리자가 확인해 주기를 바라거나 해석 등을 기대하는 침묵
- 상담관계가 제대로 이루어지기도 전에 일어난 침묵
- 클라이언트가 아무런 생각이 나지 않거나 다음에 무슨 말을 해야 좋을지를 생각하는 경우
- 사례관리자에 대한 적대감에서 오는 저항이나 불안 등 전이에 의한 침묵
- 클라이언트는 자신의 느낌을 표현하려고 최대한의 노력을 하는데도 말이 잘 표현되지 않는 경우의 침묵
- 클라이언트가 방금 이야기했던 것에 관해서 생각을 계속하고 있는 경우의 침묵
- 클라이언트가 이전에 표현했던 감정 상태에서 벗어나기 위해서 일시적으로 생겨난 침묵

클라이언트의 침묵이 의미 내용을 판단한 다음 사례관리자가 해야 할

일은 '침묵은 깨어야 할까? 아니면 기다려 주어야 할까?' 하는 결정이다.

(5) 자기개방 이용하기

특수한 상황이나 면접의 효과성을 높이기 위하여 사례관리자가 자신의 개인적인 경험, 태도, 느낌, 생각과 과거 등을 클라이언트에게 드러내는 자기개방(self-disclosure)이 중요하다(Lishman, 1994: 145). 또한 자기개방을 통해 과거 경험, 현재 상황 혹은 앞으로 생길 수 있는 일을 이야기할 수 있다. 그러나 현재 상황과 관련된 자기개방은 클라이언트가 특정 문제에 초점을 두면서 구체적으로 다루어 갈 수 있도록 도울 수 있기 때문에 가장 효과적이다. 이러한 사례관리자의 자기개방은 자신에 관한 현재와 과거의 개인 정보를 나타내는 것과 관련되기 때문에 '자기지식'과 '전문적 자기 활용'보다 한 발 더 나가는 것이다.

자기개방의 방법은 지금-여기의 형태로 개방적으로 반응하며, 내용상 사례관리자가 자기의 경험과 비슷한 클라이언트의 경험에 대해서 감정을 나타내 보이는 것이 좋다. 그러나 자기개방을 부적절하게 사용된다면, 클라이언트가 사례관리자의 정서적 안정이나 전문적 능력에 의문을 가지고, 심지어는 조종당한다는 느낌을 가질 수도 있다. 따라서 자기개방은 클라이언트를 압도하지 않도록 되도록 조심스럽게 사용되어야 한다.

약간의 심리적 거리감을 바라는 클라이언트의 욕구는 존중되어야 하기에, 자기개방의 시기도 중요하다. 시기적절하고, 초점을 잘 맞춘 자기개방은 클라이언트가 방해받는 일 없이 상담을 계속할 수 있게 한다. 가장 중요한 것은 자기개방이 누구의 욕구에 의한 것인지 판단하는 것이다.

10) 기본적인 의사소통 기술

기본적으로 의사소통은 한 사람이 다른 사람에게 정보를 전달하는 과정이다. '무엇을 말했거나 전달하고자 했는가?'와는 관계없이 상대방의 말이나 몸짓에 의미를 부여하는 것은 말을 들은 사람이다. 따라서 의사소통은 주로 말을 들은 사람에게 초점을 두고 말을 한 사람의 언어적·비언어적 행위에 의미를 부여할 때 일어난다. 즉, 누군가가 다른 사람의 언어나 행동에 담긴 메시지를 어떻게 인식하는가에 달려 있다.

사례관리자가 클라이언트와의 관계를 형성하고 그들에게 전달하는 메시지의 유형은 전문적 상호작용의 목적에 따라 결정된다. 직접적인 서비스(directive service)를 제공하는 사례관리자는 원조과정에 긍정적인 영향을 미치는 관계를 발달시키려고 한다. 이때 사용되는 의사소통기술에는 공감, 온화함, 진실성 등이 강조되고, 간접적인 서비스(indirective service)를 제공하는 사례관리자에게는 정확성, 명확성, 그리고 목적 지향적인 기술 등이 더욱 필요하다.

의사소통은 다음과 같은 경우에 문제가 일어날 수 있다(Sheafor, Horejsi, & Horejsi, 1991: 81-83).

- 스스로 이야기하도록 두기보다는 대신 이야기할 때
- 편견이나 고정관념을 가지고 듣고 말하게 될 때
- 다른 사람이 말하려는 것을 경청하지 않고 이해할 시간을 갖지 않을 때
- 자신이 실제로 믿고 느끼는 것을 다른 사람이 인정하지 않을까 봐 말하지 않으려 할 때
- 자신이 생각하고 느끼는 것을 다른 사람이 이미 알고 있을 것 같아 이야기하지 않을 때
- 솔직하고 개방적으로 이야기하는 것을 두려워할 때
- 지시하기, 위협하기, 설교하기, 심판하기, 비난하기, 또는 비위 맞추기

등으로 의사소통을 억압하거나 무력하게 할 때

• 낮은 자긍심으로 인해 말할 것도 없고, 이야기를 들어 줄 사람도 없다고 생각할 때

여기서는 언어적인 의사소통, 비언어적인 의사소통, I-message 등을 살펴보았다(전재일 외, 2003).

(1) 언어적인 의사소통

사례관리자가 주로 사용하는 언어적 의사소통(verbal communication)은 사람 간의 원조를 촉진하기 위한 것과 기관 내, 기관 간, 전문분야 간의 정보의 교류을 촉진하기 위한 것 등의 2가지로 구분할 수 있다.

① 훌륭한 의사소통

언어적 의사소통은 사례관리에 있어서 핵심적인 것으로 훌륭한 의사소통을 하기 위해서는 사례관리자는 다음과 같은 태도를 가져야 한다.

• 모든 인간은 독특한 방법으로 사건을 인식하고, 경험하고, 상호 교환한다는 것을 이해한다. 따라서 의사소통에 있어서 어느 정도의 오해는 예상하고 이러한 문제를 줄여 나가려는 자세가 필요하다.
• 클라이언트가 이해하기 쉬운 방법으로 사고를 조직하고 메시지를 전달하려는 의시가 필요하다.
• 클라이언트가 말하는 것을 들을 수 있도록 자신의 방어를 줄이는 의지가 필요하다.
• 클라이언트에게 주의를 기울여 듣고자 하는 의지가 필요하다.
• 자신의 사고와 감정, 행동에 책임을 지려는 의지가 필요하다.
• 잘 이해하고, 잘 이해받기 위해서 의사소통에 필요한 시간을 가지려

는 의지가 필요하다.

의사소통에서 말을 하는 사람은 자신의 메시지가 쉽게, 오해받지 않는 방법으로 전달해야 하는 책임이 있다. 그리고 말을 듣는 사람은 말하는 사람이 의도한 대로 정확하게 메시지를 듣고 왜곡하지 않을 책임이 있다.

② 메시지를 들을 때의 규칙

- 말하는 동안에는 들을 수가 없기 때문에 말하는 것을 멈춘다.
- 말하는 사람을 편안하게 해주고 불안을 줄이기 위해, 문을 여닫는 소리 등 산만하게 만드는 요인을 없애는 등 할 수 있는 노력을 기울인다.
- 주의를 집중하고, 말이나 행동으로 듣고 싶어 한다는 것을 보여야 한다.
- 말하는 사람을 참을성 있게 대하고 말을 끊지 않는다.
- 더 잘 이해하기 위해서 혹은 말하는 사람이 자신의 메시지를 명확히 전달하도록 돕기 위해서 질문을 한다.
- 감정을 통제한다. 즉, 의사소통에 장애를 일으킬 수 있는 비판이나 논쟁을 하지 않는다.

③ 메시지를 말 할 때의 규칙

- 명확하고 단순한 말을 사용한다. 분명하고 너무 빠르지 않게 말한다.
- 당신의 몸짓에 주의한다. 몸짓은 당신의 메시지 내용과 일치해야 한다. 절절한 눈의 접촉과 몸짓을 사용한다.
- 너무 많은 정보로 수신자를 압도하지 않는다. 길고 복잡한 메시지를 몇 개의 부분으로 나누어 보다 쉽게 이해되고 다루어 질 수 있게 한다.
- 말을 듣는 사람이 잘 이해했는가를 알 수 있도록 질문이나 코멘트 등 피드백을 요구한다.

④ **효과적인 의사소통기술**

사례관리자가 더 효과적으로 의사소통하도록 도움을 주는 여러 가지 기술이 있다.

- **메시지를 계획하는 기술**

  사례관리자는 의사소통을 하기 전에 메시지에 대한 계획을 세워야 한다. 메시지는 듣는 사람에 의해 일부 왜곡될 가능성이 높다. 그러므로 메시지의 가장 중요한 부분은 이야기의 앞이나 끝 부분에 두어야 한다.

- **자신을 소개하는 기술**

  의미 있는 의사소통의 중요한 첫 단계는 사례관리자가 자신을 소개하는 것이다. 자신이 누구이고, 원하는 메시지나 정보의 교환에서 역할이나 책임이 무엇인지 간단히 표현할 수 있어야 한다.

- **의사소통의 목적을 설명하는 기술**

  메시지를 전달하는 이유를 언급하는 것이다. 또한 듣는 사람이 말한 사람의 메시지에 대해서 동의하지 않거나 혼란스러워하는 비언어적 의사소통을 보이기도 하는데 이에 반응하는 것도 중요하다.

- **비언어적 의사소통을 염두에 두는 기술**

  듣는 사람이 메시지에 동의하고 있지 않음을 비언어적 의사소통을 통해 전달할 때 이를 염두에 두고 반응하는 시도가 필요하다.

- **메시지 수신을 확인하는 기술**

  듣는 사람이 말한 사람의 메시지를 완전히 그리고 정확하게 받아들였는지 확인하기 위해서 다양한 질문과 탐색을 할 수 있다.

- **자신의 메시지 수신을 확인하는 기술**

  자신이 메시지를 받았고, 말한 사람이 의도한 것을 오해하지 않았다는 것을 입증하기 위해 여러 가지의 탐색과 질문을 사용하는 것이다.

- **질문에 응답하는 기술**

  질문에 대해 직접 부합하는 답을 분명히 하는 것이다. 이것은 단순해 보이지만 사람들은 종종 질문을 제대로 듣지 못하는 경우가 있다.

- **단어의 의미를 확인하는 기술**

  사람들은 단어나 말을 서로 다른 방법으로 사용하기 때문에 의사소통의 문제가 많이 일어난다. 의사소통을 하는 사람들이 주요 단어들을 같은 의미로 생각하고 있는지 확인하기 위한 질문이다.

(2) 비언어적인 의사소통

인간의 의사소통 중 많은 부분은 비언어적으로 이루어진다고 할 수 있다. 사례관리자는 클라이언트의 비언어적인 의사소통(non-verbal communication)에 집중하면서 클라이언트가 말하는 내용이 그의 사고나 감정 그리고 비언어적인 의사소통과 일치하는지를 파악한다.

① 시선접촉

시선접촉은 의사소통의 중요한 수단이다. 눈은 사람의 감정 상태에 대해 많은 것을 전달한다. 시선접촉은 의사소통에 참여 여부를 알리는 표시를 나타내고 민감성과 이해를 나타내는 지표이다. 시선접촉이 없는 것은 진실성이나 관심이 없는 것으로 해석되기도 한다. 클라이언트에게 시선을 집중하고 있는 것이 중요하지만 지나치게 응시하거나 뚫어지게 쳐다보게 되면 무례함이나 화가 난 것으로 받아들여질 수 있으며, 클라이언트를 똑바로 쳐다보는 것은 공격성이 있는 것으로 전달될 수도 있다.

② 목소리의 어조와 얼굴표정

목소리는 감정을 나타낸다. 크고 힘이 있는 어조는 공격성, 통제 그리고 힘이 있음을 반영하고, 약하고 잘 들리지 않는 어조는 철회나 두려움, 약함을 나타낸다. 그리고 단조로운 어조는 흥미를 잃기 쉽다.

미소짓는 것, 고개를 끄덕거리고 흔드는 것, 입을 우물거리는 것, 인상 쓰는 것 등의 얼굴 표정은 상대방에게 그와 관련된 메시지를 보내는 것과 같다. 말하고 느끼고 생각하는 것 그리고 얼굴표정이 전혀 일치하지 않는 경우가 자주 있다. 따라서 사례관리자는 아무리 비심판적 태도를 유지하려고 노력할지라도, 자신의 표정이 클라이언트에 대한 비난이나 불만을 나타내는 경우가 있으므로 항상 주의해야 한다.

③ 손과 발의 동작

손과 발의 동작은 강하지만 표현되지 않은 감정을 나타낸다. 다리를 꼬거나 팔짱을 끼는 등 신체의 긴장은 방어적인 태도를 나타내며, 손과 발이 몸의 가장자리에 있거나 편안한 자세로 있으면 타인에 대한 개방성을 나타낸다. 주먹을 쥐고 있으면 분노나 불안의 표시이며 손발을 까딱거리거나 다리를 떠는 등 안절부절못하는 것은 불안감이나 다른 일에 몰두하고 있는 것을 나타낸다.

④ 신체적 자세

신체적 자세는 여러 가지의 태도와 의도를 나타낸다. 사례관리자는 클라이언트를 만날 때 정중하게 대하는 것이 좋다. 이것은 클라이언트에게 안정성과 개방성을 나타낸다. 클라이언트와 사례관리자가 책상을 사이에 두고 마주 앉는 것은 친밀성과 개방성을 저해하고 사례관리자가 우월한 위치에 있음을 나타낼 수도 있다. 사례관리자가 클라이언트 쪽으로 살짝 기울여 앉는 것은 관심과 수용을 나타낸다. 또한 사례관리자가 클라이언트와 신체적으로 가까이 하는 것은 신뢰와 관심을 나타내지만 너무 가까이 다가가면 위협으로 느낄 수 있다.

⑤ 옷차림과 외모

옷차림과 외모는 비언어적 의사소통의 중요한 형태이다. 사례관리자는 자신의 의복이나 머리 모양에 신경을 써야 한다. 신참 사례관리자는 슈퍼바이저에게 적절한 의복의 선택 등에 대해 조언을 받을 필요가 있다.

(3) I-message

I-message는 의사소통의 효과성을 증진시키는 메시지 구조의 한 유형이다. 이 구조는 분명하고 직접적인 메시지를 보낼 수 있도록 하고, 메시지를 받는 사람이 방어적이 되지 않도록 하는 방법이다. I-message는 특히 갈등이나 논쟁이 벌어지는 상황에서 토론이 무익한 말싸움이 되지 않도록 하면서 서로 간의 실망이나 분노, 좌절 등의 감정을 적절히 표현할 수 있도록 하는 의사소통에서 매우 유익한 방법이다.

I-message는 크게 세 부분으로 구성된다.

- 특정 행동에 대한 간결하지만 분명한 묘사
- 그 특정행동으로 인해 경험된 감정 표현
- 그 행동으로 인한 명백한 영향의 묘사

I-message는 널리 활용할 수 있는 기본적인 의사소통기술이다. 그리고 부모와 자식 간, 부부 간 또는 대인관계에서의 문제를 해결할 수 있는 기술로써 유용하게 활용된다.

11) 공감적인 의사소통기술

“공감은 클라이언트와 함께 이해하는 것이지 클라이언트의 진단이나 평가적 이해를 하는 것이 아니다”(Hammond, Hepworth, & Smith, 1997: 3). 공감적 의사소통기술은 자연스럽게 반응하거나 반영하는 것이며, 사례관리자가 클라이언트의 언어적 표현뿐 아니라 비언어적 표현에 반응하며, 클라이언트의 주관적인 경험으로 들어가는 것이다.

사례관리자가 공감적으로 의사소통할 때, 클라이언트는 자신이 이해와 존경을 받고 있고, 그리고 수용되고 있음을 느낄 수 있다. 사례관리자의 공감적 의사소통은 클라이언트가 자신들에게 의미 있는 생각과 감정, 경험을 지속적으로 탐색하도록 도와줄 수 있다(전재일 외, 2003).

여기서는 내용의 반영, 감정의 반영, 의미의 반영, 결합적 반영 등을 살펴보았다(전재일 외, 2003).

(1) 내용의 반영

클라이언트에게 문제와 상황에 대해 말하도록 요청하고, 클라이언트가 어느 정도 말을 하고 난 후, 사례관리자가 그 메시지를 정확하고 간결하게 다시 말하는 것을 내용의 반영이라 한다. 이는 그 내용에 대해 이해하고 있음을 반영하는 것이다. 내용의 반영은 보다 정교하고 적극적인 경청의 한 형태로 클라이언트의 문제, 환경이나 그들의 삶의 다른 경험들에 대한 표현을 이해하고 있다는 것을 전달하는 것이다(Carkhuff & Anthoy, 1979).

(2) 감정의 반영

전형적인 감정의 반영은 클라이언트가 표현하는 느낌이나 감정을 다시 말함으로써 “당신은 ~을 느끼는 군요” 또는 “당신은 ~을 느끼고 있군요”라고 말할 수 있다. 즉 감정의 반영은 클라이언트가 자신의 문제나 상황, 또는 사례관리자에 대해 느끼는 언어적·비언어적 표현을 이해한다는 것을 표현하는 의사소통기술을 말한다. 그러나 클라이언트들이 사용한 말을 되풀이하는 것보다는 오히려 동등한 느낌을 나타내는 긍정적인 다른 단어를 사용하는 것이 효과적이다.

사례관리자가 클라이언트의 감정을 정확하게 반영한다면 실제로 많은 것을 얻게 된다. 첫째 사례관리자는 자신에 대해서나 클라이언트의 모든 메시지에 반응하는 데 있어서 인격적으로나 전문적으로 매우 유능하다는 점을 나타낸다. 둘째, 즉각적으로 개인이나 집단 내에서 안전감을 증진시킨다. 만일 사례관리자가 인격적인 사항에 대한 감정까지도 이해하는 것을 전달할 수 있다면, 클라이언트는 역시 자신의 느낌을 표현하는 것에 대해 안전함을 느낄 수 있다. 셋째, 사례관리자가 클라이언트에게 이러한 감정들을 반영함으로써 그들과 더 친밀하고 결속력 있는 관계로 발전할 수 있다.

(3) 의미의 반영

의미의 반영은 사례관리자가 클라이언트의 경험에서 나오는 생각과 의미를 이해하여 전달하는 것으로, 적극적 경청과 공감적 의사소통이 더욱 완벽한 형태로 나타나는 것(Carkhuff & Anthoy, 1979)이다.

클라이언트는 문제나 상황을 설명하면서 이와 관련된 감정을 표현할 수 있다. 그때 사례관리자는 "당신은 ~라고 생각하는군요" 또는 "당신이 말하고자 하는 것은 ~입니까?"라고 클라이언트가 암시적으로나 분명하게 표현한 메시지들을 반영함으로써, 이러한 경험들에 대한 생각을 탐색할 수 있게 한다.

(4) 결합적 반영

결합적 반영은 클라이언트가 직접적 또는 간접적으로 표현하는 것에 대해 내용, 감정, 의미를 혼합하여 반응하는 것이다. 즉 사례관리자는 클라이언트가 인식하지 못한 클라이언트의 진술 속에 암시되어 있는 감정과 의미를 찾아주어야 한다(Hammond, Hepworth, & Smith, 1997: 137).

12) 표현적 의사소통기술

사례관리자가 지식, 감정, 인식, 기대, 판단, 또는 가설을 함께 표현한다면, 표현적 기술을 사용하는 것이다. 따라서 사례관리자는 표현적 의사소통기술을 통해서 클라이언트의 준거틀에서보다는 자신의 준거틀에서 의사소통을 하게 되는 것이다.

사례관리자의 표현적 기술의 선택과 활용은 전문적인 가치, 지식, 경험에서 나오게 된다. 표현적 의사소통기술은 사례관리자가 클라이언트에 대한 민감성, 관심, 존경심을 가지고 사용해야 한다. 또한 표현적 의사소통기술은 사례관리자의 역할과 기대를 이해하도록 돕는다. 그리고 클라이언트와의 상호작용을 향상시키고, 강화하는 데 사용될 수 있다. 또한 클라이언트들이 부가적인 자원을 깨닫게 하고, 새로운 방식의 생각, 느낌, 행동들을 고려하도록 돕는다.

여기서는 하나의 주제로 초점 맞추기, 주제를 세분화하기, 정보 제공하기, 재구성하기, 그리고 직면시키기 등을 살펴보았다(전재일 외, 2003).

(1) 하나의 주제로 초점 맞추기

사례관리자는 클라이언트의 문제를 듣고 클라이언트가 문제를 극복하거나 목표를 달성하는 방법을 발견하도록 도움을 주어야 한다. 그러나 클라이언트는 사례관리자와 함께 합의한 목적과 목표에서 벗어난 주제를 이야기할 수가 있다. 그러한 경우에 사례관리자는 그들이 목표를 향해 나가도록 새롭게 방향을 되돌릴 필요가 있으며 강조해야 할 대인관계의 역동이나 과정을 다룰 수도 있다. 즉 하나의 주제로 초점 맞추기(focusing)란 고려해야 할 핵심 주제의 선택을 의미한다. 또한 하나의 주제로 초점 맞추기는 사례관리자가 사례관리의 과정에서 중요한 어떤 부분을 강조하거나 집중시킬 때 사용하는 표현적 의사소통기술이다. 즉 사례관리자와 클라이언트는 하나의 주제로 초점 맞추기를 통해 클라이언트의 문제에 대한 이해와 문제해결의 방향에서 중요한 내용을 선택하고, 그것을 중심으로 다루어 나간다.

하나의 주제로 초점 맞추기를 할 때에는 다음 세 가지 지침이 도움이 된다.

- 클라이언트 자신이 가장 중요하다고 느끼는 문제나 문제의 일부를 선택할 것.
- 기관의 기능에 해당하는 문제의 부분을 선택할 것.
- 사례관리자의 판단에서 도움이 가장 필요하다고 생각하는 문제를 선택할 것.

(2) 주제를 세분화하기

하나의 주제로 초점 맞추기를 통해 다루어야 할 문제의 영역이 명확해졌을지라도 그 문제가 너무 크고 복잡하기 때문에 문제를 해결하기 위해서 주제가 세분화되어야 할 필요가 있는 경우가 많다. 즉 문제를 여러 개의 작은 주제로 나누어 세부적인 초점을 모으는 것을 주제를 세분화하기(partialization)라고 하며, 클라이언트의 문제, 관심, 다른 복잡한 현상을 문제해결에 다루기 쉽도록 여러 주제로 분류하는 기술이다. 주제를 세분화하기가 필요한 이유는 클라이언트는 주제를 세분화하기를 혼자서 하지 못하는 경우가 많기 때문이다. 클라이언트는 자신의 문제의 일부를 성공적으로 다룰 때, 다른 부분의 문제 또는 문제 전체를 다룰 수 있는 자신감을 갖게 된다(Perlman, 1957).

클라이언트의 문제를 다룰 때, 주제를 세분화하기의 기준은 다음과 같다.

- 긴급성으로서, 사례관리자와 클라이언트가 명백하고 직접적인 부분으로 가장 먼저 다루어야 할 주제.
- 대표성으로서, 보다 큰 문제에 밀접하게 관련된 주제
- 처리 가능성으로서, 두려움이나 방어가 작용하더라도 클라이언트가 처리할 수 있는 것으로 기대되는 주제.

(3) 정보 제공하기

정보 제공하기(Kadushin, 1995; Shulman, 1992) 또는 교육하기(Cournoyer, 1996)는 사회복지실천에서 중요한 기술 중의 하나이다. 클라이언트가 지역사회 환경 가운데 이용할 수 있는 자원들을 잘 모르는 경우, 사례관리자가 지역사회 프로그램과 서비스에 대한 정보를 클라이언트에게 알려 줄 수 있다. 이러한 정보는 어떤 클라이언트에게 매우 확실한 자원이 되기도 하고, 그 반대의 경우일 수도 있다

지역사회 프로그램과 서비스에 대한 정보, 클라이언트들이 인식하지 못한 자신의 강점과 능력을 찾아주는 데 있어서 강점관점을 활용할 수 있다(Delgado & Humm-Delgado, 1982). 그리고 사례관리자는 지역사회의 다양한 정보를 유용하게 활용할 수 있고, 어떤 문제점에 대한 자신의 견해를 전달할 수 있다. 또한 사례관리자는 클라이언트가 정보를 구하는 것은 클라이

언트를 임파워링하는 것이기 때문에, 클라이언트 스스로 유용한 정보를 발견하도록 지지할 수도 있다. 사례관리자는 이러한 면에서 교사나 훈련가의 역할을 수행한다.

사례관리자로서 현재의 목적과 상황과 관련된 정보를 적절하게 제공하는 것은 전문적인 책임이다. 그러나 사례관리자가 정보를 제공하는 데 있어서 사실과 개인적인 의견을 분명하게 구분해야 하며, 클라이언트가 자유롭게 받아들이거나 거절할 수 있는 여건에서 자료나 정보를 전달해야 한다. 또한 개인적인 의견을 나눌 때는 I-message를 사용해야 한다.

(4) 재구성하기

재구성하기(Brown, 1991; Toseland & Rivas, 1995; Cournoyer, 1996)는 클라이언트들이 새롭고 다른 방식으로 문제나 상황을 볼 수 있도록 도와주는 것이다. 이러한 기술은 부정적 상황에 대해 긍정적 면을 인식하도록 돕기 위한 것이다. 또한 클라이언트들이 변화할 수 있음에 희망을 가지게 되고, 문제해결 과정에 영향을 미치기도 한다.

재구성하기는 클라이언트들의 많은 문제와 상황들을 다양한 관점에서 볼 수 있게 하고, 클라이언트를 임파워링할 수 있게 한다.

(5) 직면시키기

직면(confrontation)시키기는 클라이언트의 말과 행동 사이에 불일치나 모순이 있을 때, 언어적 메시지와 비언어적 메시지가 일치하지 않을 때 그것을 직접적으로 지적하는 것을 의미(Cournoyer, 1996)하며, 클라이언트를 공격하거나 비난하기 위한 것은 아니다. 그러나 어떤 클라이언트는 직면시키기를 사용하였을 경우, 매우 강한 감정적인 반영을 경험할 수 있기 때문에 신중하게 사용해야 한다.

직면시키기를 사용할 때는 클라이언트에게 온정, 이해, 관심을 가지고 의사소통을 해야 한다. 직면의 사용 전과 후에 지지와 공감적 의사소통 기술 등을 사용하는 것이 좋다. 또한 사례관리자가 메시지의 내용에 대해 책임감을 가지고 다른 사람들이 달리 볼 수도 있다는 점을 인정하는 방식으로 직면시키기를 사용하도록 해야 한다.

3. 간접적인 실천기술

사례관리자는 사례관리의 궁극적인 목적을 달성하기 위해 직접적인 서비스의 제공 외에도 개입계획을 수행하기 위한 수단이나, 클라이언트의 욕구에 대응하는 체계의 역량을 강화하기 위해서, 또는 클라이언트가 자원을 활용할 수 있도록 하기 위해서(Steinberg & Carter, 1983) 클라이언트의 체계와 함께하는 활동인 간접적인 서비스를 제공하게 된다.

사례관리자가 이러한 간접적인 서비스를 제공하는 데 있어서 필요한 기술을 간접적인 실천기술 또는 간접적인 개입기술이라 한다. 또한 사례관리자의 간접적인 실천기술들은 클라이언트 체계 또는 환경의 변화를 통해 사례관리의 궁극적인 목적을 달성하기 위해서 사용하며, 전통적인 사회복지실천 방법론의 간접적인 실천기술과 크게 다르지 않다.

Moxley(1989)는 사례관리에서 간접적인 서비스를 제공하는 데 있어서 6가지 전략을 중개(brokering), 연계(linkage), 옹호(advocacy), 조정(coordination), 사회적 관계망 차원의 개입(social network intervention), 기술적 지원과 사문(technical assistance and consultation) 등으로 제시하고, 사례관리자의 4가지 관점을 다음과 같이 제시하고 있다(김만두, 2004).

• **조직 차원 혹은 휴먼서비스 공급 네트웍 차원의 시스템 변화**

조직의 목표와 방침의 변화 혹은 새로운 서비스의 개발 등과 같은 변화를 위해서 새로운 자원과 서비스를 계획하거나, 새로운 클라이언트에게 서비스를 제공하는 등의 활동을 기관과 함께 수행한다(Pierce, 1984; Rothman, Erlich, & Teresa, 1981).

• **환경에 대한 개입**

사례관리에 의해 시스템의 변화가 가능하게 되면, 사례관리자는 클라이언트의 욕구 충족이라는 목표 달성을 위하여 클라이언트의 환경을 사정하고 그 환경에 개입한다.

• **체계 혹은 환경의 능력 개발**

시스템의 변화와 환경에 대한 개입을 통해서 발전되는 개념으로서 사례관리를 통해서 지역사회 자원, 체계 혹은 환경의 능력을 개발하고 강화하여, 앞으로 발생하는 다른 클라이언트의 욕구에도 대응할 수 있도록 한다는 것을 의미한다(Steinberg & Carter, 1983).

• **휴먼서비스의 역량 개선**

사례관리자는 기관의 역할을 바꾸는 일, 서비스 제공자와의 만남을 시스템의 변화를 촉진하는 기회로 활용하는 등 새로운 자원과 프로그램 개발에 적극 참여하여 클라이언트의 욕구에 적합한 자원을 개발과 공급에 영향력을 발휘함으로써, 휴먼서비스 차원의 역량을 개선할 수 있다(Schaefer, 1987).

여기서는 사례관리의 실천과정 또는 사회복지실천의 과정에서 사례관리자나 사회복지사가 간접적인 실천을 수행할 때 필요한 기본적 기술들을 중심으로 살펴보았다.

1) 의뢰

의뢰(referral)는 필요한 서비스를 제공해 줄 수 있는 외부의 기관이나 자원 또는 전문가에게 클라이언트를 직접 연계시켜 주는 것을 말하며, 사례관리의 연계 기술에서 중요한 방법 중의 하나이다(Weissman, 1976; Hepworth & Lasen, 1982; O'neil, 1984).

사례관리자는 클라이언트가 의뢰되는 기관에서 발생할 수 있는 잠재적인 불안, 잘못된 인식, 이해 부족 등을 인지하고 있어야 하며, 사례관리자와 클라이언트, 인테이크 담당자가 모두 한자리에 모이는 연계회의(linkage meeting)를 통해 의뢰의 성공 가능성을 높여야 한다.

또한, 타 기관에 클라이언트를 의뢰할 때에는 다음을 유의하여야 한다(Hepworth & Lasen, 1982; 김만두, 2004).

- 클라이언트를 지역사회 내의 타 기관에 의뢰할 때에는 명확하게 정해진 서비스와 개입계획을 대변한다.
- 의뢰 기관과 자원이 클라이언트를 받아들일 준비를 할 수 있도록 함께 활동한다.
- 의뢰 기관과 자원에 대해 클라이언트에게 정보를 제공하고, 의뢰의 필요성과 당위성에 대해서 클라이언트를 이해시키다. 또한 의뢰와 관련한 클라이언트의 감정, 관심, 염려, 선호 등에 대해 사정하고 충분히 이해하여야 한다.
- 의뢰 기관의 선정에 반드시 클라이언트를 참여시킨다.
- 의뢰 기관의 서비스와 프로그램, 수급 자격, 서비스의 질, 서비스 제공자의 능력과 동기, 기타 관련 정보 등을 클라이언트와 함께 검토하고, 사정하여야 한다.

- 서비스를 검토할 때, 서비스 제공 장소와 시간, 교통 상황, 서비스 제공 시간 동안의 아동의 보호 등과 같은 보조적인 서비스의 이용 가능성도 함께 다루어져야 한다(O'neil, 1984).
- 클라이언트가 서비스 이용을 주저할 경우, 사회적 지지망의 성원과 동행할 수 있도록 조정한다(Weissman, 1976).

2) 연계

최근 사회복지실천의 현장이나 사례관리 실천의 현장에서 연계(linkage)라는 용어가 자주 등장하고 있다. 연계는 네트웍(network) 또는 네트웍 조직하기(networking, 네트워킹), 서비스 통합(service integration), 협동(collaboration), 조정(coordination), 기관 간의 조정(inter-agency coordination) 등의 개념들을 포함하는 포괄적인 개념으로 사용되고 있다(장명찬, 2003).

(1) 연계의 개념

사례관리에서 중개 기술은 클라이언트의 욕구에 맞는 적절한 서비스를 제공해 줄 수 있는 지역사회 기관과 자원을 선택하여 연결해 주는 것이다. 그에 비해서 연계란 중개에서 한 걸음 더 나아간 개념으로서 클라이언트가 의뢰(referral)를 통해 이용 가능한 자원을 찾게 되거나, 서비스를 제공받게 되는 전 과정을 말한다(Suber, 1994: 101). 즉, 서비스가 제대로 연결되어 제공되고 있는지, 클라이언트가 원하는 도움이 실제로 제공되고 있는지를 확인하는 것까지 포함하는 개념(Rothman & Sager, 1998)이며, 한번으로 끝나는 것이 아니라 클라이언트의 욕구가 변화하게 되면, 그에 따라 적절한 자원이 이용될 때까지 지속적으로 일어나는 연속적인 개념이다(장인협 외, 2001; 정순둘, 2005).

또한 연계는 클라이언트를 적극 참여시켜서 공동으로 연계하는 방법과 서비스 제공자와 공동으로 연계하는 방법 등이 있다(전재일 외, 2008).

따라서 연계 기술에는 사정과 중개, 의뢰, 모니터링, 재사정, 평가 및 종결, 그리고 필요한 경우에 새로운 자원을 찾아서 연결해 주는 기술까지도 포함되는 포괄적인 개념이며, 전통적인 사회복지실천 전문가인 사회복지사들과 사례관리자의 역할에 있어서 가장 명백하게 차이가 나는 부분은 바로 연계 기술(Los Angeles County Department of Mental Health, 1985; 최송식, 2008, 재인용)이라는 표현처럼, 사례관리에 있어서 핵심이 되는 기술이자 개념이다.

(2) 연계의 필요성

사례관리 서비스를 필요로 하는 클라이언트들은 자원을 획득하는데 어려움을 경험하고 있는 경우가 대부분이다. 만성 정신장애인, 고령자, 신체장애인, 발달장애인, 아동 등 사회적인 약자인 클라이언트들은 자신의 욕구가 어떤 것인지, 자신의 욕구에 적합한 서비스가 어떤 것인지, 어떤 서비스가 이용 가능한 것인지, 어떻게 이용해야 하는지를 잘 모르고 있다.

클라이언트들의 다양하고 복합적인 욕구를 충족시키기 위해서 다양한 서비스의 제공이 필요하지만, 낮은 자존감, 서비스 수급 요건에 대한 정보 부족, 사회적 기술의 부족 등으로 자신들에게 적합한 서비스를 찾고 이용하는 데 있어서 많은 어려움을 겪고 있다.

따라서 사례관리에서 연계 기술은 이러한 클라이언트들의 욕구를 충족시켜 주는 필수적인 것이라 볼 수 있다.

(3) 공식적인 자원과의 연계

지역사회 내의 휴먼서비스 기관이나 체계, 정책, 수급 조건, 서비스 이용 절차, 서비스 비용, 프로그램 내용 등에 대해서 많은 지식과 최신 정보를 가지고 있어야 한다. 또한 다른 서비스 제공 기관들과 함께 일할 수 있는 관계를 형성 · 유지하고 있어야 한다.

또한 공식적인 자원과의 연계는 공식적인 권한, 행정적인 권한, 법적인 권한, 재정적인 권한 그리고 비공식적인 관계 등에 의해서 영향을 받는다.

① **공식적인 자원과의 연계에서 필요한 사례관리자의 역할**(정순둘, 2005)

- 가장 기본적인 역할로서 지역사회의 공식적인 서비스 자원에 대한 이해가 우선이다. 이는 이미 수립된 개입계획에 의해 이루어지게 되며, 개입계획에는 자원에 대한 인식 등이 포함된다. 따라서 사례관리자는 클라이언트의 욕구에 기반을 둔 지역사회 자원과의 연계활동에 집중해야 한다.
- 사례관리자는 새로운 상황에 대한 낯설음이나 두려움 등과 같은 심리적인 장벽과 자원의 부재, 서비스 수급 자격 조건의 제한, 특정 클라이언트에 대한 법적인 불리 등과 같은 물리적 장벽을 극복할 수 있도록 도움을 주어야 한다(Rothman & Sager, 1998).
- 사례관리의 연계 과정에서 클라이언트와 동행하여 연계할 기관을 방문하기도 하는데 이때 사례관리자는 클라이언트의 불안감을 해소하고, 적절한 서비스가 제공될 수 있는지에 대해 모니터링을 해야 한다.
- 지역사회의 자원이 클라이언트에게 제공되기 어려운 상황에서는 전문적인 상담과 같은 직접적인 서비스를 제공해 주어야 한다.
- 연계는 지역사회 내의 서비스 제공 자원인 기관들과 함께 참여하는 것이 핵심적인 기술이기 때문에 지역사회 기관들이 서로 협력하도록 지지하는 역할을 주도적으로 해야 한다.

② 공식적인 자원과의 연계에서의 방해요인과 해결방안(정순둘, 2005)

- 연계를 방해하는 가장 큰 요인 중의 하나가 잘못된 의사소통이라 할 수 있다. 따라서 실제 서비스를 제공하는 담당자와의 명확한 의사소통이 필요하다.
- 실적을 높이기 위한 기관 간의 경쟁과 기관에서 엄격한 수급 자격 기준을 내세워 적절한 서비스의 제공을 거부하는 경우 등이 연계에서의 방해 요인이다. 따라서 서비스 제공 기관들 간의 정보 공유와 공통적인 서비스 수급 자격 기준의 마련 등이 필요하다.
- 사례관리자들의 담당 사례 양이 너무 많아 제대로 된 연계활동을 할 수 없는 경우도 연계에서의 방해 요인이다. 따라서 적정 수준의 사례량을 유지하여 연계활동뿐만 아니라 서비스의 전문적인 질을 보장하여야 한다.
- 클라이언트의 낮은 자존감, 서비스 수급 요건에 대한 정보 부족, 사회적 기술의 부족 등이 연계에서의 방해 요인이 될 수 있다. 따라서 상담, 교육, 정보 제공 등을 통해 연계가 성공적으로 이루어질 수 있도록 해야 한다.

③ 공식적인 자원과의 연계과정

클라이언트와 공식적인 자원과의 연계 기능은 다음과 같은 과정을 통해 이루어질 수 있다(Rothman & Sager, 1998; 장인협 외, 2001; 양정남, 2009).

- 클라이언트의 욕구를 명료화 한다.
  효과적이 연계를 위해서 초기의 사정 및 목표설정 과정에서부터 클라이언트의 욕구를 명확하게 알고 있어야 한다.
- 클라이언트의 욕구에 적합한 자원을 찾는다.
  사례관리자는 자원 및 서비스의 이용가능성, 적절성, 적합성, 수용 가능성, 접근성 그리고 실제 서비스 제공자 등에 대한 정보와 지식을 알고 있어야 한다.

- 클라이언트의 욕구 충족에 적합한 자원을 연계한다.
- 클라이언트에 대한 개입
  - 클라이언트를 참여시킨다. 사례관리의 궁극적인 목적은 클라이언트가 스스로 자신의 욕구를 충족시키거나 문제 상황을 극복할 수 있도록 도와주는 것이다. 따라서 클라이언트의 적극적인 참여를 통해 임파워링해야 한다.
  - 클라이언트를 준비시킨다. 클라이언트가 익숙하지 않는 기관과의 연계에 대해 당혹스러워하거나 두려워한다면, 이를 극복할 수 있도록 상담, 교육, 정보 제공, 지지 등의 직접적인 서비스를 제공해야 한다.
  - 필요한 경우, 클라이언트와 동행한다. 낯선 기관에 연계되는 첫날에는 사례관리자가 클라이언트와 동행하는 것이 바람직하다. 새로운 환경에서의 클라이언트를 관찰할 수 있는 좋은 기회이기도 하고, 실제 서비스 제공자와의 관계를 발전시킬 수 있는 기회이기도 하다. 만약 사례관리자가 동행하기 어려운 상황이라면, 클라이언트가 믿을 수 있는 다른 사람과 동행할 수 있도록 해야 한다.
  - 클라이언트의 경험을 검토한다. 사례관리자는 클라이언트가 수행한 활동들이 적절했는지를 검토하고, 가능한 한 긍정적인 피드백을 제공해 주어야 한다. 또한 성공과 실패의 이유에 대해서 논의하고, 클라이언트가 경험한 프로그램의 장·단점에 대해서 논의하도록 격려해야 한다.
- 기관에 대한 개입
  - 해당 기관과의 접촉에 대한 결정을 한다. 해당 기관의 누구와 접촉하고, 어느 수준까지 접촉할 것인지를 아는 것이 중요하다.

· 해당 기관과의 접촉
· 해당 기관서 요구하는 필요한 서류 작업의 완료
· 해당 기관과의 관계 협상 및 계약
· 성공과 실패에 대한 검토

(4) 비공식적인 자원과의 연계

비공식적인 자원이란 클라이언트의 삶에 있어 이미 존재하고 있는 가족, 친척, 이웃, 친구, 동료, 자조집단, 지역사회 단체, 지역사회 구성원 등으로 이루어진 사회적 관계망(social network)을 의미하며, 클라이언트에게 도구적 · 정서적 · 정보적 지지를 제공할 수 있다.

비공식적인 자원이 제공하는 도구적 지지는 클라이언트가 생활하는 데 필요한 청소, 시장 보기, 식사 제공, 교통수단 제공, 동행 등이 있으며, 정서적 지지는 말벗 되어 주기, 지지해 주기 등이 있고, 정보적 지지는 클라이언트가 알지 못하는 정보 제공하기 등이 있다(정순둘, 2005).

사례관리자는 비공식적인 자원과 클라이언트와의 관계를 고려해야 한다. 클라이언트의 비공식적인 자원이 이미 우호적이고 협조적이라면, 잘 점검하고 모니터링하면 된다. 그러나 사이가 좋지 않거나 도와주어야 할 필요성을 못 느끼는 경우라면, 우선 그들의 관계 개선에 초점을 두어야 할 것이다. 물론 이런 경우에는 연계가 불가능한 경우도 있다. 따라서 사례관리자는 자원의 동원 가능성을 최대한 높이는 역할을 수행해야 한다.

① 비공식적인 자원과의 연계에서 필요한 사례관리자의 역할(정순둘, 2005)

- 클라이언트의 비공식적 자원에 누가 포함되어 있으며, 얼마나 자주 클라이언트에게 도움을 제공할 수 있는지 등을 사정한다.

- 클라이언트에게 적절한 도움을 제공할 수 있는 사람은 누구인지, 정말 도움을 줄 의지가 있는지, 클라이언트와 얼마나 자주 만날 수 있는지, 접근성은 용이한지, 얼마 동안 도움을 제공하는 것이 가능한지 등 도움 제공에 대한 적절성의 여부를 사정하고 클라이언트와 비공식적인 자원과의 상호성은 어떠한지 등을 점검한다.
- 도움을 제공할 비공식적인 자원이 결정되고 합의가 이루어진 후, 클라이언트와의 연계가 지속적으로 이루어질 수 있도록 모니터링한다.
- 사례관리자는 도움을 제공할 비공식적인 자원에게 긍정적인 의사소통 능력을 향상시키고, 특정 문제 상황에 대한 대처방법 등을 교육하는 등 클라이언트에게 도움을 제공할 비공식적인 자원을 임파워링한다.

② **비공식적인 자원의 연계를 위한 방법**(김만두, 2004)

- 비공식적인 자원에 대한 교육
  비공식적인 자원들을 대상으로 클라이언트의 욕구에 대한 이해와 욕구에 대응하는 방법과 지식, 기술 등을 교육한다. 대표적인 예로서 가족 교육이 있다.
- 비공식적인 자원에 대한 2차적 지지 활동
  클라이언트에게 보다 나은 서비스를 제공할 수 있도록 하기 위해서 또는 소진(burnout) 상태를 예방하거나 극복할 수 있도록 비공식적인 자원을 대상으로 사회적·물적 지원을 제공하는 것을 말한다.
- 대체적 지지 시스템의 활용
  같은 형태의 문제나 욕구를 경험하고 있는 지역사회 내의 자조집단, 단체, 그 외의 지지 조직에 참여하는 기회를 적극 보장하여 대체적 지지 시스템을 활용할 수 있도록 한다.

③ 비공식적인 자원과의 연계에서의 방해 요인

비공식적인 자원과의 연계에서의 방해요인을 살펴보았다(정순둘, 2005).

- 클라이언트의 내부 요인으로서 클라이언트가 적극적으로 참여할 능력이 없는 경우, 다양한 이유로 도움을 거부하는 경우 등이다(Suber, 1994).
- 클라이언트의 외부 요인으로서 클라이언트에 대한 비공식적인 자원의 도움 거부나 도움을 제공할 능력의 부족과 같은 경우 등이다.

④ 비공식적인 자원과의 연계과정(양정남, 2009)

- 비공식적인 자원을 분석한다.
  사정 과정에서 비공식적 자원에 대한 분석이 이루어져야 하며, 클라이언트를 포함한 다양한 정보제공자들이 제공하는 정보의 수집이 중요하다.
- 클라이언트의 욕구에 가장 적절한 도움 혹은 서비스를 제공해 줄 수 있는 비공식적인 자원을 선택한다.
- 선택한 비공식적인 자원과 클라이언트를 연계하고 활성화한다.
- 도움을 제공하는 비공식적인 자원을 임파워링한다.
- 연계전략을 평가한다.

또한 비공식적인 자원과의 연계 효과를 평가하는 데 있어서의 지침은 다음과 같다.

- 비공식적인 자원은 클라이언트와 얼마나 많이 만났는가?
- 클라이언트에 대한 도움이 증가했는가?
- 비공식적인 자원의 조언이 얼마나 유용했고, 자주 사용되었는가?
- 클라이언트의 기능이 향상되었는가?
- 클라이언트의 안녕과 만족감이 향상되었는가?

3) 조정

사례관리에서 조정이란 클라이언트와 사례관리자 그리고 사례관리의 과정에 참여한 가족이나, 이웃, 친구, 타 기관의 서비스 제공자, 전문가 등이 초기에 상호 합의한 목적을 아직도 공유하고 있는지, 초기의 약속대로 잘 협조하고 있는지, 협력관계 속에 갈등이나 위기가 잠재되어 있지 않는지, 지금-여기(here & now)의 상황이 적절한 수준의 서비스와 협력 범위를 확보하고 있는지 등을 확인하고 조정하는 것이다. 즉 조정이란 클라이언트의 욕구와 그에 대응하는 서비스 간의 최상의 적합성을 이끌어 내는 것으로, 총체적 존재로서의 인간에 대한 인식이 증가됨에 따라 점차 강조되고 있는 기능이다.

따라서 조정은 서로 다른 기관과 전문가들이 함께 모여 욕구에 대한 사정과 누가, 언제 무엇을 어떻게 할 것인가를 논의하고 합의하는 것을 말한다. 개입계획 또는 실천계획은 이러한 욕구와 서비스 간의 적합성을 이끌어 내기 위해 주로 사용하는 조정 도구이다(Ovretveit, 1993). 사례관리자는 타 기관의 사회복지사, 작업치료사, 의사, 언어치료사, 방문간호사, 변호사 등의 다양한 전문가와 함께 클라이언트의 욕구를 사정하고 그에 적합한 서비스를 개발 · 연계하고, 자문과 조언 등을 제공하게 된다. 즉 사례관리자는 다학문적인 팀을 구성하여 조정하고, 다학문적인 팀과 팀의 구성원, 클라이언트 그리고 다른 서비스 제공자들을 연계하는 활동을 수행하게 된다. 이러한 사례관리자의 활동으로 사례관리가 팀 접근(team approach)으로 이해되기도 한다(장인협 외, 2001).

또한 조정은 공식적 정책을 통하거나 조직 간의 비공식적 동의에 의해 연계기능을 원활하게 하는 기관 간의 관계를 수립하는 것을 말한다. 공식적인 정책은 전형적으로 가장 높은 위계 차원에서 이루어진다. 비공식적

동의는 공식적인 정책에 비해 덜 구속적이며 때로 사례관리자에 의해 제공되는 프로그램의 실시 여부, 내용을 논의하는 등 프로그램 수준에서 행해진다. 이러한 서비스 제공 기관 간의 이해와 조정은 서비스 유형, 클라이언트의 유형과 인원, 재정적 고려 등과 관련되어 있으며, 서비스 프로그램이 시작되기 전이나 프로그램 실시 중 언제든지 이루어 질 수 있는 것이다.

사례관리자는 기관 간의 조정활동을 원활히 하기 위하여 기관 전체와의 공식적 조정보다는 조직 내 개인과 비공식적이고 개별적인 서비스 조정을 하는 일이 더 중요하다. 뿐만 아니라, 사례관리조직이 개별 사례관리자에 의해 발생하는 연계에 대한 행정적 수준을 명백히 해야 한다. 더 나아가서 조직 간 관계는 재정적 의무나 권위 등과 같은 강제적 영향에 기초하고 있을 때 더욱 긴밀한 연계의 가능성이 크다. 또한 기관 간의 조정은 클라이언트와 서비스 체계 간의 성공적인 연계를 위한 수단으로 기관 간의 상호의존적이고 의미 있는 교환을 요구하고 있다. 이때 기관들 간의 교류활동의 예로서 클라이언트에 대한 정보의 공유, 상호 의뢰, 시설의 공동 활용, 직원의 교류 등을 들 수 있다(Rothman, 1987, 1988).

조정은 사례관리의 과정에서 클라이언트가 스스로 서비스를 이용할 수 있는 수준에 어느 정도 도달했을 때 시작된다고 볼 수 있다. 따라서 사례관리 과정에서 조정의 의미는 클라이언트를 중심으로 다양한 서비스 체계의 상호간 협조관계가 안정되도록 클라이언트와의 활동을 계속 보장하는 것이다. 조정활동은 협조활동으로 불리기도 하며, 클라이언트가 개입계획을 실행하기 위한 노력을 하고, 경험하게 되므로 사례관리자는 클라이언트와 서비스 제공자들의 노력을 유심히 관찰하여야 한다.

(1) 조정의 목적

조정의 최종 목적은 서비스 제공 기관들의 상호 협조 속에서 조화롭고 적절한 방법으로 클라이언트에게 서비스를 제공하는 데 있으며, 그 세부적인 목적은 다음과 같다.

- 모든 서비스 제공자들이 서비스 제공 목표에 합의하도록 한다.
- 서비스의 제공이 개입계획에 맞추어 수행되도록 한다.
- 모든 서비스 제공자들이 그 서비스와 활동 내용에 대해 정기적으로 연락하도록 한다.

따라서 조정의 기능을 수행하기 위해서 사례관리자와 클라이언트, 그리고 사례관리의 과정에 참여한 다른 참여자들이 다음의 지침 사항들이 던지는 질문에 답을 할 수 있어야 하며, 현재 진행 중인 사례관리의 과정에 대해서 잘 이해하고 있어야 한다(권진숙 외, 2009).

첫째, 사례관리자는 클라이언트와 함께 수립한 상호 목표와 개입방법을 위해 지지망 속의 구성원들과 함께 일하고 있는가?

사례관리자는 원래의 계획대로 개입이 잘 이루어지고 있는지, 각 구성원들이 각자의 역할을 제대로 수행하고 있는지 등을 파악하고 있어야 한다.

둘째, 각자의 노력이 상대방의 활동에 어떤 영향을 끼치고 있는가? 각자는 이러한 영향을 인식하고 있는가?

사례관리는 지지망 구성원 간의 지속적인 상호작용을 통해서 목표를 달성하는 실천방법이다. 따라서 사례관리자는 구성원 간의 상호작용을 통해서 파생되는 영향관계와 그 결과에 대해 명확하게 인식하고 있어야 한다.

셋째, 각각의 노력을 통합하고 갈등을 줄여나가고 있는가?

사례관리는 각각의 구성원이 이루어 내는 결과가 다른 구성원이 이룬 결과와 상호 영향을 미치면서 긍정적인 방향으로 통합되어 나가는 것이 가장 이상적이다. 따라서 사례관리자는 구성원들의 갈등이 건전한 방향으로 다루어질 수 있도록 지원해야 한다.

넷째, 사례관리의 성공을 평가하기 위해 사례관리자는 구성원들의 진전 상황과 활동을 지속적으로 점검해야 하고, 필요하다면 변화도 시켜야 하는 경계확장자(boundary spanner)의 역할을 수행해야 한다. 지금 당신은 사례관리자로서 경계확장자의 역할을 수행하고 있는가?

경계를 확장하는 것은 원조망의 범위를 넓히는 것을 의미하며, 클라이언트를 지지할 수 있는 지지망을 확대해 나가는 활동이라 할 수 있다. 즉 사례관리자가 경계확장자의 역할을 수행할 때 클라이언트가 이용하고 연계할 수 있는 자원을 더욱 더 풍부하게 하여 욕구 충족을 위해 더 많은 선택을 가능하게 한다는 것이다.

(2) 조정의 방해 요인

조정이 방해 요인은 크게 2가지로 살펴볼 수 있다.

- 사례관리 서비스에 관계된 각 기관들이 공통된 관심을 갖고 있지 않을 경우(Zald, 1979).
- 사례관리 서비스에 관계된 각 기관들의 비협조적이거나 각 기관들이 클라이언트의 확보를 위해 경쟁을 하는 경우(Apolloni & Cooke, 1982).

이러한 방해 요인을 해결하기 위해서는 사례관리 기관의 권위와 독립성을 지키는 것이 중요하다(김만두, 2004).

(3) 조정의 전략

사례관리에 있어서 효과적인 조정을 위해서는 다음과 같은 전략이 필요하다(김만두, 2004).

- 클라이언트의 욕구를 강조할 것.
  사례관리 기관들은 자신들의 서비스가 클라이언트의 욕구에 적합하다는 것을 확신하고 있을 때, 서비스의 조정에 보다 더 노력한다 (Rossi, Gilmartin, & Dayton, 1982). 따라서 조정은 클라이언트의 욕구를 강조하는 것이 중요하다.
- 조정을 그 시점에 한정된 과정의 개념으로 생각할 것.
  사례관리자가 타 기관의 서비스에 관여하여 조정한다는 것은 서로를 구속하는 것도, 영구적인 것도 아니다. 조정이란 클라이언트의 특정한 욕구를 해결하고 충족시키는 동안에만 존재하는 일시적인 것이다 (Zald, 1979). 또한 기관의 권한은 조정에 의해서 침해되는 것도 아니다. 따라서 조정은 클라이언트의 특정한 욕구를 해결하고 충족시키기 위한 목적으로 일시적으로 존재하는 과정에 불과하다.
- 조정과제에 대한 합의를 할 것.
  효과적인 조정을 위해서는 다음과 같은 과제에 대한 합의가 필요하다.
  · 정보의 공유
  · 기관 간의 개입계획의 엄수
  · 기관들끼리의 상호 자문
  · 기관 및 전문가들의 협력 활동.
- 조정의 이점들을 명백히 할 것.
  효과적인 조정을 위해서, 사례관리자는 다음과 같은 조정의 이점을 강조하여야 한다.
  · 클라이언트 혹은 클라이언트의 욕구에 대응하는 새로운 정보를 획득할 수 있다.
  · 조정을 통하여 각 기관들이 선의의 경쟁을 할 수 있다.
  · 지역사회 자원과 서비스에 대한 새로운 지식을 획득할 수 있다.
  · 복합적인 욕구를 가진 클라이언트를 공동으로 책임지는 이점이 있다.

(4) 조정의 기술

사례관리에서 조정에서는 주로 다음과 같은 4가지 기술이 사용된다(김만두, 2004).

- **정보 제공과 모니터링 기술**

  이 기술들은 클라이언트를 지원하는 사례관리 서비스의 구성원들이 서로 정보를 제공하고 공유하기 위해 사용한다. 사례 조정회의도 그 첫 번째 방법이다. 사례관리자는 정기적인 사례 조정회의를 통하여 사례관리 서비스의 구성원들이 정보를 공유하고, 새로운 클라이언트의 욕구를 발견하며, 클라이언트의 욕구충족을 위해 필요한 정보를 확보하기도 한다. 두 번째의 방법은 사례관리 서비스의 구성원들이 공동으로 활용할 수 있는 사정 정보, 자원의 내용, 고정보고 등이 포함되어 있는 기록 양식(recording format)과 정보시스템을 설정하는 것이다.

- **능력개발 기술**

  능력개발 기술은 클라이언트와 그 체계의 적절한 능력과 기술을 적극적으로 개발하기 위해 사용하며, 사례에 대한 전문적인 자문과 교육, 훈련 등을 통해서 이루어진다.

- **적응력 향상 기술**

  적응력 향상 기술은 클라이언트의 욕구와 사회적 관계망 혹은 휴먼서비스 공급망의 변화에 적응하기 위해 사용한다. 세부적인 기술은 다음과 같다.

  · 지금까지의 목표를 달성 한 후, 다음 목표를 명백히 하고 협의하기 위해 클라이언트의 지원망과 그 구성원을 대상으로 하는 정기적인 중간회의를 소집한다.

· 새로운 환경과 프로그램 혹은 새로운 과정으로 이행하기 위한 계획을 수립할 때, 사례관리 서비스의 구성원들을 대상으로 하는 방침의 변경을 위한 회의(transition conference)를 소집한다.
· 클라이언트의 생활상에 돌발적으로 발생한 문제에 대응하기 위해 클라이언트의 지지망을 대상으로 하는 위기회의(crisis conference)를 소집한다.

● **네트워킹 기술**

네트워킹 기술은 클라이언트에 대한 지원망의 기능을 보다 충실하게 하거나 유지하기 위해서 사용한다.

네트워킹 기술의 대표적인 예는 다음과 같다.

- 네트웍 내부의 갈등을 줄이기 위한 제3자의 자문.
- 특정 기관에서 제공되는 서비스에 대한 네트웍 구성원들의 이해를 높이기 위한 교육 및 연수회.
- 효과적인 네트웍 활동을 위한 공통된 과정 혹은 절차의 개발.
- 개인적인 정보를 얻기 위한 기회, 사회적인 교류를 위한 기회 등 네트웍 내부의 대인관계 및 응집력 향상을 위한 정기적, 비정기적 모임.

4) 옹호

옹호는 클라이언트들에게 권한을 주거나 제지하는 사람들로부터의 저항이 있음에도 불구하고 필요한 권리, 자원, 서비스 등을 확보하기 위해 클라이언트와 체계를 중재하는 것을 의미한다. 옹호는 사례관리의 중요한 기능이다. 특히 대부분의 클라이언트들이 학습된 무기력 상태이거나 사회적으로 소외된 경우가 많아 사례관리자의 옹호 기능은 더욱 절실히 요구된다. 클라이언트를 옹호하는 일은 사례관리의 전체 과정 중에서 매우 초기에 필요할 수도 있고, 연계 과정에서 외부 기관이 서비스를 제공하기를 거절하는 경우에도 일어날 수 있다.

옹호는 많은 사람들이 종종 간과하거나 실행하기가 어렵다고 여기는 중요한 기능이다. 사례관리에 있어 옹호는 다음과 같이 두 가지 차원 즉 클라이언트체계 차원과 서비스체계 차원에서 이루어진다.

첫째, 클라이언트체계 차원의 옹호는 클라이언트가 적절한 서비스를 제공하지 못하거나 부당한 처우를 받을 때 클라이언트를 돕는 확실한 접근 방법이다.

둘째, 서비스체계 차원의 옹호는 서비스를 제공하는 데 겪게 되는 부당한 처우에 대한 접근 방법이다. 즉 옹호자는 관료적 규칙과 장애를 넘어 클라이언트가 당연히 받아야 할 혜택을 받을 수 있도록 도와야 한다. 옹호는 그 강도에 따라서 토의, 설득, 촉구, 강제와 같은 여러 종류가 있다. 옹호의 강도는 사례관리 개입 시 필요에 따라 단계적인 방법으로 증대되며, 사례관리 기관 등 조직의 구성과 운영방법 등에 따라 다양한 방법과 이해를 요구한다.

(1) 옹호의 표적 대상 및 상황

옹호의 표적 대상 및 상황은 클라이언트에 대해서 서비스의 접근을 막거나, 클라이언트를 비인간적으로 대하는 개인, 집단, 조직, 공·사 서비스 제공 기관, 입법 기관, 법체계, 제도 등 다양하다.

사례관리자가 옹호자의 역할을 수행해야 하는 표적 대상 및 상황은 다음과 같다(Rothman & Sager, 1998).

- 기관이나 기관의 직원이 수급 자격이 있는 정당한 클라이언트에게 서비스 제공을 거부하는 경우.

- 서비스 제공 방식이 클라이언트의 인격을 침해하는 경우.
- 클라이언트가 그의 성, 연령, 종교 등의 요인으로 차별 대우를 받고 있는 경우.
- 제공되고 있는 서비스가 클라이언트의 욕구를 충족시키기에는 부적합하여, 클라이언트의 고통과 역기능의 원인이 되고 있는 경우.
- 정부나 기관의 정책이 오히려 클라이언트에게 부정적인 영향을 미치는 경우.
- 클라이언트가 자신을 옹호하는 데 익숙하지 못하고 비효과적인 경우.
- 클라이언트가 사정의 내용이나 결과 등에 대해서 아무 것도 알고 있지 못하고 있는 경우.
- 클라이언트의 문화적인 규범에 위반되는 서비스가 제공되고 있는 경우.
- 클라이언트가 자신의 권리를 알지 못하고 있거나, 그의 권리가 부정되거나 침해되는 경우.

(2) 옹호에 있어서 사례관리자가 이용할 수 있는 힘의 원천

옹호에 있어서 사례관리자가 이용할 수 있는 힘의 원천은 다음과 같다(김만두, 2004).

- **권한**

  사례관리자의 권한은 사례관리 기관의 입법적 · 사법적 혹은 행정적 위임에서 나오는 것으로, 모든 서비스에 대한 접근 통로를 통제하고 일정한 수준을 유지할 수 있도록 해주는 공식적인 권한을 갖고 있는 기관 및 클라이언트를 위해 활동한다.

- **인적 자원**

  사례관리자는 클라이언트에 대한 서비스의 제공 거부를 결정할 때 다른 전문가, 소비자 단체, 시민 단체 등의 인적 자원과 함께 활동한다.

- **기술과 지식**

  사례관리자는 서비스의 수급자격, 허가, 서비스 수준 등에 대한 자세한 지식과 기술을 가지고 있으며, 클라이언트가 특정 기관으로부터 서비스를 요청하기 위해 사용할 수 있다,

- **심리사회적 요인**

  사례관리자의 요청에 각 기관들이 존중과 함께 응해 주기 위해서는 사례관리자가 심리사회적으로 매력적이고 영향력 있으며, 지역사회 내에서 훌륭한 평판을 받고 있어야 한다.

- **물적 자원**

  사례관리자는 서비스 제공자들로부터 서비스를 제공받기 위한 물적 자원을 가지고 있어야 한다. 이 자원을 활용하여 서비스를 제공받을 수 있으며, 경우에 따라 해당 기관이 서비스 제공에 충실하지 않을 때에는 물적 자원에 대한 공급을 중지함으로써 서비스 제공에 대한 동기를 강화시킬 수 있다.

(3) 옹호의 유형

옹호는 타인을 직접 대표하거나 방어하는 행동으로서(Baker, 1995), 그 유형에 대해서는 학자별로 다양하게 제시되고 있다. Ellis와 Hartley는 반응적 옹호(responsible advocacy)와 적대적 옹호(adversarial advocacy)의 2가지 유형으로 제시하였다. 반응적 옹호는 주로 협상, 타협, 설득과 같은 방법을 사용하여 클라이언트의 입장을 지지하는 것이라면, 적대적 옹호는 상황적 맥락이나 관련된 상대방의 욕구에는 거의 관심을 가지지 않고 클라이언트의 욕구에만 집중하는 형태의 옹호를 말한다(Woodside & McClam, 2003).

여기서는 다음과 같이 살펴보았다(장인협 외, 2001).

① 전문적 옹호

클라이언트가 필요로 하는 서비스를 제공 받을 수 있도록 적극적으로 클라이언트를 옹호하거나 그를 대신하여 책임을 지는 독립적인 조직의 전문가에 의한 옹호를 말한다. 또한 전문적인 옹호는 다음의 2가지가 있다.

- **계층옹호**

  계층옹호(class advocacy)는 특정 계층의 모든 구성원을 대변하거나 집단화하여 권리를 보호해 주는 것으로서, 특정 클라이언트에게 우선적으로 중요한 이슈를 위한 옹호인 원인옹호(cause advocacy)와 유사한 개념이다. 그 예로서는 장애아동의 교육, 노인을 위한 의료보호의 확대 등과 같이 주로 정책이나 프로그램의 변화를 주장하는 것이다. 이는 특정 클라이언트 계층의 집단적인 문제를 다루는 것이지만, 궁극적으로는 체제의 개혁을 통해 다수의 클라이언트 집단들과 잠재적인 클라이언트들에게 혜택이 돌아가도록 하는 것이다.

- **사례옹호**

  사례옹호(case advocacy)는 계층 전체가 아닌 개인, 단일 사례, 가족 등을 위한 옹호 활동을 말하며, 대개 개인이 조직과 갈등 상태에 있을 경우에 이루어진다.

② 시민옹호

시민옹호(citizen advocacy)는 클라이언트의 권리와 존엄성을 향상시키고 보장하기 위해 훈련된 자원봉사자와 클라이언트가 합동으로 옹호 기능을 수행하는 것이다. 처음에는 학습장애를 가진 클라이언트의 권리를 옹호하기 위해 개발되었으나, 지금은 전문가가 아닌 일반 시민이 자신의 권리를 주장하는 데 어려움을 겪고 있는 모든 취약계층들의 권리를 보장하고 획득하는 데 도움을 주는 활동으로 확대되었다.

③ 자기옹호

자기옹호(self advocacy)는 클라이언트가 자신을 공정하고 공식적인 방법으로 옹호하는 것을 말한다. 처음에는 시민 옹호에 의해서 도움을 받을 수도 있지만, 그 과정을 통해서 클라이언트가 자기 옹호를 위한 전략과 기술을 배울 수 있고, 나아가서 스스로 자신의 권리를 옹호할 수 있다. 또한 자기 옹호는 비슷한 상황에 처해 있는 클라이언트들의 집단적인 옹호 행동을 촉진시킬 수도 있다.

④ 집단 · 계층 · 구조적 옹호

집단 · 계층 · 구조적 옹호는 장애인, 노인, 무주택자 등 유사한 문제를 가진 사람들이 함께 모여서 그들의 공유된 관심사를 표명하는 것이다. 집단 · 계층 · 구조적 옹호는 해당 클라이언트와 그 가족, 전문가 집단 등이 함께 집단을 구성할 수도 있기 때문에 반드시 같은 문제를 가진 사람들만으로 구성될 필요는 없다.

(4) 옹호의 수준과 방법

사례관리자의 옹호는 그 갈등의 강도에 따라 낮은 수준, 중간 수준, 높은 수준의 3가지 수준과 토론과 설득하기, 촉구하기, 강압하기 등 4가지 방법으로 나누어진다(Rothman & Sager, 1998; 장인협 외, 2001; 최송식, 2008).

① 낮은 강도의 갈등과 옹호 방법

낮은 강도의 갈등을 옹호하는 방법으로서는 토론(discussion)과 설득(persuasion)이 있다. 토론은 정보를 제공하는 것, 일깨워 주는 것, 공동으로 문제를 해결하는 것 등의 방법이 있다. 설득은 권고하는 것, 촉구하는 것, 되풀이해서 말하는 것, 심사숙고한 논증 등의 방법이 있다.

낮은 강도의 갈등에 대한 구체적인 옹호 기술은 다음과 같다.

- 서비스 제공자와 접촉한다.
- 자신의 입장과 서비스의 필요성에 대해서 알린다.
- 감정을 통제하여 분노나 초조함을 보이지 않는다.
- 비난을 자제하고 단호하게 말한다.
- 클라이언트를 지도한다.
- 클라이언트와 동행한다.
- 해당 기관에 대한 정책과 절차에 대한 지식을 활용한다.

② 중간 강도의 갈등과 옹호 방법

중간 강도의 갈등을 옹호하는 방법으로서는 촉구하기(prodding)가 있다. 촉구하기는 가벼운 수준의 위협으로 수락하도록 압력을 가하며, 그 주제에 대한 모임을 요청하는 방법을 말한다.

중간 강도의 갈등에 대한 구체적인 옹호 기술은 다음과 같다.

- 해당 기관의 조직 활동가와 협상하고 타협한다.
- 자기 기관의 법적인 위임을 호소한다.
- 어떤 기관에 대하여 국민이 갖는 불평이나 불만을 처리하는 사람이나 기관인 옴부즈멘에게 호소한다.
- 해당 기관의 불만 호소 절차를 이용한다.
- 자신의 지식과 권한을 당당하게 활용한다.

- 상대방보다 높은 권한을 가진 곳에 호소한다.

③ 높은 강도의 갈등과 옹호 방법

높은 강도의 갈등을 옹호하는 방법으로서는 강압하기(coercion)가 있다. 강압하기는 법적인 행동을 취하는 것, 압력을 주기 위해 진실을 퍼뜨리는 것, 옹호 집단을 이용하여 캠페인을 하는 것, 자금이나 클라이언트의 흐름을 차단시키는 것, 권력자 및 입법자와 접촉하는 것 등 가장 강력한 강도를 지닌 옹호 방법이다.

높은 강도의 갈등에 대한 구체적인 옹호 기술은 다음과 같다.

- 해당 기관의 자금 지원처에 호소한다.
- 지역사회의 언론 매체에 폭로한다.
- 소비자 집단을 이용한다.
- 소송을 제기한다.
- 권력자, 정부관료 등을 활용한다.
- 등록 및 감독 기관, 또는 정부 기관에 호소한다.

지금까지 살펴본 것은 하나의 예에 불과하며, 또 다른 다양한 방법들이 있을 수 있고 새로운 방법을 개발하여 사용할 수도 있다. 이러한 방법들의 사용을 결정하는 데에는 다음과 같은 기준을 적용해 볼 필요가 있다.

- 이러한 방법들 중에서 어떤 방법이 가장 바람직한 반응을 끌어낼 수 있을 것인가?
- 옹호에 필요한 집단의 조직, 연설, 협상의 능력 등 사례관리자 자신이 옹호를 수행할 기술을 갖추고 있는가?

- 자신이 소속된 기관에서 허용 가능한 기술인가?
- 언론 매체, 법적 지식, 권력자 및 입법자와의 접촉, 관련 옹호집단과의 연계 등 이러한 기술을 사용하는 데 필요한 자원에 접근할 수 있는가?

(5) 옹호자의 자질

사례관리의 직접적인 실천에 관심을 더 많이 두는 사례관리자들은 자신들이 옹호와 같은 정치적 활동을 수행하는 자질과 기술이 부족하다고 생각한다(장인협 외, 2001). 그러나 정치적 활동에 필요한 자질 중 많은 부분은 직접적인 실천에도 요청되는 것이다.

Parsons 등(1994)은 옹호자의 자질을 다음과 같이 제시하고 있다.

① 네트워킹

사회문제는 한 분야나 한 기관, 한사람의 전문가만의 노력만으로는 해결되기가 어렵기 때문에 조직 간의 연계망, 즉 네트웍을 조직화하고 확립하는 네트워킹에 유능해야 한다. 네트워킹은 쉽게 달성되는 것은 아니지만, 네트워킹의 장점을 활용할 수 있어야 한다.

② 갈등에 대한 관용적 태도

모든 사회현상, 특히 사회문제는 본질적으로 갈등을 안고 있다. 사례관리자가 갈등을 다루기 위해서는 자신이 갈등을 이겨낼 수 있어야 하며, 갈등은 긍정적이고 부정적인 요소들을 함께 가지고 있다는 점을 인식하고 있어야 한다. 또한 부정적인 갈등이 자연스러운 과정을 거쳐 명확하게 표현될 때 그 해결 방법을 찾을 수 있으며, 긍정적이고 창조적인 갈등은 쉽게 일어나지 않는다. 따라서 사례관리자들은 편안한 마음으로 갈등을 다루고, 갈등을 서로 전달할 수 있어야 한다.

③ 모호성에 대한 관용적 태도

사회문제를 다루는 일은 예측 불가능한 활동인 경우가 대부분이기 때문에 사례관리자는 모호성에 대한 관용적 태도 혹은 내성을 발달시켜야 한다. 예측 불가능한 사회문제의 해결은 사례관리자가 어떤 방향으로 행동해야 하는지 항상 명확하지 않다. 또한 결정을 내리는 일도 매우 복잡하고 어려운 과정이며, 때로는 의도하지 않은 개입의 결과가 초래되기도 한다. 그러나 사례관리자는 계속 전진해야 하며, 자신의 준거틀이나 지침을 개발해 나가야 한다.

④ 낙관적 태도

문제는 현재 상황에 대한 인식과 미래에 대한 기대 사이의 차이로서 개념화될 수 있다. 미래에 대한 기대, 즉 상황이 더 나아질 것이라는 기대는 곧 낙관적이라는 것을 의미한다. 따라서 사례관리자가 실천 프로그램을 개발할 때, 현재의 문제를 극복하고 상황을 보다 나은 방향으로 만들려는 의도를 가지고 있으며, 문제가 줄어들 수 있다는 낙관적인 태도와 신념에 근거하고 있다.

⑤ 임파워먼트

클라이언트를 임파워링하는 것은 다음과 같은 이유로 실천하기 어려운 개념으로 받아들여진다.

첫째, 사례관리자들은 고통 속에서 힘들어 하는 클라이언트와 함께 활동하면서, 클라이언트들이 스스로 문제를 해결하고, 욕구를 충족할 수 있도록 도와주기보다 그들을 위해 일방적으로 무엇인가를 활동하기를 원한다. 즉, 가능한 즉각적으로 어려운 문제 상황을 직접 해결해 줌으로써 클라이언트의 고통을 줄여 주는 것이 합리적이라 생각하기 쉽기 때문에 클라이언트를 임파워링하는 것이 어렵다.

둘째, 무기력한 상태에 놓여 있는 클라이언트들은 임파워먼트될 수 있는 준비가 되어 있지 않기 때문에 임파워링하기가 쉽지 않다. 따라서 옹호자인 사례관리자는 클라이언트들의 적극적인 참여를 이끌어 낼 수 있는 기술과 의지가 있어야 한다.

5) 기술적 지원과 자문

사례관리자는 사례관리의 궁극적인 목적을 달성하기 위해서 교육과 교류 활동 등을 통해서 서비스 제공 기관에 새로운 지식, 기술, 정보, 전망, 사정 및 평가 결과, 자문 등을 제공함으로써 클라이언트와 서비스 제공 기관의 능력을 강화하는 데 기여해야 한다(Gallesich, 1982).

사례관리자의 서비스 제공 기관에 대한 기술적 지원과 자문에는 다음과 같은 내용들이 포함된다(김만두, 2004).

- 클라이언트의 특정 문제, 서비스 제공 상의 문제 등에 대해서 서비스 제공 기관이 기술적 지원과 자문을 요청할 때 대응하는 것.
- 충족되지 않고 있는 클라이언트의 욕구를 확인하고 서비스 제공 기관에 알려 주거나, 클라이언트의 욕구의 특성에 대하여 서비스 제공 기관을 교육하는 것.
- 서비스 제공 상의 문제를 개선하거나 충족되지 않고 있는 클라이언트의 욕구를 해결하기 위한 새로운 방법을 서비스 제공 기관과 함께 찾아보거나 개발하는 것.

참고문헌

권진숙 역, 2004, 『사례관리: 개념과 기술』, 서울: 학지사.

권진숙 · 박지영, 2009, 『사례관리의 이론과 실제』, 서울: 학지사.

김규수, 2005, 『정신보건사회복지실천론』, 서울: 형설출판사.

김기태 · 김수환 · 김영호 · 박지영, 2002, 『사회복지실천론』, 서울: 양서원.

김동배 · 권중돈, 2005, 『인간행동이론과 사회복지실천』, 서울: 학지사.

김만두 역, 2004, 『효과적인 복지서비스를 위한 케이스매니지먼트 실천론』, 서울: 홍익제.

김윤정, 2000, 사회적 지지관점으로 본 가족부양이 노인의 정신건강에 미친 영향, 미간행 박사학위논문, 이화여자대학교 가정관리학과.

김융일 · 조홍식 · 김연옥, 2005, 『사회복지실천론』, 서울: 나남

김통원 · 김용득 · 강종식 · 김미옥 · 김종범 · 장정은 · 이근희 · 백형의 역, 1998, 『사회복지실천 사례관리』, 서울: 지샘.

박용억, 2005, 노인요양보장제도에 있어서 케어 매니저 양성을 위한 교과과정개발, 노인요양보장제도에 있어서의 케어 매니지먼트 워크숍 자료집, 대한케어복지학회.

백은령 · 김선아 · 양숙미 · 엄미선 · 윤철수, 2006, 『사회복지실천론』, 서울: 대왕사.

서울복지재단, 2005, 『사례관리 실천방법 - 지역사회보호사업 -』, 서울: 서울복지재단.

서진환 · 이선혜 · 정수경, 2001, 『현대 사회복지실천이론』, 서울: 나남.

서혜석 · 이대식 · 소상대 · 정향숙 · 이영희 곽희양 · 김미혜 · 박우진 · 조상임, 2008, 『사례관리-임상사례 중심으로-』, 파주: 양서원.

송성자 · 김유순 · 김창곤, 2006, 초급 장교를 위한 상담교육훈련-군상담심화교육-, 자료집.

양옥경 · 김정진 · 서미경 · 김미옥 · 김소희, 2005, 『사회복지실천론』, 서울: 나남

양정남 · 권구영 · 김화선 · 최은정 · 한혜경, 2009, 『사례관리』, 파주: 양서원

양정남 · 최선영, 2007, 『사회복지실천론』, 파주: 양서원

엄명용 · 김성천 · 오혜경 · 윤혜미, 2000, 『사회복지실천의 이해』, 서울: 학지사.

오혜경, 1995, 사회사업실천의 사례관리 모델: 사례관리 과정 중심, 『사회과학연구』 제11집, 49-74. 가톨릭대학교, 사회과학연구소.

이근홍, 1998, 『케이스 매니지먼트』, 서울: 대학출판사.

이근홍, 2006, 『사회복지실천 개별관리』, 고양: 공동체.

이윤로, 2005, 『사회복지실천기술론』, 서울: 학지사.

이종복 · 이권일 · 김화순 · 오은경, 2007, 『사례관리의 이론과 실천』, 서울: 창지사.

장명찬, 2003, 사회복지기관 및 시설과의 업무연계와 역할정립, 한국정신보건사회사업학회 춘계학술대회 토론 자료집.

장인협, 1989, 『사회복지실천론(상 · 하)』, 서울: 서울대학교 출판부.

장인협, 1999, 『사회복지실천론(中)』, 서울: 서울대학교 출판부.

장인협 · 우국희, 2001, 『케어 · 케이스 매니지먼트』, 서울: 서울대학교출판부.

전재일 · 이성희, 2003, 『사회복지실천기술론』, 서울: 형설출판사.

전재일 · 이준상, 2008, 『사례관리 실천론』, 대구: 사회복지개발연구원 출판부.

정순둘, 2005, 『사례관리실천의 이해』, 서울: 학지사.

조미숙 · 이윤로 · 강용규 · 간호옥 · 김나영, 2006, 『사례관리』, 서울: 창지사.

조추용 · 권현주 역, 2003, 『사례관리의 이론과 실제』, 서울: 유풍출판사.

조휘일 · 이윤로, 1999, 『사회복지실천론』, 서울: 학지사.

조흥식 외, 2000, 『사회복지실천분야론』, 서울: 학지사.

채강숙, 2008, 독거노인의 사회적 지지망 실태에 관한 연구, 미간행 석사학위논문, 상지대학교 사회복지학과.

채현탁, 2006, 지역사회 중심의 독거노인 사회적 지지망 강화방안, 미간행 박사학위논문, 대구대학교 사회복지학과.

최성연, 1997, 정신질환자를 위한 사례관리 업무 개발에 관한 연구, 미간행 석사학위논문, 서울여자대학교 사회사업학과.

최송식, 2008, 『지역사회정신보건과 사례관리실천』, 고양: 공동체

황성철, 1995, 사례관리 실천을 위한 모형개발과 한국적 적용에 관한 연구, 『한국사회복지학』 27, 275-307.

황성철, 2005, 사례관리의 실천과 적용, 부천시 장애인 종합복지관 직원전문교육교재.

岡村重夫, 1968, 『全訂 · 社會福祉學(總論)』,東京: 柴田書店.

白澤政和, 1992, 『ケ-スマネ-ジメソトの理論と實際』, 東京: 中央法規出版.

三浦文夫, 1982, ソ-シャル · アドミニストレ-ジョゾ, 仲村優一ほか編, 『現代社會福祉事典』, 全國社會福祉協議會.

Apolloni, T., & Cooke, T.P., 1982, *A New Look at Guardianship: Protective Services that Support Personalized Living*, Baltimore: Paul H. Brookes.

Baker, R.L., 1995, *The Social Work Dictionary,* Washington, DC: NASW.

Ballow, J.R., & Mink, G., 1996, *Case Management in Social Work: Developing the Professional Skills Needed for Work With Multiproblem Clients, Springfiels*, IL: The Charles C. Thomas Publisher, Ltd.

Bernard, G., 1968, *Sense Relaxation,* New York: Collier.

Bertsche, A.V., and Horejsi, C.R., 1980, Coordination of client services, *Social Work* 25(2): 94-98.

Biegel, D.E., Shore, B.K., & Gordon, E., 1984, *Building Support Networks for the Elderly: Theory and Applications*, Newbury Park, CA: SAGE Publications.

Blythe, B., 1983, Social support network: In health care and health promotion, In Whittacker, J., & Garbarino, J., *Social Support Network: Informal Helping in the Human,* 107-127, NY: Aldine Publishing Company.

Borland, A., McRae, J., and Lycan, C., Outcomes of five years of continuous intensive case management, *Hospital and Community Psychiatry* 40, 369-376.

Brown, L.N., 1991, *Groups for Growth and Change*, NY: Longman.

Carkhuff, R.R., & Anthoy, W.A., 1979, *The Skills of Helping*, Amherst, MA: Human Resource Development.

Challis, D., & Davies, B., 1989, *Case Management and Community Care*, Aldershot: Gower Publishing Company.

Cobb. S., 1976, Social support as a moderate of life stress, *Psychosomatic Medicine* 38(5), 300-314.

Cournoyer, B.R., 1996, *The Social Work Skills Workbook*, Pacific Groce, CA:

Brooks/Cole.

Cox, E.O., & Parson, R.J., 1994, *Cognitive-Behavioral Strategies in Crisis Intervention,* NY: The Guilford Press.

Cross, T., Bazron, B., Dennis, K., & Isaacs, M., 1989, *Towards a Culturally Competent System of Care: A Monograph on Effective Services for Minority Children Who are Severely Emotionally Disturbed*, Washington DC: Child and Adolescent Service System Program(CAASP) Technical Assistance Center, Georgetown University Child Development Center.

Delgado, M., & Humm-Delgado, D., 1982, Natural support systems: Source of strength in hispanic communities, *Social Work* 27(1), 83-89.

DHSSI(Department of Health, Social Service Inspectorate), 1991, *Care Management & Assessment: Practitioners' Guide*, London: HMSO.

Early, T., & Poertner, J., 1995, Examining current approaches to case management for families with children who have serious emotional disorder, In Friesen, B.J., & Poertner, J., *From Case Management to Services Coordination for Children with Emotional, Behavioral, or Mental Disorder*, 37-39, NY: Paul H. Brooks Publishing Co., Inc.

Egan, G., 1990, The Skilled Helper: A Systematic Approach to Effective Helping, Pacific Grove, CA: Brooks/Cole.

Fast, B., & Chapin, R., 1996, The strengths model in long-term care: Linking cost containment and consumer empowerment, *Journal of Case Management* 5(2), 51-57.

Feltham, C., & Dryden, W., 1993, *Dictionary of Counselling*, London: Whurr.

Floland, C., Pancoast, D., Chapman, N., & Kimboko, P., 1981, *Helping Networks and Human Services*, Beverly Hills, CA: SAGE Publications.

Foa, U.G., 1971, Interpersonal and economic resources, *Science*, 171(2).

Frankel, A.J., & Gelman, S.R., 1998, *Case Management: An Introduction to Concepts and Skills*, Chicago, IL: Lyceum Books.

Gallesich, J., 1982, *The Profession and Practice of Consultation*, San Francisco: Jossey-Bass.

Gerhart, U., 1990, *Caring for the Chronic Mentally Ill*, Itasca, IL: F.E.

Peacock Publishers, Inc.

Germain, C., 1979, *Social Work Practice: people and Environments*, NY: Columbia University Press.

Germain, C., 1991, *Human Behavior in the Social Environment*, NY: Columbia University Press.

Golan, N., 1980, Intervention at time of transition: Sources and Forms of help, *Social Casework* 61(5), 260-263.

Gordon, T., 1970, *Parent Effectiveness Training: The Tested Way to Raise Responsibility Children*, NY: David Mackay.

Hall, J.A., Carswell, C., Walsh, E., Huber, D.L., & Jampoler, J.S., 2002, Iowa case management: Innovative social case work, *Social Work* 47(2), 132-141.

Hammond, D.C., Hepworth, D.H., & Smith, V.G., 1997, *Improving Therapeutic Communication*, San Francisco, CA: Jossey-Bass.

Hepwoeth, D.H., & Larsen, J., 1982, *Direct Social Work Practice: Theory and Skills*, Homewood, IL: Dorsey.

Hepwoeth, D.H., & Larsen, J., 1993, *Direct Social Work Practice*, Pacific Grove, CA: Brooks/Cole Company.

Holt, B.J., 2000, *The Practice of Generalist Case Management*, Boston: Allyn & Bacon.

Intagliata, J., 1982, Improving the quality of community care for the chronically mentally disabled: The role of case management, *Schizophrenia Bulletin* 8, 655-674.

Kadushin, A., 1990, *The Social Work Interview*, NY: Columbia University Press.

Kadushin, A., 1995, Interviewing, In Edwards, R.L., & Hopps, J.G., *Encyclopedia of Social Work*, Washington, DC: NASW Press.

Kahn, R.L., & Antonucci, T.C., 1980, Convoys over the life course: Attachment, roles and social supports, In Batles, P.B., & Brim, O.G., *Life-Span Development and Behavior* 3, 254-286.

Kane, R., 1988, Case management: Ethical pitfall on the road to high quality managed care, *Quality Review Bulletin* 14, 161-166.

Kane, R., 1988, Introduction, *Generations*, 12(5), 5.

Kaplan, K., 1989, Linking the developmentally disabled client to needed resources: Adult protective services case management, In Vourlekis, B.S., & Green, R.R., *Social Work Case Management*, 89-105, NY: Aldine De Gruyter.

Kelman, H.R., Thomas, C., & Tanaka, J.S., 1994, Longitudinal patterns of formal and informal social support in an urban elderly population, *Social Science Medicine* 38(7), 905-914.

Lamb, H., 1980, Therapist case managers: More than brokers of services, *Hospital and Community Psychiatry* 31, 762-764.

Levin, I.S., & Fleming, M., 1984, *Human Resource Development: Issues in Case Management*, Baltimore: Center of Rehabilitation and Manpower Services, Univ. of Maryland.

Lishman, J., 1994, Communication in Social Work, Basingstoke: Macmillan/BASW.

Los Angeles County Department of Mental Health, 1985, H*uman Resources Development: Issue in Case Management*, Los Angeles, California.

Maslow, A.H., 1954, *Motivation and Personality*, NY: Harper & Row.

Miley, K.K., O'Media, M., & Dubois, B.L., 1995, *Generalist social Work Practice, An Empowering, Approach*, Boston: Allyn and Bacon.

Moore, S.T., 1987, The capacity to care: A family focused approach to social work practice with the disables elderly, *Journal of Gerontological Social Work* 10(1), 79-97.

Moore, S.T., 1990, A social work practice model of case management: The case management grid, *Social Work* 35(5), 444-448.

Moore, S.T., 1992, Case management and the integration of services: How service delivery systems shape case management, *Social Work* 37(5), 418-423.

Moxley, D.P., 1989, *The Practice of Case Management*, CA: Sage Publications Inc.

Murer, C.G., & Brick, L.L., 1997, *The Case Management Sourcebook: A Guide to Designing and Implementing a Centralized Case Management System*, NY: McGraw-Hill.

National Association of Social Workers, 1984, *NASW Standards and Guidelines for Social Work Case Management for The Functionally Impaired*, Prepared by the NASW Case Management Task Force.

National Association of Social Workers, 1990, E*ncyclopedia of Social Work*, NY: NASW.

National Association of Social Workers, 1992, *Standards for Social Work Case Management*, Washington D.C.: NASW.

Nelson, G.M., 1982, Support for the aged: Public and private responsibility, *Social Work* 27, 137-143.

Nelson-Jones, R., 2000, *Introduction to Counselling Skills: Text and Activities*, London: Sage Publications.

Norbeck, J.S., 1981, Social support, a model for clinical research and application, *Advanced in Nursing Science July*, 43-59

O'Connor, G., 1988, Case management system and practice, *Social Case Work* 69(2), 97-106.

O'neil, M.J., 1984, *The General method of Social Work Practice*, Englewood Cliffs, NJ: Prentice-Hall.

Ovretveit, J., 1993, *Coordinating Community Care: Multidisciplinary Teams and Care Management*, Buckingham: Open University Press.

Parsons, R.J., 1991, Empowerment: Purpose and practice principle in social work, *Social Work with Groups* 14(2), 7-21.

Parsons, R.J., Jorgensen, J., & Hernandez, S, 1994, *The Integration of Social Work Practice*, Pacific Grove, CA: Brooks/Cole.

Pearson, R.E., 1990, Counselling and Social Support: Perspectives and Practice, Newbury Park, CA: Sage Publications.

Perlman, H.H., 1957, *Social Casework*, Chicago: The University of Chicago Press.

Pierce, D., 1984, *Policy for the Social Work Practitioner*, NY: Longman.

Pilling, D., 1992, *Approaches to Case Management for People with Disabilities*, London: Jessica Kingsley Publishers.

Pincus, A., & Minahan, A., 1973, *Social Work Practice: Model and Method*, Itasca, IL: Peacock.

Quick, J.C., & Quick, J.D., 1984, *Organizational Stress and Preventive Management*, New York: McGraw-Hill.

Rapp, C.A., & Goscha, R.J., 2006, The Strengths Model: Case Management with People with Psychiatric Disability, NY: Oxford University Press.

Rapp, C.A., & kirsthardt, W., 1996, Bridging the gap between principles and practice: Implementing a strengths perspective, In Rose, S.M., *Case Management and Social Work*, NY: Longman.

Ridgely, M.S., & Willenbring, M., 1992, Application of case management to drug abuse treatment: Overview of models and research issues, In Ashery, R., *Programs and Issues in Case Management*(NIDA Research Monograph 127), 12-33, Rockville, MD: National Institute on Drug Abuse.

Rose, S.M., & Moore, V.L., 1995, Case management, *In Encyclopedia of Social Work* 19th ed., 335-340, NASW Press.

Rose, S.M., 1992, Case management: An advocacy/empowerment design, In Rose, S.M., *Case Management and Social Work Practice*, 271-297, NY: Longman.

Rose, S.M., 1992, *Case Management and Social Work Practice*, NY: Longman.

Rossi, R.J., Gilmartin, K.J., Dayton, C.W., 1982, *Agencies Working Together: A Guide to Coordination and Planning*, Beverly Hills, CA: Sage.

Rothman, J., & Germain, C.B., 1994, *Practice with Highly Vulnerable Clients: Case Management and Community-Based Services*, Englewood Cliffs, NJ: Prentice Hall.

Rothman, J., & Sager, J.S., 1998, *Case Management: Integrating Individual and Community Practice*, Boston: Allyn and Bacon.

Rothman, J., 1987, *The Model of Case Management: Systemizing Case*

Management Intervention, LA: University of California School of Social Welfare, Center for Child and Family Policy Studies.

Rothman, J., 1988, *Performing Case Management Functions: A Handbook*, LA: University of California School of Social Welfare, Center for Child and Family Policy Studies.

Rothman, J., 1991, A model of case management: Toward empirically based practice, *Social Work* 36(6), 520-528.

Rothman, J., 1992, *Guideline for Case Management: Putting Research to Professional Use*, Itasca, IL: F.E. Peacock Publishers, Inc.

Rothman, J., Erlich, J.L., & Teresa, J.G., 1981, *Changing Organization and Community Programs*, Beverly Hills, CA: Sage.

Royse, D., Thyer, B.A., Paegett, D., & Logan, T.K., 2001, Program Evaluation: An Introduction, Belmont, CA: Brooks/Cole Publishing Company.

Rubin, A., 1987, Case management, *In Encyclopedia of Social Work* 18th ed., Silver Spring, MD: NASW.

Rubin, A., 1992, Case management, In Rose, S.M., *Case Management and Social Work Practice*, 5-20, NY: Longman.

Saleebey, D., 1992; 1997, *The Strengths Perspective in Social Work Practice*, NY: Longman.

Saleebey, D., 1999, The strengths perspective: Principle and practice, In Comptom, B.R., & Galaway, B., *Social Work Process,* Pacific Grove, CA: Brooks/Cole Publishing Company.

Schaefer, M., 1987, *Implementing Change in Service Programs: Project Planning and Management*, Beverly Hills, CA: Sage.

Secord, L.J., 1987, *Private Case Management for Older Persons and Their Families: Practice, Policy, Potential. Excelsior*, MN: Inter Study.

Seden, J., 1999, *Counselling Skills in Social Work*, Buckingham: Open University Press.

Seyle, H., 1950, Diseases of adaptation, *Wisconsin Medical Journal*, 49(6).

Seyle, H., 1956, *The Stress of Life*. New York: McGraw-Hill.

Sheafor, B.W., Horejsi, C.R., & Horejsi, G.A., 1991, *Techniques and Guiderlines for Social Work Practice*, Needham Heights, MA: Allyn & Bacon.

Shulamn, L., 1992, The Skills Helping: Individuals, Families and Groups, Itasca, IL: F.E. Peacock Publishers, Inc.

Simon, B.L., 1994, *The Empowerment Tradition in American Social Work: A History*, NY: Columbia University Press.

Siporin, M., 1987, Resource development and service provision, *In Encyclopedia of Social Work* 18th ed., Silver Spring, MD: NASW.

Sledge, W., Astrachan, B., Thompson, K., Rakfeldt, J., & Leaf, P., 1995, Case management in psychiatry: An analysis of tasks, *American Journal of Psychiatry* 152(9), 52-58.

Solomon, 1976, *Black Empowerment: Social Work in Oppressed Communities*, NY: Columbia University Press.

Steinberg, R.M., and Carter, G.W., 1983, *Case Management and the Elderly*, Boston, MA: Lexington Books.

Suber, R.W., 1994, Linkage and monitoring, In Suber, R.W., *Clinical Case Management*, Thousand Oaks, CA: Sage Publications.

Thomas, D., 1975, Said Alice 'The great question certainly was' what, *Social Work Today* 6(17).

Toseland, R.W., & Rivas, R.F., 1995, *Introduction to Group Work Practice*, Boston: Allyn & Bacon.

Toseland, R.W., 1981, Increasing access: Outreach methods in social work practice, *Social Casework* 62, Milwaukee, WI: Family Service America.

Trevithick, P., 2000, Social Work Skills: A Practice Handbook, Philadelphia, PA: Open University Press.

Walker, K., MacBride, A., & Vachon, M., 1977, Social support networks and the crisis of bereavement, *Social Science and Medicine* 11, 35-41.

Walsh, J., 2000, *Clinical Case Management with Persons Having Mental Illness: A Relationship-Based Perspective*, Belmont, CA: Wadsworth Publishing Company.

Weick, A., Rapp, C., Sullivan, W.P., & Kisthardt, W., 1989, A strengths perspective for social work practice, *Social Work* 34, 350-354.

Weil, M., & karls, J., 1985, *Case Management in Human Service Practice*, San Francisco: Jossey-Basw.

Weil, M., 1985, Key components in providing efficient and effective services, In Weil, M., & karls, J., *Case Management in Human Service Practice*, San Francisco: Jossey-Basw, 29-71.

Weissman, M., 1976, Industrial social services: Linkage technology, *Social Casework* 57, 50-54.

White, M., & Goldis, L., 1992, Evaluation: Case managers and quality assurance, In Vourlekis, B.S., & Green, R.R., *Social Work Case Management*, NY: aldine De Gruyter.

Woodside, M.R., & McClam, T., 2003, *Generalist Case Management: A Method of Human Service Delivery* (2nd ed.), Pacific Grove, CA: Brooks/Cole.

Woodside, M.R., & McClam, T., 2006, *Generalist Case Management: A Method of Human Service Delivery* (3rd ed.), Belmont, CA: Thomson Brooks/Cole.

Woodward, A., 1992, Managed care and case management of substance abuse treatment. In Ashety, R.S., *Progress and Issue in Case Management, National Institute on Drug Abuse Research Monograph Series*, 34-53.

Zald, M., 1979, Organizations as polities: An analysis of community organization agencies, In Cox, F.M., Erlich, JL., Rothman, J., & Tropman, J.E., *Strategies of Community Organization*, Itasca, IL: F.E. Peacock.

찾아보기

[ㅇ]

저자소개

설 진 화(薛 鎭 華)

대구대학교 사회복지학과 학사, 석사, 철학박사(사회복지방법론 전공)

현, 동국대학교 사회복지학과 교수

〈주요 저서〉

사회복지행정실무(공저, 2002)

인간행동과 사회환경(공역, 2002)

사회복지현장실습(공저, 2003)

사회복지조사방법론(공저, 2003)

사회복지실천기술론(2008)

정신건강론(2008) 외

〈주요 논문〉

퇴원한 정신분열병 환자와 가족에 대한 지역사회복지관에서의 단기가족교육 프로그램의 효과(2004)

정신지체 장애아 부모들의 역량강화를 위한 부모교육프로그램의 효과(2005)

노인복지시설에서의 클라이언트 폭력과 사회복지사의 인식에 관한 연구(2006)

통합보육의 경험 유무에 따른 보육교사의 통합보육에 대한 인식(2007)

지적장애인 직업유지의 영향요인에 대한 직업재활서비스 제공자의 인식(2009) 외

사례관리론

1판 1쇄 인쇄 2016년 1월 5일
1판 1쇄 발행 2016년 1월 10일

저 자 - 설 진 화
발 행 인 - 강 철 원
발 행 처 - 양 성 원
주 소 - 경기도 고양시 일산서구 송산로 18(구산동)
전 화 - 031-912-3301(代)
팩 스 - 031-912-3304
이 메 일 - tnwpub@naver.com
출판등록 - 2015년 8월 31일 제 2015-000211 호

ISBN 979-11-87118-01-5

정가 17,000원